여행은 꿈꾸는 순간, 시작된다

리얼 시리즈와 함께 떠나는
안전여행 가이드

일러두기
- 이 책은 2023년 1월까지 수집한 최신 정보를 바탕으로 만들었습니다. 하지만 코로나19와 세계적 인플레이션으로 현지 상황이 수시로 변하고 있습니다. 정확한 정보는 여행을 출발하기 직전 각 장소의 홈페이지 등을 통해 확인하시기를 권장합니다.
- 코로나19 이후 항공편 스케줄과 항공 요금에 다양한 변수가 있음을 고지합니다.
- 이 책에 나오는 지역명이나 장소 이름은 우리나라에서 통상적으로 부르는 명칭을 기준으로 표기했습니다.
- 외국어의 한글 표기는 국립국어원 외래어 표기법에 따르되 관용적 표기나 현지 발음과 동떨어진 경우에는 예외를 두었습니다.
- 가격은 현지 화폐 '동'을 한글 표기했으며, 투어 프로그램의 경우, 투어별 예약 방법에 따라 원, 동, 달러가 혼용되어 있음을 밝힙니다.
- 입장료, 교통비 등은 어른 요금을 기준으로 표기했으나 어린이 요금이 표기된 스폿은 베트남의 입장료 기준인 140cm 이상/미만 기준을 따르고 있음을 밝힙니다. 스폿마다 기준이 상이할 수 있으니 다시 확인하시길 권장합니다.

안전여행 기본 준비물

☐ 마스크
베트남에서는 더이상 마스크를 쓰지 않아도 된다. 다만 혹시 모를 감염 위험에 대비해 사람이 많은 곳에서는 착용하길 권장한다.

☐ 손 소독제
소독제나 알코올스왑, 소독 스프레이 등을 챙겨서 자주 사용한다.

☐ 여행자 보험
코로나19 확진 시 격리 및 치료에 들어가는 비용이 보장되는 여행자 보험에 가입한다.

☐ 휴대용 체온계
발열 상황에 대비해 작은 크기의 체온계를 챙긴다. 아이와 함께 여행한다면 필수다.

☐ 자가진단키트
발열과 기침, 오한 등 코로나19로 의심되는 증상이 나타날 때 필요하다. 여행 기간과 인원을 고려해 넉넉하게 준비한다.

☐ 재택치료 대비 상비약
코로나19 확진 시 머무는 숙소에서 자가격리를 할 수도 있으니 자신에게 맞는 해열제 등을 챙긴다.

여행 일정

- ☐ 여행지에 따른 방역 지침 준수하기
- ☐ 여행지 주변 의료 시설 확인하기
- ☐ 자가격리 기준 및 출입국 방법 사전에 조사하기

출입국

- ☐ 베트남 입국, 한국 입국 모두 필요 서류 없음
- ☐ 한국 입국 전 Q-CODE 사전 등록하기
  입국자 중 확진자 발생 시, 빠른 조치를 받을 수 있다.

여행지

- ☐ 밀집 지역에서는 마스크 착용하기
- ☐ 오픈 시간 및 휴무일은 자주 변동되므로 방문 전 확인하기
- ☐ 여행지 인근 의료 시설 위치 및 연락처 확인하기
- ☐ 환기가 잘 되는 여행지 위주로 방문하기

숙박

- ☐ 예약 숙소의 방역 및 소독 진행 여부 확인하기
- ☐ 앱이나 유선으로 비대면 체크인 활용하기
- ☐ 개인 세면도구 적극 사용하기
- ☐ 객실 창문을 열어 자주 환기하기

박물관·미술관

- ☐ 시간대별 인원 제한 여부 확인하기
- ☐ 홈페이지 또는 인터넷 예매 활용하기

식당·카페

- ☐ 사람이 많으면 포장 주문도 고려하기
- ☐ 매장 내에서 취식한다면 손 소독 및 거리두기 준수하기

렌트 차량

- ☐ 손잡이 소독하기
- ☐ 주기적으로 환기하기

방역지침 확인 및 긴급상황 대처

- ☐ 여행 중 건강 상태를 수시로 확인하고 필요하면 검진받기
- ☐ 빠르게 바뀌는 현지 방역 대책은 주 베트남 대한민국 대사관 홈페이지 확인하기
  - 주 베트남 대한민국 대사관
  overseas.mofa.go.kr/vn-ko/index.do
- ☐ 긴급한 상황이 발생하면 현지 재외공관에 연락하기
  - 주 호치민 대한민국 총영사관
  대표 전화(근무 시간) +84-28-3822-5757
  긴급 전화(24시간) +84-93-850-0238
  여권·공증 +84-28-3824-2593
  사증(비자) +84-28-3824-3311
  영사콜센터(서울, 24시간)
  +82-2-3210-0404
  홈페이지 overseas.mofa.go.kr/vn-hochiminh-ko/index.do

대중교통

- ☐ 탑승객과 일정 거리 유지하기
- ☐ 공용 휴게 공간 조심하기
- ☐ 좌석 외 불필요한 이동 자제하기
- ☐ 내부에서 음식 섭취 자제하기

리얼
호치민
나트랑 무이네 달랏 푸꾸옥

여행 정보 업데이트

〈리얼 호치민〉은 2023년 1월까지 수집한 정보를 바탕으로 만들었습니다.
정확한 정보를 싣고자 노력했지만, 여행 가이드북의 특성상
책에서 소개한 정보는 현지 사정에 따라 수시로 변경될 수 있습니다.
변경된 정보는 개정판에 반영해 더욱 실용적인 가이드북을 만들겠습니다.

한빛라이프 여행팀 ask_life@hanbit.co.kr

리얼 호치민 나트랑 무이네 달랏 푸꾸옥

초판 발행 2022년 10월 27일
초판 2쇄 2023년 1월 28일

지은이 권예빈 / **펴낸이** 김태헌
총괄 임규근 / **책임편집** 고현진 / **기획·편집** 박지영, 김태관
교정교열 박성숙 / **디자인** 천승훈 / **지도·일러스트** 이예연
영업 문윤식, 조유미 / **마케팅** 신우섭, 손희정, 김지선, 박수미, 이해원 / **제작** 박성우, 김정우

펴낸곳 한빛라이프 / **주소** 서울시 서대문구 연희로2길 62 한빛빌딩
전화 02-336-7129 / **팩스** 02-325-6300
등록 2013년 11월 14일 제25100-2017-000059호
ISBN 979-11-90846-05-9 14980, 979-11-85933-52-8 14980(세트)

한빛라이프는 한빛미디어(주)의 실용 브랜드로 우리의 일상을 환히 비추는 책을 펴냅니다.

이 책에 대한 의견이나 오탈자 및 잘못된 내용에 대한 수정 정보는 한빛미디어(주)의 홈페이지나 아래 이메일로
알려주십시오. 잘못된 책은 구입하신 서점에서 교환해 드립니다. 책값은 뒤표지에 표시되어 있습니다.

한빛미디어 홈페이지 www.hanbit.co.kr / 이메일 ask_life@hanbit.co.kr
페이스북 facebook.com/goodtipstoknow / 포스트 post.naver.com/hanbitstory

Published by HANBIT Media, Inc. Printed in Korea
Copyright © 2022 권예빈 & HANBIT Media, Inc.
이 책의 저작권은 권예빈과 한빛미디어(주)에 있습니다.
저작권법에 의해 보호를 받는 저작물이므로 무단 복제 및 무단 전재를 금합니다.

지금 하지 않으면 할 수 없는 일이 있습니다.
책으로 펴내고 싶은 아이디어나 원고를 이메일(writer@hanbit.co.kr)로 보내주세요.
한빛라이프는 여러분의 소중한 경험과 지식을 기다리고 있습니다.

호치민을 가장 멋지게 여행하는 방법

리얼 호치민

나트랑 무이네
달랏 푸꾸옥

권예빈 지음

PROLOGUE
작가의 말

PROLOGUE
작가의 말

나만 알고 싶은 호치민

사실 패키지여행이나 짧은 일정의 여행으로는 한 나라나 도시를 제대로 여행하기 어렵다고 생각합니다. 하지만 우리 모두가 처한 상황이 각각 다르기에, 소중한 여행이 수박 겉핥기가 되지 않게 베트남을 구석 구석 담아보고 싶었습니다.

물가는 저렴하고 사람은 친절한 나라, 베트남! 최근 몇 년간 베트남은 한국 관광객이 여행하기 좋은 나라로 손꼽혀 왔죠. 호치민, 하노이, 다낭 등의 인기를 시작으로 이제는 푸꾸옥, 달랏, 사파 등 관광객의 발길이 잘 닿지 않던 곳까지 한국인의 발길이 머물기 시작했으니까요. 베트남의 수많은 곳을 여행하고 살아보면서 느낀 점은 사람들이 아직 때 묻지 않았고 친절하다는 것과 한국인에 대한 호의로 가득하다는 것입니다. 이런 베트남의 따뜻한 부분이 우리의 발걸음을 베트남으로 향하게 만든다고 생각합니다.

이색적인 체험, 여유로운 휴양, 역동적인 액티비티 등 다양한 테마로 여행할 수 있는 나라, 베트남! 베트남 남부를 더 즐겁고 유익하게 여행하실 수 있게 알찬 정보를 담고자 노력한 〈리얼 호치민〉입니다.

Special thanks to
코로나19로 인해 출간 직전에 멈추었던 작업을 약 2년여 만에 재개를 했습니다. 취재부터 책이 나오기까지 4년이란 시간이 흘러가고 있더군요. 여행의 감흥이 사라지기 전에 책이 나왔다면 너무 좋았겠지만 몇 년의 노력이 헛되지 않게 이끌어주신 한빛라이프 여행팀과 고현진 팀장님, 박지영, 김태관 에디터님에게 감사의 말씀 전합니다.

권예빈 분주한 방송 생활을 잠시 접어두고, 한 살이라도 젊을 때 전 세계를 누벼보자며 올랐던 여행길. 그 길 위에서 인생을 배웠고, 이제는 여행 정보를 나누는 '작가'가 되었다. 여행 매거진 기자로, 방송 작가, 여행 작가로 살고 있으며, 현재 EBS 〈세계테마기행〉, 〈한국기행〉 등 다양한 프로그램을 제작 중이다. 저서로는 〈이지 시티 괌〉, 〈Story M 런던〉이 있다.

인스타그램 @travelbin

INTRODUCTION
미리 보기

이 책의 사용법

BOOK 01 리얼 호치민

BOOK 01 〈리얼 호치민〉으로 알차게 여행준비!
- 호치민은 어떤 곳이지? 여행 기본 정보
- 호치민과 베트남 남부, 얼마나, 어디를 여행해야 할까? 추천 여행 코스
- 꼭 가야 할 곳, 액티비티와 투어 프로그램, 먹어야 할 것, 사야 할 것 총정리
- 미리 겁먹지 말자. 한눈에 들어오는 베트남 남부 도시간 이동
- 호치민과 베트남 남부를 가장 멋지게 여행하는 방법! 각 지역의 추천 스폿 소개
- 동남아 여행 고수가 추천하는 '여행을 즐기는 방법' REAL GUIDE
- 번거로운 여행 준비, 책 보며 따라 하기만 하자.

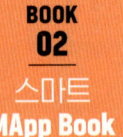

특별한 부록

BOOK 02 스마트 MApp Book

베트남 남부 여행을 쉼 없이 연구하는 저자가 엄선한 애플리케이션의 활용법을 담은 App Book과 현지에서 가볍게 들고 다닐 수 있는 Map Book을 함께 엮었다.

아이콘

📷 명소	🍴 음식점, 카페, 바	🎁 상점	📍 리얼 가이드
📍 주소	🚶 찾아가는 법	₫ 요금 및 가격	🕐 운영 시간
📞 전화번호	🏠 홈페이지	구글 맵스 GPS	▶ 내용
🚇 내용	🚌 내용		

CONTENTS
목차

004 작가의 말
006 이 책의 사용법

PART 01
한눈에 보는 호치민

012 베트남 한눈에 보기
014 숫자로 보는 호치민
016 베트남 기본 정보
018 호치민 여행 캘린더
020 구역별로 만나는 호치민
022 호치민 필수 스폿
024 베트남 남부 필수 여행지
026 호치민의 역사

호치민 여행 코스 가이드
028 호치민 핵심 여행 3박 4일
030 호치민+나트랑 4박 5일
032 호치민+달랏 5박 6일

PART 02
호치민을 가장 멋지게 여행하는 방법

THEME
038 호치민 필수 유적
040 베트남 남부 필수 유적
042 투어 & 액티비티
048 빈원더스 나트랑 vs 푸꾸옥
050 빈펄 사파리 & 몽키 아일랜드
052 호치민+베트남 남부 포토 스폿

FOOD
054 베트남 음식
056 호치민 로컬 맛집
058 호치민 레스토랑
059 루프톱 바
060 베트남 커피의 매력
061 테마별 추천 카페
067 호치민 추천 한식당

SHOPPING
068 베트남 열대 과일
070 호치민 쇼핑 리스트
072 호치민 쇼핑 스폿
074 베트남 쇼핑 팁

CONTENTS
목차

PART 03
진짜 호치민을 만나는 시간

- **078** 호치민 개념도
- **079** 공항에서 시내로 나가기
- **080** 호치민 시내 교통 완전 정복

AREA 01 동커이 거리
- **084** 동커이 거리 추천 코스
- **086** 상세지도
- **088** 추천 스폿

REAL GUIDE
- **098** 호치민 속 힌두교 사원
- **113** 호치민 칵테일 바

AREA 02 부이비엔 거리
- **122** 부이비엔 거리 추천 코스
- **123** 상세 지도
- **124** 추천 스폿

AREA 03 타오디엔
- **132** 타오디엔 추천 코스
- **133** 상세 지도
- **134** 추천 스폿

AREA 04 차이나타운
- **142** 차이나타운 추천 코스
- **143** 상세 지도
- **144** 추천 스폿

REAL GUIDE
- **148** 호치민에서 떠나는 투어

REAL PLUS
붕따우
- **152** 호치민에서 붕따우로 가는 법
- **153** 붕따우 시내 교통 완전 정복
- **154** 붕따우 추천 코스
- **155** 상세 지도
- **156** 추천 스폿

CONTENTS
목차

PART 04
베트남 남부를 만나는 시간

CITY 01 나트랑
- 168 나트랑으로 이동하기 & 시내 교통
- 170 나트랑 추천 코스
- 172 상세 지도
- 174 추천 스폿

REAL GUIDE
- 171 나트랑 추천 여행사
- 180 보트 & 크루즈 투어
- 181 근교 투어
- 189 나트랑 여행 기념품은 여기서!
- 191 나트랑 머드 온천

CITY 02 무이네
- 194 무이네로 이동하기 & 시내 교통
- 195 무이네 추천 코스
- 196 상세 지도
- 197 추천 스폿

REAL GUIDE
- 200 무이네 투어 프로그램

CITY 03 달랏
- 206 달랏으로 이동하기 & 시내 교통
- 207 달랏 추천 코스
- 208 상세 지도
- 210 추천 스폿

REAL GUIDE
- 221 달랏 대표 액티비티 & 투어

CITY 04 푸꾸옥
- 234 푸꾸옥으로 이동하기 & 시내 교통
- 236 푸꾸옥 추천 코스
- 237 상세 지도
- 238 추천 스폿

REAL GUIDE
- 247 혼똔섬 알차게 즐기기
- 248 푸꾸옥 특산물 탐방

PART 05
즐겁고 설레는 여행 준비하기

- 258 여행 준비 & 출국
- 262 호치민 구역별 숙소 특징 & 추천 숙소
- 264 베트남 남부 숙소 특징 & 추천 숙소
- 266 베트남 화폐 한눈에 보기
- 267 그랩 사용 방법
- 268 INDEX

베트남의 경제 도시, 호치민은 베트남에서 가장 큰 도시로 1975년 통일 전까지는 사이공으로 불리다 1976년 주변의 위성도시를 병합해 호치민 특별시로 개칭했다. 20세기부터 다양한 서양 문화를 받아들였으며, 과거 프랑스 지배로 인해 동서양의 오묘한 조화를 만나볼 수 있다.

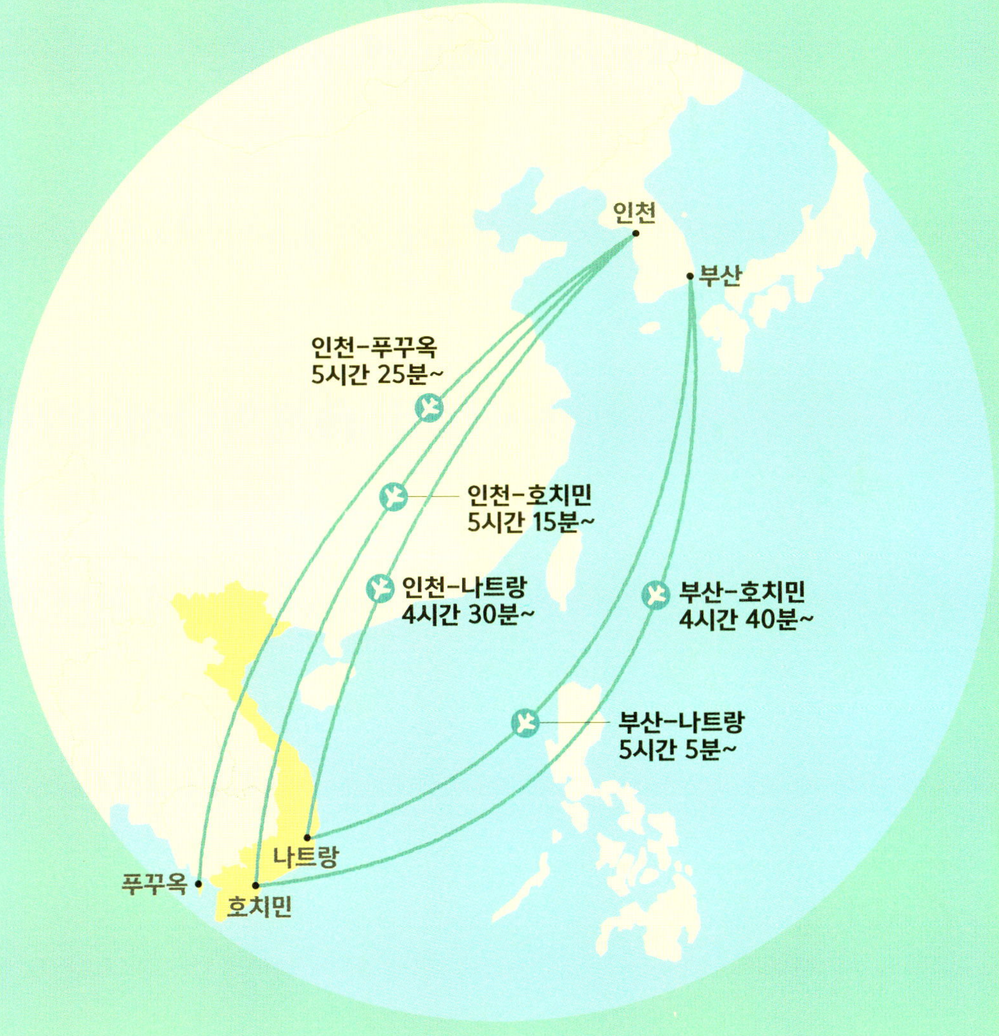

베트남 한눈에 보기

- 인천
- 부산
- 인천-푸꾸옥 5시간 25분~
- 인천-호치민 5시간 15분~
- 인천-나트랑 4시간 30분~
- 부산-호치민 4시간 40분~
- 부산-나트랑 5시간 5분~
- 푸꾸옥
- 나트랑
- 호치민

숫자로 보는 호치민

호치민 여행 전 알아두면 도움되고 흥미로운 정보를 숫자로 정리했다.

1975년
베트남이 오랜 프랑스 점령에서 벗어나 통일된 해.

916만 명
2022년 기준 호치민 거주 인구.

22개
호치민은 1개의 시, 16개의 군, 5개의 현까지 총 22개의 행정구역으로 구성되어 있다. 1개의 시는 투득시로, 2021년에 기존의 2군, 9군 투득군을 합쳐서 하나로 만든 특별 행정구역이다.

2시간
한국이 베트남보다 2시간 빠르다. 호치민이 오전 4시일 경우 한국은 오전 6시다. 베트남 안에서는 시차가 없다. 북부의 하노이와 남부의 호치민 모두 동일한 시간대.

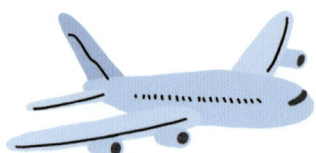

2018년

축구 불모지 베트남이 2018년 아시아 축구연맹 U-23에서 준우승을 거둔 역사적인 해. 그 뒤엔 베트남 국민 영웅이 된 한국인 박항서 감독이 있었다.

2,061 km²

호치민의 면적으로 서울 면적의 약 3.5배.

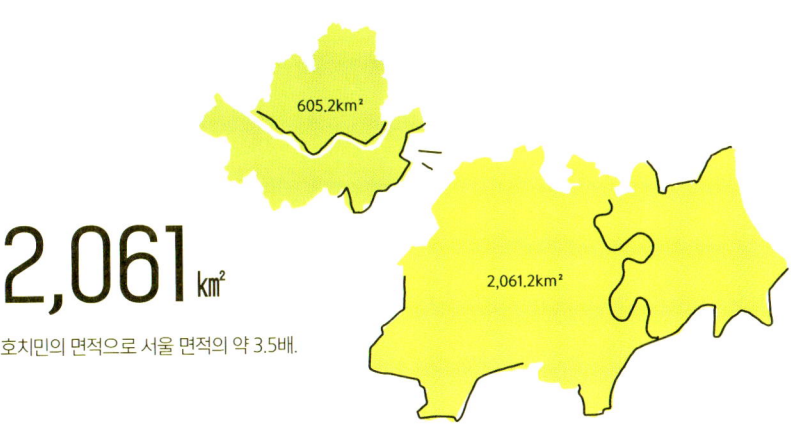

9월 2일

'베트남의 아버지'로 불리며, 베트남 민주 공화국의 독립을 선언하고 정부 주석이 된 호치민의 서거 일자. 민족주의와 사회주의 혁명가이자 정치가로서 생전 항상 염원했던 조국 통일이 이루어진 베트남 건국 기념일과 같다.

알아두면 편리한
베트남 기본 정보

베트남 언어와 문자

베트남은 고유의 베트남어를 사용한다. 베트남어를 들어보면 굉장히 리드미컬하다는 것을 알 수 있는데 이는 6개의 성조를 지니고 있기 때문이다. 한자를 문자로 사용하다가 17세기 초 한 선교사에 의해 로마자로 쓰는 방식이 고안되어 지금까지 이어진다. 인사말은 Xin chào(신 짜오), 감사의 뜻은 Xin cảm ơn(신 깜언)으로 나타낸다.

호치민

베트남 최대 도시이자 경제 도시. 베트남 통일 이전까지 사이공으로 불렸으나 호치민으로 개명되었다. 그래서 아직 이름에 사이공이 들어가는 장소가 도시 곳곳에 분포해 있다.

9,895만 명

베트남 인구는 9,895만 명으로 베트남인이 90%를 차지하고 그 외 중국인, 타이인, 크메르인 등이 있다.

통화

베트남은 동(VND)을 사용하며, 화폐 단위가 큰 편이다. 가장 고액권은 500,000동으로 한화로 약 29,000원이다. 화폐 색이 비슷해 헷갈릴 수 있으므로 계산 시 유의해야 한다. 동전은 사용하지 않으며, 찢어진 화폐는 사용이 불가하므로 절대 받지 말아야 한다.

환율

베트남 돈 20,000동은 한화로 약 1,100원이다. 계산하기 편하게 20으로 나눈다고 생각하자.

비자

베트남과 무비자 협정을 맺어 15일간 체류할 수 있다. 장기간 체류 시에는 30일 관광 비자나 복수 비자 등을 발급받을 수 있다.

전압

베트남은 220v를 사용하며, 콘센트의 생김새는 3구지만 우리나라 제품 역시 사용 가능하다.

기후

열대성 기후로 우기와 건기가 뚜렷하게 나뉜다. 호치민의 우기는 5~10월, 건기는 11~4월이며 평균 기온은 28℃ 정도다.

종교

베트남의 종교는 불교, 기독교, 가톨릭교, 개신교 등이며 까오다이교 같은 신흥 종교도 있다. 1926년에 창시된 까오다이교는 기독교와 토속신앙이 혼합된 종교다.

치안

베트남에서 가장 많은 한인이 거주하는 호치민은 경제 도시답게 다양한 외국 기업이 들어와 있어 치안이 잘 유지되는 편이다. 하지만 도심을 벗어난 곳이나 어두운 골목길 등에선 항상 조심하자.

오토바이

베트남의 상징이자 가장 보편화된 교통수단이다. 개개인이 기본으로 오토바이를 소유하고 있을 정도로 일반화돼 있다. 차량은 우측통행이며, 자동차보다 오토바이 행렬로 인한 러시아워를 흔히 볼 수 있다.

아오자이와 논라

아오자이는 베트남 여성의 전통 복식이다. 아오는 옷, 즉 저고리를 말하며, 자이는 길다는 의미로 길이가 긴 윗옷을 의미한다.
논라는 베트남인들이 즐겨 쓰는 전통 모자. 말린 바나나 잎(또는 야자나무 잎)으로 짜 편리할 뿐 아니라 햇볕을 가려주고 비를 막아주는 필수품이다.

주요 연락처

주호치민 대한민국 총영사관
주소 107 Nguyen Du, Dist 1, HCMC

전화번호
- 사무실 84-28-3822-5757
- 여권·공증 84-28-3824-2593
- 사증(비자) 84-28-3824-3311
- 영사 콜센터(24시간) 82-2-3210-0404
- 사건사고 긴급(24시간) 84-93-850-0238

여행하기 좋은 시기는 언제일까?
호치민 여행 캘린더

호치민 월별 기온과 강수량

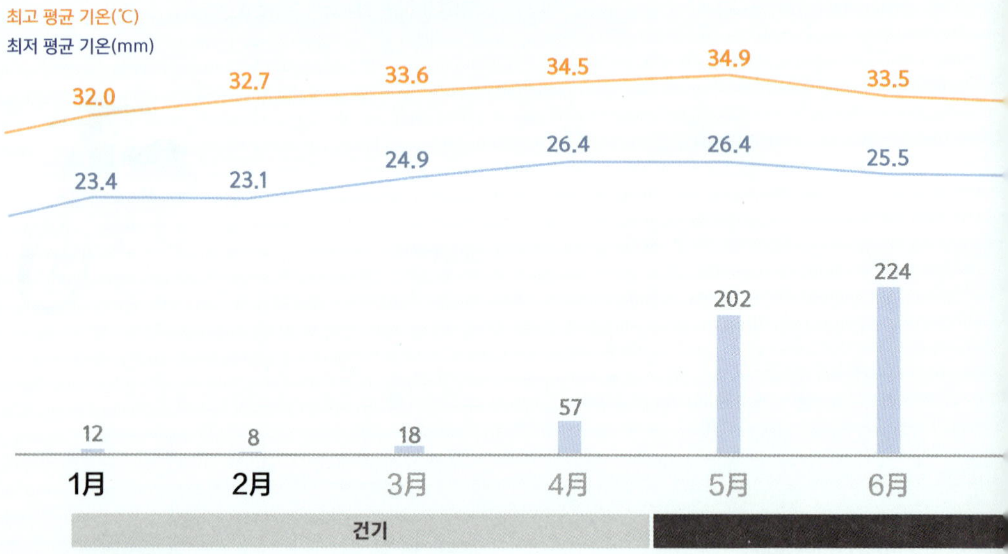

최고 평균 기온(℃)
최저 평균 기온(mm)

월	1월	2월	3월	4월	5월	6월
최고 평균 기온	32.0	32.7	33.6	34.5	34.9	33.5
최저 평균 기온	23.4	23.1	24.9	26.4	26.4	25.5
강수량	12	8	18	57	202	224

건기

건기 11~4월　　　· 추천 여행 시기 12~2월

평균 기후는 온난한 편이지만 3, 4월은 가장 무더운 시기이므로 뜨거운 자외선에 대비하자. 원데이 투어나 액티비티 등 야외에서 즐기는 일정은 피하고 실내 관광지를 돌아보는 것이 좋다. 이른 아침 시간과 해가 진 오후 시간을 적극 활용하면 아름다운 하늘과 풍경을 감상할 수 있다. 미리 일몰 시간 등을 체크해서 동선을 짜는 것도 좋다. 수시로 생수를 마셔 탈수 증상이 생기지 않도록 유의하자.

준비물 뜨거운 햇볕에 대비한 모자, 선글라스, 선크림 등을 휴대하자. 또 에어컨 바람으로 인해 감기에 걸릴 수 있으니 얇은 카디건도 강추! 근교 여행 시 모기 퇴치제를 준비하거나 랩 스커트, 얇은 긴 바지로 몸을 덮어 풀, 벌레로부터 피부를 보호하자.

> 호치민 여행의 적기는 12~2월이다.
> 우기보다 건기가 여행하기 좋으며, 건기 중에서도 온화하고 강수량이 적은 12~2월이 여행에 가장 좋은 시기다.

33.0	32.9	32.6	32.3	32.4	31.6
25.2	25.1	25.0	25.0	24.9	23.9
231	210	273	240	128	41
7月	8月	9月	10月	11月	12月

우기 / 건기

 우기 5~10월

일기예보를 믿을 수 없을 정도로 지역마다 날씨가 시시때때로 변한다. 스콜처럼 잠깐 내렸다 그칠 수도 있으므로 샌들이나 우비 등을 휴대하는 것이 좋다. 특히 우비는 베트남 현지에서 다양한 디자인과 뛰어난 성능을 갖춘 제품을 저렴하게 구매할 수 있다. 아침마다 숙소를 나설 때 일기 예보를 확인하고, 비가 내릴 때는 가까운 카페 등으로 피하자.

준비물 시내는 폭우가 쏟아지는 일이 별로 없지만 근교 여행 시에는 장담을 할 수 없다. 간편한 우비나 우산을 항시 휴대하자. 또 얇은 카디건 등으로 비에 몸이 젖었을 경우를 대비하자.

TIP
베트남 공휴일 알고 가면 좋아요

베트남의 공휴일은 연초에 몰려 있다. 한국보다 공휴일이 적은 편이지만 식당, 관광지 등이 명절 기간 내내 휴업하는 곳이 많아 여행하기 불편할 수 있으니 유의하자.

- 1월 1일 신정 New year's day
- 음력 12월 31일~1월 3일(구정) TET Holiday
- 음력 3월 10일 흥왕기념일 Hung kings Commemoration Day
- 4월 30일 해방기념일 Reunification Day
- 5월 1일 노동절 International Labor Day
- 9월 2일 건국기념일 Independence Day

구역별로 만나는 호치민

호치민은 1개 시, 16개 군, 5개 현으로 나뉜다. 군은 우리나라의 '구'와 비슷하고, 현은 우리나라의 '군'과 비슷한 규모의 행정구역을 이른다.

빈탄군
Bình Thạnh
새롭게 떠오르는 신흥 부촌

5·6·11군
지속적으로 인구가 증가하는 차이나타운

1군
경제, 관광의 중심지

11군
5군
6군

4군
로컬 인기 지역

01
호치민의 발자취를 따라
통일궁 P.093

02
호치민 시내를 한눈에!
사이공 스카이덱 P.096

놓치지 말자!
호치민 필수 스폿

05
관광객의 배낭을 가득 채울
벤탄 시장 P.093

06
쇼핑, 문화, 관광의 중심지
동커이 거리 P.083

동양의 파리라 불리는 이유
노트르담 대성당 P.091

130년 역사를 이어가는
사이공 중앙 우체국 P.092

> 도시 여행은 도시의 매력적인 분위기에 휩쓸려 하루 종일 쉼 없이 걷게 된다.
> 알찬 여행을 위한 필수 코스, 호치민 알짜배기 스폿!

호치민 시민들의 휴식처
사이공 동식물원 P.094

손쉽게 알아보는 베트남 역사
호치민시 박물관 & 미술관 P.090, P.092

01
붉은 모래사막
레드 샌드 듄 무이네 P.198

02
세계 최장 케이블카
혼똔섬 푸꾸옥 P.246

여긴 꼭!
베트남 남부 필수 여행지

05
사랑하고 싶다면 이곳으로!
사랑의 계곡 달랏 P.214

06
산골 마을의 정취
랑비앙산 달랏 P.211

03

일몰이 아름다운 섬
롱 비치 푸꾸옥 P.238

04

이 세상 화려함의 극치, 극락과 지옥을 잇는
린프억 사원 달랏 P.213

> 베트남의 이색적인 매력을 흠뻑 느낄 수 있는 남부! 각 도시의 색이 달라 느낌도, 분위기도 각양각색!
> 근교 도시에서 꼭 해야 하거나 봐야 할 것들을 미리 알고 간다면 그곳을 오롯이 느끼고 올 수 있다.

07

베트남 휴양지의 정석
나트랑 비치 나트랑 P.174

08

참파 왕국의 유적지
포나가르 사원 나트랑 P.177

국부의 이름을 딴 도시
호치민의 역사

베트남의 국부와 이름이 같은 베트남 경제 중심지 '호치민'은 많은 사람이 베트남의 수도로 착각하는 곳인데, 실제로 수도인 하노이보다 더 발전한 베트남 최대 도시다. 과거와 현재가 뚜렷하게 구분되면서도 또 재미있게 조화를 이루고 있는 카멜레온 같은 호치민의 어제와 오늘에 대해 알아보자.

베트남의 국부 호치민

베트남 민주 공화국의 초대 주석으로 1890년 베트남 중부의 작은 마을에서 태어났다. 영국과 프랑스 등지에서 다양한 직업을 전전하며 살아가던 그는 사회주의 운동에 발을 들이면서 인생의 큰 전환점을 맞는다. 국내외에서 베트남 민주 공화국 독립에 대한 활동을 펼치다 1945년 정부 주석으로 취임했으며, 프랑스 및 구소련, 중국 등에 항전하며 베트남의 완전한 독립을 이루고자 죽는 그날까지 노력한 인물이다. 이후 베트남인들이 그의 정신을 기리고자 사이공이었던 도시 이름을 호치민이라 부르기 시작했다.

호치민의 역사

호치민은 원래 캄보디아의 항구였으나 16세기에 베트남에 정복돼 이후 사이공이란 이름으로 프랑스의 식민지가 됐다. 프랑스의 도시 계획으로 정치와 경제 중심지가 됐으며, 동아시아의 진주, 동양의 파리라 불리는 이유도 이때 지은 서양식 건축물들이 아직도 많이 남아 있기 때문이다. 이후 남베트남의 수도가 되었다가, 1975년 통일과 함께 호치민으로 이름이 변경되었다.

수도에서 경제 도시로

1954년 프랑스는 디엔비엔푸 전투에서 패해 물러났으며, 바오 다이 황제에 의해 사이공(호치민)이 수도가 되었다. 하지만 이후 북베트남과 남베트남으로 나뉘었고, 치열한 전쟁 끝에 베트남 민주 공화국으로 통일되면서 수도가 사이공(호치민)에서 하노이로 바뀌었다.

베트남에서 호치민의 위상

베트남의 수도는 하노이지만 베트남의 최대 도시인 호치민은 경제 도시로 많은 외국 기업의 사랑을 받고 있다. 하노이가 문화와 역사 유적 도시라면, 호치민은 부와 경제를 움직이는 중국의 상하이, 미국의 뉴욕과 같다고 할 수 있다. 베트남 경제 성장의 주축인 동시에 베트남과 전 세계를 잇는 중심 허브라고 볼 수 있다.

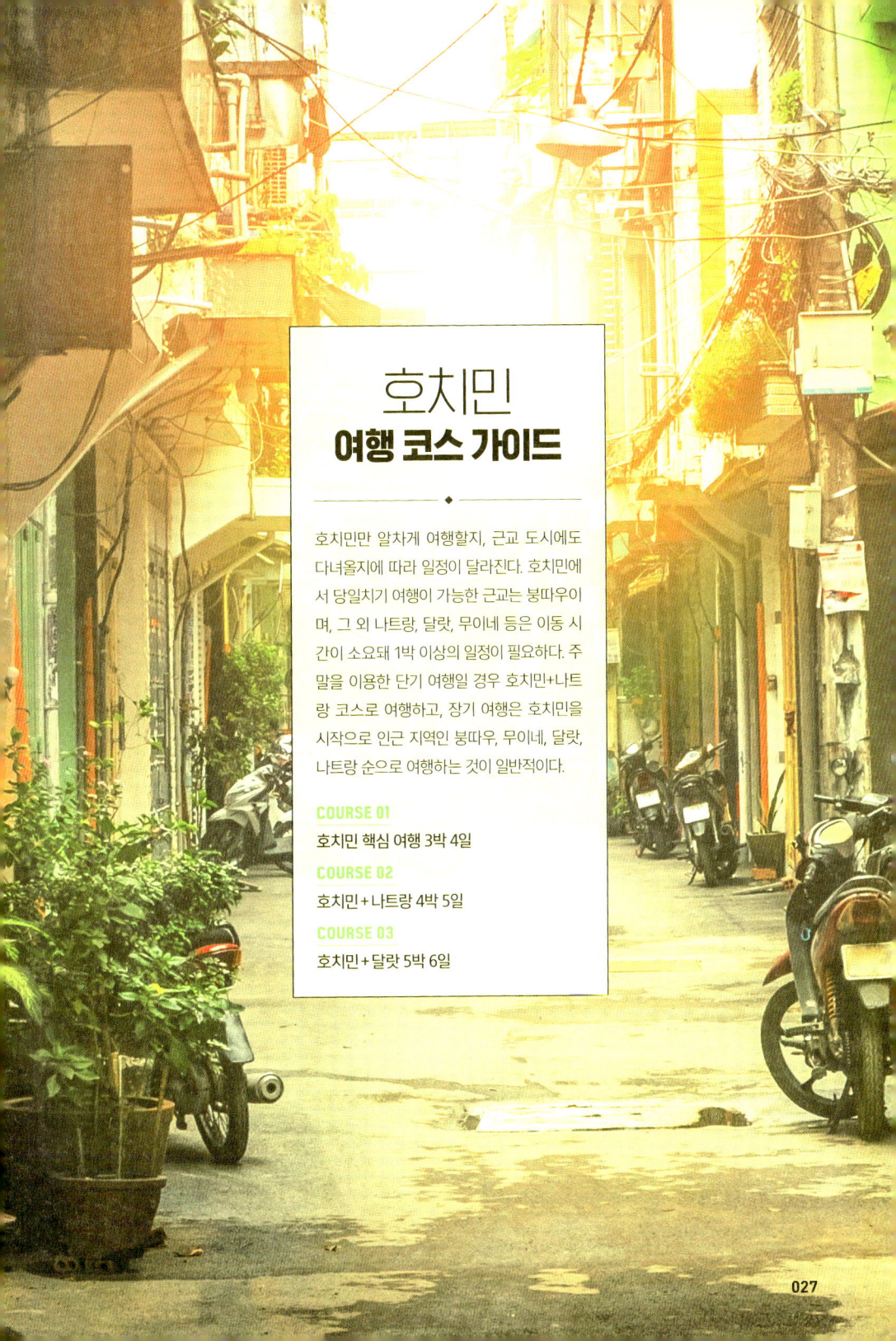

호치민
여행 코스 가이드

호치민만 알차게 여행할지, 근교 도시에도 다녀올지에 따라 일정이 달라진다. 호치민에서 당일치기 여행이 가능한 근교는 붕따우이며, 그 외 나트랑, 달랏, 무이네 등은 이동 시간이 소요돼 1박 이상의 일정이 필요하다. 주말을 이용한 단기 여행일 경우 호치민+나트랑 코스로 여행하고, 장기 여행은 호치민을 시작으로 인근 지역인 붕따우, 무이네, 달랏, 나트랑 순으로 여행하는 것이 일반적이다.

COURSE 01
호치민 핵심 여행 3박 4일

COURSE 02
호치민+나트랑 4박 5일

COURSE 03
호치민+달랏 5박 6일

COURSE 01

짧고 굵게 알맹이만
호치민 핵심 여행 3박 4일

주말을 이용해 호치민 여행을 핵심만 쏙쏙 즐기는 알찬 코스.

DAY 01 호치민의 꽉꽉 채운 첫날 밤

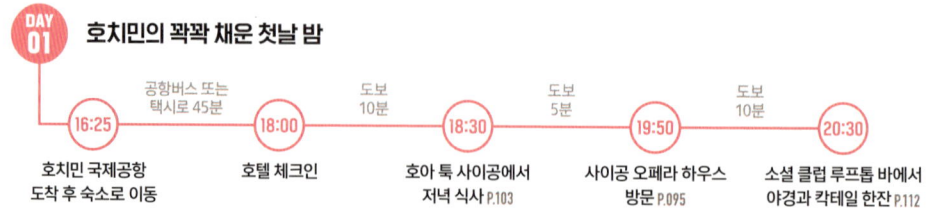

- **16:25** 호치민 국제공항 도착 후 숙소로 이동 — 공항버스 또는 택시로 45분
- **18:00** 호텔 체크인 — 도보 10분
- **18:30** 호아 툭 사이공에서 저녁 식사 P.103 — 도보 5분
- **19:50** 사이공 오페라 하우스 방문 P.095 — 도보 10분
- **20:30** 소셜 클럽 루프톱 바에서 야경과 칵테일 한잔 P.112

DAY 02 호치민 핵심 관광

- **09:00** 노트르담 대성당 관광 P.091 — 도보 3분
- **09:30** 사이공 중앙 우체국 P.092 — 도보 20분
- **10:40** 벤탄 시장 P.093 — 도보 5분
- **12:50** 껨 땀 목에서 점심 식사 P.104 — 택시 10분
- **15:30** 부이비엔 거리에서 전신 마사지 받기 — 도보 5분

DAY 03 메콩 델타 투어로 베트남 체험하기 P.148

- **07:30** 부이비엔 거리의 여행사에 집합 후 메콩 델타 투어 시작 — 단체 버스 1시간
- **10:40** 반짱 사원 관광 후 미토 터미널 도착 — 보트 15분
- **11:00** 보트 타고 메콩 델타 투어 즐기기
- **12:00** 뱀째섬, 코코넛 캔디 제조 공정 구경 및 쇼핑, 식사
- **14:00** 원숭이, 아나콘다 등 동물 구경, 과일 시식, 전통 공연 감상 — 보트 10분

DAY 04 여유롭게 호치민 여행 마무리

- **09:00** 카페 아파트먼트에 있는 카페에서 커피 마시기 P.090 — 도보 5분
- **10:00** 동커이 거리 산책, 쇼핑 — 도보 10분
- **11:00** 숙소에서 캐리어 픽업 후 택시 탑승 — 택시 45분
- **12:00** 호치민 국제공항 도착

부이비엔 거리

사이공 중앙 우체국   노트르담 대성당

17:40	택시 10분	19:00	도보 10분	21:00	도보 15분	22:00
퍼 꿘에서 저녁 식사 P.126		사이공 스카이덱에서 일몰 감상 P.096		엠 바에서 맥주 한잔 P.112		벤탄 야시장 구경하기 P.114

15:00	단체 버스 1시간	17:20	도보 6분	18:00	도보 9분	19:40
보트 밀림 투어 후 버스 탑승		부이비엔 거리 도착 후 해산		알레즈 부에서 맥주 한잔 P.127		부이비엔 거리에서 마사지 받기

메콩 델타 투어

> **TIP**
> ### 투어 프로그램을 즐기고 싶다면
> 신투어리스트 여행사에서 인터넷, 전화, 현장 방문 예약을 통해 구찌 터널 투어 P.149 또는 메콩 델타 투어 P.148를 즐기자.

> **TIP**
> ### 3박 4일에 1일을 더한다면?
> 인근 도시인 붕따우에서 원데이 투어를 추천한다.

COURSE 02

온 가족이 함께 즐기는
호치민 + 나트랑 4박 5일

베트남 최대 도시 호치민으로 시작해 최고 휴양지 나트랑에서 돌아오는 4박 5일 코스

DAY 01 호치민 첫날 알차게 보내기

- **14:20** 호치민 국제공항 도착, 숙소로 이동
- *(공항버스 또는 택시로 45분)*
- **15:30** 호텔 체크인 후 인민위원회 청사 방문 P.089
- *(도보 5분)*
- **16:00** 노트르담 대성당 구경 P.091
- *(도보 2분)*
- **17:00** 사이공 중앙 우체국 관광 P.092
- *(도보 15분)*
- **17:40** 동커이 거리 산책
- *(도보 5분)*

DAY 02 호치민 시내 관광

- **09:00** 부이비엔 거리 구경 P.124
- *(택시 10분)*
- **10:00** 호치민 전쟁 박물관 관람 P.099
- *(택시 15분)*
- **11:30** 벤탄 시장 P.093
- *(도보 5분)*
- **12:30** 퍼 2000에서 점심 식사 P.102
- *(도보 5분)*
- **13:30** 수 카페에서 휴식 P.107
- *(택시 15분)*

DAY 03 호치민에서 나트랑으로

- **10:50** 호치민 국제공항에서 나트랑행 비행기 탑승
- *(1시간 소요, 시차 없음)*
- **11:50** 나트랑 공항 도착
- *(택시 또는 공항버스 50분)*
- **13:00** 나트랑 시내 도착, 호텔 체크인
- *(도보 10분)*
- **13:30** 믹스 그릭 레스토랑에서 점심 식사 P.183
- *(도보 10분)*
- **14:30** 나트랑 비치 산책하기 P.174
- *(택시 10분 또는 도보 25분)*

DAY 04 나트랑 시내 관광

- **08:00** 기상 및 조식
- *(택시 30분)*
- **09:30** 포나가르 사원 관광 P.177
- *(택시 30분)*
- **11:00** 혼쫑곶 관광 P.176
- *(택시 30분)*
- **11:40** 담 시장 구경 P.190
- *(도보 8분)*
- **12:40** 퍼 홍에서 점심 식사 P.183
- *(도보 10분)*

DAY 05 나트랑에서 한국으로

- **11:00** 나트랑 비치 산책 P.174
- **12:00** 호텔 체크아웃
- *(택시 45분)*
- **12:40** 나트랑 국제공항 도착

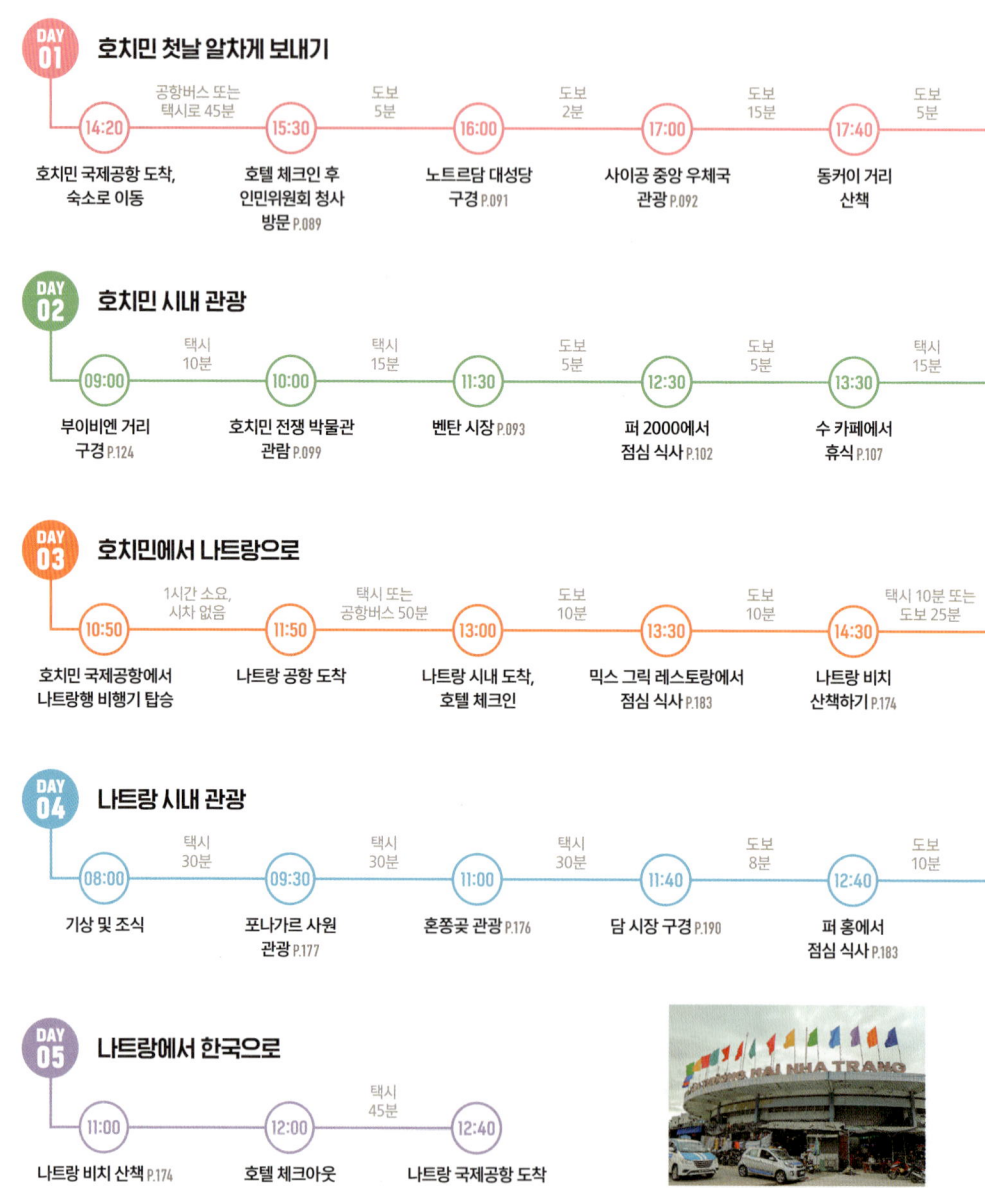

담 시장

호치민 전쟁 박물관

사이공 오페라 하우스

> **TIP**
> **나트랑에서 아이와 함께라면!**
>
> ❶ 빈펄리조트 나트랑에 숙박하면 빈펄섬 안에 빈원더스 나트랑을 비롯한 다양한 놀이, 휴양 시설이 함께 있어 편안하게 아이와 즐거운 시간을 보낼 수 있다. 평생 기억에 남을 신나는 휴가를 보내고 싶다면 추천!
>
> ❷ 아이들이 선호하는 투어로 앙 베이 국립공원 투어, 원숭이섬 투어 그리고 다양한 보트 투어가 있으니 알아보자. P.180

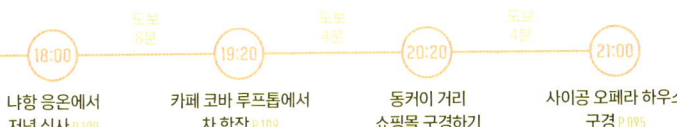

- **18:00** 냐항 응온에서 저녁 식사 P.108
- 도보 4분
- **19:20** 카페 코바 루프톱에서 차 한잔 P.109
- 도보 4분
- **20:20** 동커이 거리 쇼핑몰 구경하기
- 도보 4분
- **21:00** 사이공 오페라 하우스 구경 P.095

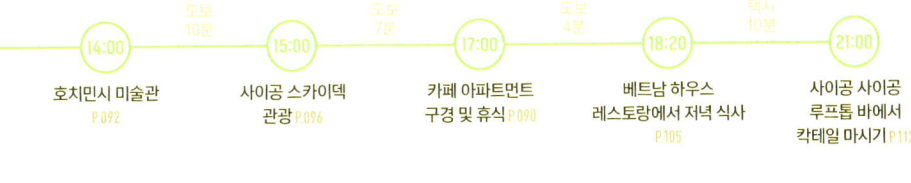

- **14:00** 호치민시 미술관 P.092
- 도보 10분
- **15:00** 사이공 스카이덱 관광 P.096
- 도보 7분
- **17:00** 카페 아파트먼트 구경 및 휴식 P.090
- 도보 4분
- **18:20** 베트남 하우스 레스토랑에서 저녁 식사 P.105
- 택시 10분
- **21:00** 사이공 사이공 루프톱 바에서 칵테일 마시기 P.113

- **15:30** 나트랑 대성당 관광 P.178
- 택시 10분 또는 도보 25분
- **17:40** 리빈 바비큐에서 저녁 식사 P.102
- 도보 7분
- **18:40** 나트랑 야시장 구경하기 P.187
- 도보 10분
- **20:00** 세일링 클럽에서 일몰 감상 P.185

- **13:40** 콩 카페에서 코코넛 커피 마시기 P.184
- 택시 20분
- **14:30** 아이리조트 스파에서 머드 목욕 P.191
- 택시 20분
- **17:40** 루이지애나 브루하우스에서 맥주 한잔 P.187
- 택시 10분
- **19:00** 스카이라이트 나트랑에서 야경 즐기기 P.186

나트랑 비치

031

COURSE 03

도시에서 자연까지 만끽하는
호치민+달랏 5박 6일

화려한 호치민 도심부터 산뜻한 달랏의 자연까지 상반된 매력을 모두 느끼는 알찬 여행 코스

DAY 01 한국에서 호치민으로

- **11:05** 호치민 공항 도착
- (공항버스 또는 택시로 45분)
- **12:20** 호텔 체크인 후 인근 냐항 응온에서 점심 식사 P.100
- (도보 5분)
- **13:30** 노트르담 대성당, 사이공 중앙 우체국 관람 P.091, P.092
- (도보 10분)
- **14:40** 호치민시 미술관 관람 P.092
- (택시 14분)
- **15:00** 부이비엔 거리 관광 P.124
- (도보 8분)

DAY 02 호치민 시내

- **10:30** 벤탄 시장 느긋하게 즐기기 P.093
- (도보 5분)
- **12:00** 껌 땀 목에서 점심 식사 P.104
- (도보 10분)
- **14:00** 레꽁끼에우 골동품 거리 구경하기 P.097
- (도보 10분)
- **15:30** 부이비엔 거리에서 전신 마사지 받기
- (도보 10분)
- **16:50** 리틀 하노이 에그 커피에서 에그 커피 한잔 P.126
- (택시 20분)

DAY 03 호치민 시내에서 달랏으로

- **06:50** 호치민 국제공항에서 달랏행 비행기 탑승
- (55분 소요, 시차 없음)
- **07:45** 달랏 공항 도착
- (택시 40분)
- **09:00** 호텔 도착 후 짐 맡기기
- (도보 9분)
- **09:10** 딜리셔스 바이 센트에서 점심 식사 P.223
- (도보 15분)
- **10:30** 달랏 꽃 정원 관람 P.214
- (택시 10분)

DAY 04 달랏 시내

- **10:00** 크레이지 하우스 구경 P.212
- (택시 10분)
- **11:30** 달랏 니콜라스 바리 대성당 관람 P.212
- (택시 5분)
- **12:30** 티엠 반 코이 싸 지오에서 반미 점심 식사 P.229
- (택시 5분)
- **13:40** 카페 하우스에서 차 한잔 P.227
- (도보 2분)
- **14:30** 쑤언 흐엉 호수 산책하기 P.210
- (택시 20분)

사이공 스카이덱에서 야경 구경   크레이지 하우스

17:40	19:00	20:00	22:00
택시 15분	도보 5분	도보 5분	
알레즈 부에서 맥주 한잔 P.127	벤탄 야시장 구경하기 P.114	야시장에서 야식 즐기기	호텔 귀가 및 휴식

19:20	20:20
	도보 10분
사이공 스카이덱에서 야경 구경 P.096	엠 바에서 칵테일 한잔 P.112

TIP 다양한 투어 프로그램을 즐기고 싶다면?
구찌 터널 투어, 껀저 투어, 메콩 델타 투어 등 다양한 반나절, 원데이 투어가 가능하다. P.148

12:20	13:40	15:00	17:00	19:00
	도보 9분	도보 5분	택시 9분	도보 10분
달랏 기차역 관람 P.215	기차역 내 트레인 카페에서 점심 식사	달랏 대성당 관람 P.214	달랏 야시장 구경 P.230	큐트 킷 바비큐 앤 비어에서 저녁 식사 P.224

15:20	16:50	18:30	19:40
	택시 25분	택시 30분	도보 15분
바오다이 황제의 여름 별장 관람 P.213	서니 팜 달랏에서 일몰 즐기기 P.226	린 호아 베이커리에서 빵이나 케이크 등 간식 쇼핑 P.223	브이 카페에서 간단한 식사, 맥주 P.224

달랏 시티 + 근교 여행 추천 코스

달랏에는 도심과 근교 여행이 적절히 섞인 투어 상품이 많다. 여행사마다 한두 가지 상품을 선택해 원데이 투어를 즐긴다면 달랏의 유명한 곳들은 다 둘러보는 셈이다. 아래는 대표적인 투어 프로그램의 코스. 여행사들의 상품은 유사하지만 가격이 조금씩 다르므로 구성을 꼼꼼히 비교해서 선택하는 게 좋다. 또 계절과 상황에 따라 방문지가 조금씩 달라진다.

추천 업체 케이케이데이, 와그투어, 마이리얼트립, 베나자(네이버 카페), 달랏 택시 투어

코스 ① 커피 농장 — 전통 와인 시음 — 링언사 — 코끼리 폭포 — 프렌 폭포 — 크레이지 하우스

코스 ② 로빈 힐 — 다딴라 폭포 — 린프억 사원 — 달랏 기차역 — 달랏 꽃 정원

코스 ③ 바오다이 황제의 여름 별장 — 달랏 성당 — 로빈 힐 — 다딴라 폭포 — 사랑의 계곡

코스 ④ 랑비앙산 — 골든 밸리 — 린프억 사원 — 달랏 기차역

달랏 기차역

달랏 야시장

린프억 사원

DAY 06 달랏에서 호치민 경유 후 한국으로

버스 이용하기
달랏 버스 – 호치민 국제선 – 인천

달랏에서 매 시간 버스가 있으며 가격이 저렴하다. 달랏에서 호치민까지 7~8시간이 소요되므로 호치민에서 인천으로 가는 비행시간을 필히 확인해 이동 시간을 계획해야 한다. 슬리핑 버스를 이용해 새벽 출발, 오후 도착한다면 숙박비도 아낄 수 있다.

비행기 이용하기
달랏 국내선 – 호치민 국제선 비행기 – 인천

달랏에서 인천까지 직항은 아직 없다. 호치민을 경유해야 하며(달랏-호치민 1시간 소요), 경유 시 하루가 더 걸린다.

- **23:00** 버스 회사로 이동
  * 이용 가능 버스 회사 탄푸오이, 풍짱, 신투어리스트
- **24:00** 슬리핑 버스 탑승 및 이동
  약 7~8시간 소요
- **08:00** 호치민 부이비엔 거리 도착 후 인근에서 아침 식사
  택시 또는 공항버스 약 45분
- **11:00** 호치민 국제공항 도착 후 인천행 비행기 탑승

달랏 전경

에린 커피 농장

달랏 대성당

PART 02

호지민을 가장 멋지게 여행하는 방법

HO CHI MINH

과거와 현재가 공존하는
호치민 필수 유적

프랑스 식민 지배부터 베트남 전쟁 이후까지 베트남 역사를 고스란히 담고 있는
호치민 유적지. 역사의 상흔을 호치민에서 만나보자.

뼈아픈 과거의 숨결
통일궁 P.093

프랑스 식민 시절 인도차이나 전체를 통치하기 위해 지은 궁전. 베트남 전쟁 당시의
흔적도 고스란히 남아 있어 베트남 역사의 굴곡진 한 획을 이곳에서 만날 수 있다.

동양의 파리, 호치민 대표 건축물
노트르담 대성당 P.091
프랑스에서 직접 공수한 건축 자재로
지어 호치민을 대표하는 동시에
가장 아름다운 건물로 유명한 곳이다.

베트남 최대 도시, 호치민의 중심
인민위원회 청사 P.089
노란색 외벽의 고풍스러운 건축 양식이
눈에 띄는 건물. 1902년부터 지금까지
호치민 중심에서 자리를 지키며
호치민이 밟아온 발자국을 오롯이
간직하고 있는 곳이다.

화려한 장식이 돋보이는 대형 극장
사이공 오페라 하우스 P.095
당시 프랑스에서 유행하던 건축
양식으로 지어진 호치민 유일
대형 극장. 그 때의 화려한 아름다움을
지금까지도 지켜내고 있다.

다양한 문화의 조화로운 만남
베트남 남부 필수 유적

옛날 참파 왕국부터, 프랑스 식민 지배까지 베트남을 거쳐간
다양한 문화의 발자취를 베트남 남부에서 만나보자.

나트랑 베트남의 앙코르와트
포나가르 사원 P.177

포나가르는 10개의 팔을 가진 여신이란 뜻으로 9세기 참파 왕국 때 여신을 기리기 위해
세운 사원이다. 베트남 중남부를 지배했던 참파 왕국의 오래된 유적지, 포나가르 참탑 등이 있다.

| 달랏 | 모자이크로 만들어낸 불교 예술
린프억 사원 P.213

베트남 불교 건축과 프랑스 건축 양식이 만들어 낸 독창적인 결과물. 모자이크로 된 부조와 벽화, 12,000개의 맥주병으로 만든 용 조각상 등 베트남과 프랑스가 한데 어우러진 아름다움을 만끽할 수 있다.

| 달랏 | 베트남에서 가장 아름다운 기차역
달랏 기차역 P.215

고산 마을의 풍경을 고스란히 함축한 달랏 기차역. 노란색이 인상적인 곳으로 프랑스 식민 지배 기간인 1938년에 건설했다. 소수 민족의 전통 가옥과 랑비앙산의 3개 봉우리를 본떠 지었다.

베트남 남부에서 꼭 즐겨야 할
투어 & 액티비티

베트남 남부는 지역마다 각양각색의 자연을 가지고 있어
각각의 특색에 맞는 다양한 투어와 액티비티를 즐길 수 있다.
베트남 남부를 방문한다면 기회를 놓치지 말고 꼭 즐기고 오자.

호치민

메콩 델타 투어 P.148
아름다운 메콩 강을 따라 보트를 타고 베트남인들의 다양한 삶을 엿볼 수 있다.

구찌 터널 투어 P.149
베트남의 아픈 역사와 전쟁 당시 급박했던 전투의 생생한 현장을 돌아볼 수 있다.

붕따우 근교 투어 P.151
호치민 남동쪽, 아름다운 해변을 자랑하는 붕따우에서 투어와 액티비티를 즐겨보자.

나트랑

머드 스파 P.191
하루쯤 힐링! 관광지를 돌며 혹사한 몸과 발의 피로를 미네랄이 풍부한 나트랑 머드 온천에서 풀어보자.

양 베이 국립공원 투어 P.181
자연보호 구역에서 만나는 많은 동물들과 함께 다양한 체험이 가능하다. 아이 동반 가족에게 강추!

달랏

캐니어닝 P.221
아찔한 스릴과 자연에 도전하는 쾌감을 동시에 느낄 수 있는 달랏 캐니어닝.

달랏 시티 투어 P.222
아기자기하고 예쁜 핫 스폿을 편하게 둘러볼 수 있는 알짜배기 투어.

무이네

해양 스포츠 P.201

무이네는 한 달 살기로도 유명한 곳. 여유 있게 머무르며 윈드 서핑, 카이트 서핑 등의 해양 스포츠를 즐겨보자.

무이네 사막 투어 P.200

흰 모래사막, 붉은 모래사막 등 이국적인 느낌 물씬 풍기는 이색 여행을 원한 다면!

베트남 휴양의 꽃
빈원더스 나트랑 vs 푸꾸옥

베트남의 디즈니랜드
빈원더스 나트랑 P.179

베트남의 지중해 나트랑에 위치한 만큼, 나트랑의 빈원더스는 동화 같은 풍경으로 베트남의 디즈니랜드라고 불린다. 아름다운 해변과 어우러진 동화 같은 분위기와 함께 신나는 어트랙션과 다양한 체험이 기다리고 있다.

> 가족 여행의 꽃이라 불리는 곳으로 놀이공원, 사파리, 아쿠아리움, 워터파크 등 복합 시설을 갖추고 있다. 빈원더스에서 휴가를 한층 더 신나게 즐겨보자.

아시아 최대의 테마파크
빈원더스 푸꾸옥 P.243

베트남 최대, 아시아 최대의 규모의 테마파크로 놀이공원뿐 아니라 사파리, 워터파크, 아쿠아리움까지 테마파크 전체가 각종 즐거움으로 가득 차 있다. 푸꾸옥에서의 휴가를 더욱 다채롭게 보내고 싶다면 빈원더스 푸꾸옥에 방문해보도록 하자!

아름답고 신기한 동물과 자연
빈펄 사파리 & 몽키 아일랜드

빈펄 사파리 P.244

빈원더스 푸꾸옥과 함께 위치한 사파리. 아시아에서 손꼽히는 규모의 개방형 서식지를 갖추었다. 플라멩고, 기린을 보며 식사할 수 있는 레스토랑 등 자연, 동물과 함께할 수 있는 공간으로 다른 곳에서는 할 수 없는 이색적인 경험을 기억에 남길 수 있다.

아이와 함께 여행을 떠났다면, 하루쯤 아이와 자연, 동물과 함께할 시간을 가져보자.
베트남 남부의 빈펄 사파리와 몽키 아일랜드에서 멋진 자연과 다양한 동물을 만나볼 수 있다.

몽키 아일랜드 P.181

나트랑 북쪽 근교에 위치한 섬이 원숭이들의 세상이 되었다. 약 1,500마리에 달하는 야생 원숭이와 다양한 야생 동물을 마주할 수 있는 천혜의 자연환경 속 특별함을 누려보자.

놓칠 수 없는 인생 사진!
호치민+베트남 남부 포토 스폿

#카페 아파트먼트 P.090   호치민

오래되고 낡은 아파트가 아기자기한 상가로 다시 태어났다. 다양한 테마의 카페가 숨겨져 있으니, 오늘의 기분과 분위기에 알맞은 장소를 골라 사진을 남겨보자!

#핑크 성당 P.099   호치민

온통 분홍색인 외관을 자랑하듯 우뚝 솟은 핑크 성당은 동커이 거리에서 택시로 10여 분 거리에 있다. 시내 중심에서 벗어나 한가할 것이라 생각한다면 오산. 교통이 마비될 정도로 핫한 곳이 됐다. 성당 길 건너편에서 사진을 담으면 건물 전체 촬영이 가능하다.

#콩 카페 P.184   나트랑

알록달록 장미 무늬가 촌스러운 듯 멋스럽다. 베트남 최대 커피 브랜드 중 하나로 골동품 위주의 소품, 철재와 목재 위주의 인테리어, 곳곳에 덧입혀진 녹색과 장미 문양이 베트남 카페 중에서도 가장 베트남스러운 분위기를 연출한다. 베트남 전역에서 인기 있을 뿐 아니라 한국에 입점할 만큼 한국인이 좋아하는 카페로 유명하다.

#포나가르 사원 P.177   나트랑

1,300년 동안 중남부 지방을 지배해온 참족의 참탑 유적지로 나트랑 앙코르와트라 불린다. 9세기 참파 왕국 때 세웠으며 '포나가르 탑'이라고도 불리는데, 그 포나가르와 관련해서 탑 내부의 링가를 만지면 아들을 점지해준다는 전설이 있다. 신비한 풍경 덕에 인스타그램에도 많이 등장하는 나트랑의 핫 스폿.

남는 건 사진뿐. 찍기만 해도 인생 사진 나오는 명소들이 호치민과 베트남 남부에 가득하다.
동양의 파리라 불릴만큼 아름다운 호치민, 이국적인 신비함이 넘치는 남부의 포토 스폿을 알아보자.

#사랑의 계곡 P.214　　　달랏

달랏 외곽 공원 중에서도 사랑의 계곡은 아름다운 조형물과 아기자기한 놀이시설로 유명하다. 특히 사랑의 계곡이라는 이름답게 현지인 필수 데이트 장소로 각광 받는 곳으로 연인과 함께 기억에 남길 사진을 찍고 싶다면 이곳에 꼭 방문해보자.

#호아 손 디엔 트랑 P.216　　　달랏

관광객은 잘 모르는 곳. 하지만 현지 젊은이들 사이에서 떠오르는 관광지이자 스냅 사진 촬영지! 베트남 젊은이들의 SNS에 반드시 등장하는 아찔한 사진들 속엔 이곳이 필수로 들어가 있다. 시내와 멀리 떨어진 곳이지만 삼삼오오 모여 택시를 대절해서 가면 좋다.

#롱 비치 P.238　　　푸꾸옥

롱 비치를 아우르는 다양한 조형물, 핫한 비치 바가 일몰엔 황금빛으로 물들어 몽환적인 느낌을 선사한다. 바다에 세워진 다리가 긴 코끼리부터 오래된 부두까지 푸꾸옥 해변을 대표할 수 있는 롱 비치에서 인생 사진은 필수!

#화이트&레드 샌드 둔 P.197, P.198　　　무이네

산과 바다, 도시를 섭렵했다면 무이네는 사막이라는 또 다른 세상으로 인도한다. 붉은 태양이 떠오르고 지는, 일출과 일몰에 만나는 아름다운 사막은 베트남 여행의 정점이라고 할 만하다. 흰색과 붉은색이 대조를 이루는 무이네 사막에서 인생 사진 한 장!

베트남 여행의 시작
베트남 음식

미식 천국이라 불리는 베트남. 익숙한 듯 낯선 베트남 음식에 대해 제대로 알아보자. 음식도 알고 먹으면 더 맛있는 법.

1
퍼 Phở
대표적인 베트남 음식인 쌀국수다. 면과 고명의 종류 등에 따라 이름과 맛이 다르다. 그래서 삼시 세끼 쌀국수를 먹어도 질리지 않는다는 말도 나온다. 숙주, 칠리고추, 고수, 라임, 양파 등을 첨가해 먹으며, 주된 고명으로 닭고기를 넣으면 퍼가(Phở gà), 소고기를 넣으면 퍼보(Phở bò)라고 부른다.

2
분짜 Bún Chả
분짜에서 '분'은 아주 가는 쌀국수 면, '짜'는 숯불에 구운 돼지고기를 말한다. 하노이를 대표하는 음식 중 하나인 분짜는 상추와 민트 등 각종 채소에 숯불 돼지고기와 면을 싸먹는 형태의 요리로 느억맘(베트남 전통 소스)을 콕 찍어 먹는 게 포인트다. 가게마다 조금씩 방식이 다른데 어떤 곳의 분짜는 면 위에 고기를 얹어서 나오고, 다른 곳에서는 고기가 느억맘에 푹 담겨 나오기도 한다.

3
반미 Bánh mì
여행 중 간편하게 먹기 좋은 베트남식 샌드위치! 쌀로 만든 바게트 안에 다양한 토핑을 넣어 먹는 것으로 간식용으로 제격이다. 속에 넣는 재료에 따라 가격이 달라지며 햄, 돼지고기, 채소, 달걀 프라이, 고수 등 다양하게 선택할 수 있다.

4
짜조 Chả giò
라이스페이퍼에 고기, 채소, 새우, 게살 등 다양한 재료를 넣고 튀긴 베트남식 튀김 만두다.

5 고이 꾸온 Gỏi cuốn

기름에 튀기는 짜조와 달리 라이스 페이퍼에 각종 싱싱한 채소와 익힌 새우, 다진 고기 등을 넣어 먹는 월남쌈이다.

6 넴 느엉 Nem Nướng

양념해서 구운 돼지고기를 레몬그라스 대에 꽂은 꼬치가 넴 루이(Nem Lụi)다. 이 넴 루이를 채소와 라이스페이퍼에 싸서 먹는 것이 넴 느엉.

7 반 쎄오 Bánh xèo

쌀가루 반죽에 채소, 해산물 등을 넣고 부친 베트남식 부침개로 반달 모양의 외형이 독특하다.

8 라우 므엉 Rau muống

한국인들이 베트남에서 필수 반찬으로 꼭 주문한다는 이것, 바로 모닝글로리 볶음이다. 마늘과 굴소스 등을 넣고 볶아 구수하고 담백해 어느새 한 공기를 뚝딱하는 밥도둑이 따로 없다.

9 반 바오 반 박 Bánh bao Bánh Vạc

얇은 쌀로 만든 피에 각종 채소, 새우 등을 넣고 튀긴 요리로 우리나라 만두와 비슷하다. 피시소스 등을 찍어 먹으면 금상첨화. 흰 장미처럼 생겼다 하여 화이트 로즈라는 이름으로도 불린다. 만두 위에 꽃잎처럼 튀긴 마늘을 뿌려, 보는 맛과 먹는 맛을 모두 사로잡는 음식이다.

10 껌 찌엔 짜이 텀 Cơm Chiên Trái Thơm

파인애플을 반으로 잘라 속을 파낸 뒤, 파낸 속살을 볶음밥과 잘 섞어 속을 파낸 파인애플 껍데기에 담아낸 음식. 달콤하면서도 구수하다.

현지인과 여행자 모두에게 인기 만점
호치민 로컬 맛집

맛집 중의 맛집은 현지인이 많이 찾는 로컬 맛집!
현지인과 여행자를 모두 사로잡은 로컬 맛집 추천 리스트를 공유한다.

퍼 2000 P.102

클린턴 전 대통령의 방문으로 유명세를 떨친 쌀국수집. 벤탄 시장 인근에 있으며 한국인들에게 특히 인기다. 1층 카페를 통과해 2층으로 올라가는 독특한 구조로 다른 메뉴들도 있지만 인기 메뉴는 단연 쌀국수!

베트남 하우스 레스토랑 P.105

오페라하우스 인근에 있는 고급 레스토랑으로 예약을 하지 않으면 식사가 어려울 정도로 인기가 많다. 베트남 음식을 제대로 된 코스로 즐기고 싶다면 이곳에 들러보자.

시크릿 가든 레스토랑 P.101

옥상 루프톱에 마련된 레스토랑으로 좁은 계단을 오르면 독특한 풍경을 마주하게 된다. 현지인과 외국인 모두에게 인기가 많아 긴 대기열은 기본. 다양한 음식은 물론 맛있는 후식, 커피, 술까지 즐길 수 있다.

껌 땀 목 P.104

깔끔하고 모던한 분위기에서 베트남 가정식을 풍성하게 맛볼 수 있다. 여행객보다는 현지인들이 주로 찾는 로컬 레스토랑.

깔끔하고 세련된
호치민 레스토랑

한식에도 고급 한식이 있는 것처럼 베트남 음식도 더 고급스럽게 즐길 수 있다.
호치민 맛집 리스트에 빠지지 않고 등장하는 유명 레스토랑을 알아보자.

냐항 응온 P.100

호치민 필수 코스라고 할 정도로 유명한 레스토랑. 정갈한 베트남 음식과 멋스러운 인테리어가 눈길을 끈다. 분위기, 음식 종류, 맛 모두 합격. 다양한 베트남 음식을 맛있게 즐기고 싶다면 이곳은 무조건 가보자.

꽌 부이 가든 P.138

정원 속 작은 별장에서 식사하는 듯하다. 베트남 특유의 문양이 들어간 식기도 판매하며 내부는 앤티크한 가구들로 채워져 있다.

꾹 각 꽌 P.106

베트남 가정식의 진수를 볼 수 있는 곳으로 약간 외곽에 있지만 안젤리나 졸리가 방문해 더욱 유명세를 타고 있다. 베트남 음식의 모든 것을 맛볼 수 있으므로 도전하고 싶은 메뉴가 있다면 이곳에서! 가격대는 높은 편이다.

시원하게 한잔!
루프톱 바

여행지에서 하루를 마무리하는 한잔은 늘 기억에 남으니 호치민의 루프톱 바를 미리 알아보고 떠나자.

사이공 사이공 루프톱 바 P.113

60년 역사를 지닌 클래식한 곳으로 5성급 호텔인 카라벨 사이공 19층에 자리하고 있다. 목~일요일 저녁 8시 이후에는 다양한 음악을 라이브로 즐길 수 있으며, 매일 오후 4시부터 7시까지는 해피 아워로 모든 음료를 50% 할인 가격으로 마실 수 있다.

소셜 클럽 루프톱 바 P.112

엠 갤러리 호텔 꼭대기에 위치한 곳으로 현지 직장인이 많이 찾는다. 조용한 분위기에서 야경과 함께 저녁을 즐기고자 하는 사람들이 주로 방문한다.

더 뷰 루프톱 바 P.127

부이비엔 여행자 거리 가장 안쪽에 위치한 자유로운 분위기의 호텔 루프톱 바다. 여행자 거리의 야경과 예쁜 조명들로 한껏 치장한 캐주얼한 곳으로 외국 배낭여행자들의 성지로 손꼽힌다.

중독성 있는 고소함
베트남 커피의 매력

베트남을 여행하다 보면 오토바이 다음으로 카페가 많다는 것을 알게 된다. 호치민 역시 다양한 테마의 카페만큼이나 커피 종류 또한 많다. 세계 2위 커피 생산국답게 전통 커피부터 서양식 커피까지 커피 마니아들의 사랑을 듬뿍 받고 있다.

베트남에서 커피는 1857년 프랑스 선교사를 통해 전파되었다. 그 후 통일이 되면서 커피 재배가 확산되었는데, 1987년에 커피 생산량을 대대적으로 늘려 세계 커피 시장에 진출해 현재 **전 세계 커피 생산량의 5분의 1을 차지하는 세계 2위 커피 생산국**이 되었다.

커피의 생명은 원두. 베트남에서 주로 생산하는 품종은 **'로부스타'**다. 고소함이 강해 많은 사람이 즐겨 마시는 커피로 베트남에선 로부스타를 이용해 족제비의 배설물로 만드는 **위즐 커피**도 생산하고 있다. 우리는 원두커피를 내릴 때 주로 하얀 종이 필터를 사용하는 반면 베트남에선 **카페 핀(Cafe Phin)**을 사용한다. 아래에 구멍이 뚫린 용기 안에 원두를 넣고 그 위에 뜨거운 물을 부어 우려내는 방식이다. 스테인레스, 알루미늄 등 다양한 소재로 제작되는 카페 핀은 가격이 저렴하고 고풍스러운 분위기를 내서 인테리어 소품으로도 인기가 많다.

베트남 커피 종류

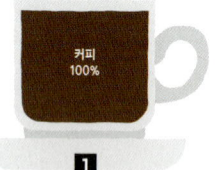

1
카페 덴 농
Hot Black Coffee Cà Phê Den Nóng
커피 100%

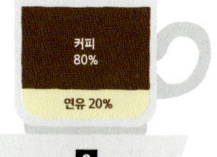

2
카페 쓰어농
Hot Black Coffee with Milk Cà Phê Sữa Nóng
커피 80% / 연유 20%

3
카페 쫑
Egg Coffee Cà Phê Trứng(하노이 스타일)
달걀노른자+연유 40% / 커피 60%

4
카페 덴 다
Iced Black Coffee Cà Phê Den Đá
커피 50% / 얼음 50%

5
카페 쓰어다
Iced Black Coffee with Milk Cà Phê Sữa Đá
커피 50% / 얼음 40% / 연유 10%

6
카페 꼿 즈어
Coconut Coffee Cà Phê Cốt Dừa
코코넛 슬러시 15% / 커피 35% / 얼음 40% / 연유 10%

호치민 & 베트남 남부
테마별 추천 카페

세계에서도 손꼽히는 커피 생산국인 베트남. 길거리에서 오토바이만큼 많이 보이는 것이 바로 각양각색 카페다.
다양한 테마를 가진 카페를 살펴보고 취향에 맞는 곳을 선택하자.

01 무엇보다 중요한 커피 맛

더 워크숍 커피   호치민

로스터리 카페로 모던한 인테리어와 챔피언십에서 수상한 바리스타가 직접 내려주는 향긋한 커피가 매력적이다. 커다란 창과 중앙에서 로스팅하는 직원들의 모습이 인상적인 카페. P.109

메린 커피 농장   달랏

커피 농장에서 커피나무들을 내려다보며 마시는 힐링 카페. 커피 열매가 어떻게 열리고 어떻게 수확하는지 설명을 들으며 루왁 커피까지 마셔볼 수 있다. 다양한 원두로 로스팅한 커피까지 간단하게 시음 가능하다. P.222

리틀 하노이 에그 커피   호치민

베트남에서 만날 수 있는 독특한 에그 커피는 하노이에서 유명하지만 호치민에서도 만나볼 수 있다. 카페는 좁은 다락방 같은 구조로 이루어져 있다. 달걀노른자를 부드럽게 만들어 휘핑크림처럼 달콤하게 맛볼 수 있다. 이색 커피를 마시고 싶다면 꼭 들러보자. P.126

02
시원한 베트남의 풍경

카페 무이 다 간하오2 씨푸드 레스토랑   붕따우

붕따우 페리 선착장에 위치한 카페로 붕따우 바다의 반짝이는 물결을 볼 수 있는 장소다. 편안한 분위기의 카페로 멋진 전경과 여유를 즐길 수 있다. P.160

카페 코바 루프톱   호치민

일몰 감상에 최적인 루프톱 카페. 예약을 해야 좋은 자리에 앉을 정도로 인기가 많다. 호치민 중심부에 위치해 편하게 들르기 좋은 곳이다. P.109

손 당 카페   붕따우

붕따우의 화이트 등대에서 내려오는 길에 만날 수 있는 카페로 붕따우의 탁 트인 풍경을 한눈에 볼 수 있어 많은 사람들이 찾는다. P.162

쭈온쭈온 비스트로 & 스카이 바   푸꾸옥

언덕 위에 자리해 푸꾸옥의 아름다운 풍경을 한눈에 담을 수 있는 곳으로 낮은 물론 밤에도 멋진 곳이다. 낮에는 커피, 밤에는 칵테일 한잔의 여유를. P.254

고우 가든   달랏

달랏 특유의 분위기를 100% 느낄 수 있는 카페. 찾아가는 길이 번거롭지만 카페에서 내려다보이는 산세의 풍경이 고요하고 평화롭다. P.225

목람 가든   붕따우

커다란 연꽃 정원을 품에 안은 카페로 관광객이 찾아가기 쉽지 않은 곳이다. 직원들이 영어에 능숙하지 않지만 한가롭게 쉬어가기 좋다. P.161

커피와 함께하는 색다른 즐거움

수 카페　　　호치민

벤탄 시장 인근에 숨어 있는 카페로 다양한 책을 읽으며 커피를 마실 수 있다. 테라스에서는 벤탄 시장을 한눈에 내려다볼 수 있으며, 높은 벽면에 정돈된 책들이 이색적인 느낌을 준다. P.107

조스 카페　　　무이네

무이네 시내 중앙에 위치한 곳으로 밤이면 라이브 음악을 들으려는 이들로 붐빈다. 낮에는 브런치를 즐기기 위한 손님들로 가득하며, 안쪽에는 호텔도 운영 중이다. P.203

더 스냅 카페　　　호치민

타오디엔에 있는 카페로 주말이면 카페에 온 가족이 간단한 식사를 즐기는 모습을 볼 수 있다. 한편에는 아이들을 위한 공간도 마련돼 있을 뿐 아니라 어른들을 위한 당구대도 설치돼 있다. P.137

응옥 뚜옥 북 카페　　　붕따우

붕따우 유일의 북 카페로 책을 좋아하는 사람들이 즐겨 찾는다. 방송 취재도 많이 올 정도로 다양한 서적이 구비돼 있다. 시내 외곽에 숨어 있는 카페로 붕따우 롯데마트와 멀지 않다. P.162

04
개성 강하고 이색적인 인테리어

빌라 로열 앤티크 앤 티 룸　호치민

호치민에서 유명한 티 카페로 영국인이 직접 차와 디저트를 내어준다. 유럽 등지에서 수집해 온 다양한 골동품이 눈길을 끄는데 구입도 가능하다. 베트남에서 우아하게 영국차를 즐길 수 있는 곳이다. P.136

카페 하우스　달랏

연녹색 통유리와 독특한 디자인이 어우러진 달랏의 랜드마크. 꽃봉오리의 건물 디자인은 달랏을 대표하는 아티초크를 형상화한 것이다. 달랏에서 가장 큰 광장인 럼빈 광장에 위치해 있어 가족, 친구, 연인과 여유를 함께하는 달랏 사람들의 일상적인 모습을 엿볼 수 있다. P.227

레인포레스트　나트랑

숲속에 온 듯한 착각이 들정도로 엄청난 규모의 테마를 갖추고 있는 독특한 카페. 마치 베트남 정글 속에 들어온 느낌이 든다. 다양한 디저트와 커피, 술 등을 판매해 관광객뿐 아니라 현지 젊은이들도 많이 찾는다. P.185

안 카페 　　　　　　　　달랏

현지에서 꼭 들러야 할 곳으로 배낭여행자들의 성지다. 사람들이 오가는 길과 돌벽을 활용해 세운 독특한 건물이 인상적이다. 커피뿐 아니라 다양한 쩨, 요거트 등이 유명하다. P.227

딜리셔스 바이 센트 　　　　　　　　달랏

달랏의 우아한 풍경을 마주하듯 인테리어도 고풍스럽다. 1층에서 주문 후 2층과 3층에서 여유 있게 커피를 즐길 수 있는 조용하고 매력적인 곳이다. P.223

봉주르 카페 더 아트 　　　　　　　　호치민

붉은색 인테리어와 꽃을 중심으로 화려하게 꾸며놓았다. 1층에서 꽃가게를 운영 중인 주인이 2층에 만든 카페로, 카메라 사진 촬영은 안 되고 휴대 전화 촬영만 가능하다. 유명한 현지 데이트 장소로 연일 사람들로 붐빈다. P.139

스틸 카페 　　　　　　　　달랏

자연주의 느낌이 물씬 나는 카페로 일본의 소박한 시골 모습을 고스란히 옮겨놓은 듯하다. SNS를 즐기는 현지 젊은 층이 주로 애용하는 곳으로 카페 건물 곳곳에 포토 스폿이 숨어 있다. P.228

메이드인 베트남 카페

콩 카페
한국에 지점을 만들 정도로 한국인에게 사랑받는 베트남 커피 브랜드. 특히 코코넛과 연유를 갈아 부드럽게 넘길 수 있는 코코넛 커피가 인기다. 또, 베트콩을 표방한 특유의 군용 스타일 제품, 화려한 장미 꽃무늬 천 등 다양한 굿즈를 판매한다. P.184

루남 비스트로 앤 카페
베트남에서 가장 고급스럽고 세련된 브랜드 카페로 레스토랑과 바를 겸하고 있다. 높은 천장과 우아한 인테리어가 돋보이는 곳으로 다른 브랜드에 비해 가격대도 높은 편이다.

하이랜드 커피
베트남에서 손꼽히는 커피 브랜드로 호치민보다는 하노이에서 강세를 보이고 있다. 특히 각종 말린 과일을 넣어 만든 쩨(Che)는 뜨거운 더위를 날려버릴 만큼 상큼하다. 반미는 인기가 많아 오후 시간대에는 동이 나기도. 갖가지 말린 과일이 들어간 상큼한 트라 쩨 댑(Trà Thanh Đáp)이 39,000동 정도다.

쭝 응우옌 레전드 카페
우리가 잘 알고 있는 G7, King Coffee 등의 브랜드를 보유한 쭝 응우옌에서 운영하는 카페다. 식사, 차, 커피, 디저트를 판매하는 것은 물론이고, 지점마다 서로 다른 콘셉트를 갖추고 있는 것이 독특하다. 호치민의 다이아몬드 플라자점은 아이들이 놀 수 있게 모래를 깔아두어 키즈 카페 같은 화목함을 연출했다. P.110

한식이 그립다면?
호치민 추천 한식당

베트남 음식은 한국에서도 쉽게 먹을 수 있는 데다 대체로 한국인 입맛에 맞는 편이지만, 한식이 그리워지는 것은 어쩔 수 없다. 한식이 먹고 싶을 때 방문하면 좋을 한식당을 추려보았다.

맛찬들 Matchandeul

부이비엔 인근에 있는 한식당으로 포장도 가능하다. 한국어를 능숙하게 하는 직원이 있으며 청결하고 맛도 좋다는 평이다. 삼겹살은 물론 냉면, 콩국수 등 다양한 메뉴들이 있어 한국인들에게 인기 많은 맛집이다.

ⓓ 삼겹살 1인분 250,000동~, 김치찌개 180,000동~ ⓘ 11:30~22:00 ☎ 028-7308-6464

본가 Bornga Ly Tu Trong

프라이빗 룸이 있어 조용하게 식사를 즐길 수 있다. 손님이 많아 예약은 필수며, 기본 반찬도 많이 나오는 편이다. 호치민에서 실패가 없는 한식으로 인정받는 곳 중 하나다.

ⓓ 해물쌈장 100,000동, 생갈비 720,000동~, 차돌된장찌개 220,000동~ ⓘ 11:00~22:00 ☎ 090-141-7335

서울 갈비 Seoul Galbi

한국인이 운영하는 곳으로 다양한 한식 메뉴들을 만날 수 있다. 점심 세트 메뉴도 있으며, 짚불 소고기와 돼지고기도 판매 중이다. 그 외 무더위를 식혀줄 시원한 냉면과 얼큰한 찌개류와 꼬막 비빔면, 통새우전, 해물파전 등이 있다.

ⓓ 참치 김치찌개 190,000동, 육회 360,000동 ⓘ 11:00~21:00 ☎ 028-3620-2870

진순대 jin sun dae

한식집은 많지만 호치민에서 순댓국을 구경하기는 쉽지 않다. 양도 많고 얼큰한 국물이 땡긴다면 바로 이곳! 맛과 가격 두 마리 토끼를 동시에 잡은 한국 음식점으로 국밥으로 시원하게 속을 풀고 싶다면 진순대에 방문해보자.

ⓓ 설렁탕 176,000동~, 얼큰 순대국 176,000동~ ⓘ 10:00~22:00 ☎ 028-3636-9984

경복궁 Kyung Bok Gung

호치민 거주 중인 한국인들이 즐겨 찾는 한식집으로 점심 식사 메뉴가 저렴한 편이다. 한식당 중 반찬 메뉴가 가장 많고 코로나19에도 살아남은 곳으로 유명하다.

ⓓ 된장찌개 정식 200,000동~, 보쌈 정식 250,000~ ⓘ 월~토요일 10:30~21:00, 일요일 휴무 ☎ 028-6682-7249

킹 바비큐 King BBQ

베트남에서 인기 있는 한식 바비큐 체인으로 빈컴 센터에 위치해 있다. 다양한 종류의 한식이 있으며 기본 반찬이 잘 나오는 편이다. 특히, 돌솥비빔밥은 감탄이 나올 정도 맛있다.

ⓓ 뷔페 1인 200,000동~ ⓘ 10:00~21:00 ☎ 028-3993-9486

손쉽게 만나는 천연의 단맛!
베트남 열대 과일

망고 Mango
녹색과 노란색 망고로 나뉜다. 큰 달걀 모양의 반질한 외형을 지니고 있으며 당도가 높아 많은 사람의 사랑을 받는 열대 과일이다.

아보카도 Avocado
외관은 녹색으로 울퉁불퉁하며 내부에는 커다란 씨앗이 들어있다. 단백질과 지방 함유가 높으며, 부드럽고 고소한 맛이 일품이다.

망고스틴 Mangosteen
베트남 등 동남아 일대에서 흔히 볼 수 있는 과일로 딱딱한 보라색 껍질을 반으로 쪼개면 하얀 속살이 드러난다. 말레이시아가 원산지며 달콤새콤한 맛이 특징이다.

두리안 Durian
지독한 냄새로 열대 과일의 왕임에도 첫인상이 나쁜 과일이다. 하지만 한번 맛보면 계속 먹고 싶어질 정도로 매력적인 과일로 비싼 몸값을 자랑한다. 베트남에서는 비교적 흔히 볼 수 있으니 꼭 한번 시도해보자.

패션 프루트 Passion Fruit
비타민 영양제 대신 먹어도 좋을 만큼 비타민 함량이 높아 많은 사랑을 받는 과일이다. 음료수나 디저트 등에도 많이 쓰이며, 톡톡 쏘는 향과 맛 그리고 씨를 씹어 먹는 재미까지 있다.

> 한국에선 귀한 열대 과일을 매일 원 없이 먹을 수 있는 베트남! 당도 높고 싱싱한 과일을
> 길거리, 마트 등에서 쉽게 구입할 수 있다. 다양한 과일을 그때그때 즐겨보는 것도 여행의 색다른 묘미!

잭 프루트 Jack Fruit
말린 과일로 많이 판매되고 있다. 말레이시아가 원산지로, 큰 것은 25kg에 달한다. 독특한 향과 달리 맛은 부드럽고 달콤하다.

람부탄 Rambutan
외관이 작은 밤송이처럼 생겼으며 빨간 껍데기를 까면 하얀 속살이 보인다. 과즙이 많으며 단맛이 강하다.

파파야 Papaya
우리나라에서도 재배 중이며, 색에 따라 쓰임이 다르다. 익어감에 따라 과육이 녹색에서 노랗게, 이후 붉게 변하며 주로 날로 먹지만 익지 않은 열매는 소금에 절여서 쓰기도 한다.

용과 Dragon Fruit
우리나라에서도 나는 과일로 용의 여의주 모양을 닮았다 하여 붙여진 이름이다. 화채나 젤리 등을 만들기도 하는데 껍질을 벗기고 먹으면 된다. 아삭하게 씹히는 씨앗과 담백한 맛이 좋다.

구아바 Guava
비타민이 풍부한 과일로 통조림, 잼 등의 원료로 많이 쓰인다.

코코넛 Coconut
딱딱한 껍질을 벗겨내면 안에 달큰한 즙이 차 있다. 음료 대용으로 많이 마시며 카페, 레스토랑에서 쉽게 접할 수 있다.

이건 꼭 사야 해!
호치민 쇼핑 리스트

논라
30,000동~

호치민에 도착한 첫날에 쇼핑하면 좋은 물건은 베트남 전통 모자인 논라다. 비는 물론 뜨거운 햇살을 막아주고 통풍이 잘되면서 차단 범위가 넓어 실용적이다. 단, 부피가 커서 가지고 다닐 때는 좀 번거로울 수 있다.

쌀국수, 라면
6,700동~

간편하게 먹을 수 있도록 포장해 판매하는 쌀국수. 브랜드와 맛도 다양하다. 현지인들이 추천하는 브랜드는 하오하오 쌀국수(Hảo Hảo), 비폰 포보(VIFON PHỞ BÒ) 등이다.

건과일
40,000동~

보라색 봉투에 망고, 바나나, 믹스 프루츠 등이 담긴 비나밋(Vinamit) 브랜드가 최고 인기다. 이 외에도 다양한 브랜드의 말린 과일들이 있다.

선크림
59,000동~

다양한 브랜드의 선크림이 한국보다 저렴하다. 만약 한국에서 가져가지 않았다면 현지에서 구매하자. 가격도 합리적이라 선물용으로도 좋은 아이템이다.

카페 핀
20,000동~

커피를 좋아한다면 원두와 베트남식 커피 드리퍼라 할 수 있는 카페 핀(cà phê phin)을 사는 것도 좋다. 시장에 가면 저렴하게 판매하고, 카페에서 원두를 구매하면 사은품으로 주기도 한다.

> 호치민에 가면 베트남의 특색을 온몸으로 느낄 수 있는 다양한 물건이 기다리고 있다.
> 여행이라는 절호의 기회, 베트남의 기억을 담을 기념품을 잊지 말고 챙겨보자.

손가방

30,000동~

예쁜 손가방은 지인들 선물용으로도 손색이 없다. 여행 시 동전 지갑으로 활용해도 좋은 아이템.

콘삭 커피, 베트남 커피

**G7 인스턴트커피 20,000동,
콘삭 커피 90,000동~**

최대 커피 생산국답게 다양한 커피 원두와 인스턴트커피를 판매하는 상점이 즐비하다.

포스터, 그림

50,000동~

호치민 거리엔 다양한 그림을 판매하는 곳이 많다. 베트남의 아름다운 풍경을 고스란히 옮겨놓은 그림과 사진을 한두 장 챙겨보자.

아오자이

300,000동~

벤탄 시장에서 자신의 취향에 맞는 아오자이를 구매하자. 논카 쓰고 사진을 찍으면 특별한 기억을 남길 수 있다.

코스터

30,000동~

마그네틱과 더불어 여행자들의 사랑을 받고 있는 코스터. 베트남의 문화, 역사 유적지 그림이나 사진들로 예쁨 가득.

느억맘, 칠리소스

6,000동~

베트남 쌀국수가 유명해지며 소스도 붐을 타 인기다. 만능 소스로 불리는 느억맘과 칠리소스는 한국보다 저렴하고 맛이 좋아 많이 구매하는 편이다.

기념품 쇼핑은 여기서!
호치민 쇼핑 스폿

깔끔하게 흥정없이
백화점

시원하고 쾌적하게 쇼핑부터 식사까지 한 번에 해결하고 싶다면?

사이공 센터&타카시마야 백화점 P.115

럭셔리 명품 브랜드를 만날 수 있는 고급 백화점으로 내부는 층마다 화장품, 패션 용품, 가전으로 나뉘어 있다. 지하 2층에는 식당가가 있다.

팍슨 플라자 P.116

말레이시아계 백화점으로 다양한 중고가의 브랜드가 입점해 있다. 다른 곳에 비해 한산한 편이어서 느긋하게 쇼핑하고 싶다면 바로 이곳.

다이아몬드 플라자 P.117

쇼핑과 식사를 한 번에 해결할 수 있는 깔끔한 쇼핑센터 겸 백화점이다. 3층에는 한국 슈퍼 K-MART가 있으며, 건물은 포스코에서 건설한 것으로 유명하다.

> 보고, 먹고, 즐긴 다음 여행의 정점은 바로 쇼핑! 호치민에서 쇼핑의 즐거움을 만끽할 장소를 알아보자.

02
로컬들의 생활이 묻어있는 곳
시장

베트남 고유의 색깔을 담은 음식과 기념품을 만나고 싶다면?

벤탄 시장 P.093

호치민에서 가장 오래된 로컬 시장으로 최대 규모를 자랑한다. 다양한 카피 제품은 물론 커피 용품, 전통 의상, 기념품 등을 판매하고 있다. 호치민 여행 1번지라고 할 정도로 여행자라면 꼭 들르는 곳이다.

떤딘 시장 P.119

핑크 성당 인근에 위치한 시장으로 벤탄 시장이 관광객들을 위한 시장이라면 이곳은 현지인들을 위한 시장이다. 벤탄 다음으로 큰 규모를 자랑하는 곳으로 해산물과 과일, 식재료 등을 저렴하게 구입할 수 있다.

헬로 위크엔드 마켓 P.129

주말마다 열리는 오픈 마켓으로 소상공인들이 판매하는 다양한 제품을 만날 수 있다. 매주 페이스북 공식 페이지에 열리는 장소를 공지하므로 확인하자.

똔 탓담 재래시장 P.119

동커이 거리 인근에 위치한 작은 시장으로 스트리트 푸드를 구입할 수 있다. 외국인은 거의 없는 현지인들의 시장.

손해는 절대 안 보는
베트남 쇼핑 팁

상인이 부르는 대로 사면 호갱님

외국인 여행자들에겐 현지인에게 파는 가격보다 더 비싸게 부르는 상인들. 가격 흥정은 기본! 부르는 가격의 3분의 1 정도를 깎거나 다른 곳과 비교 후 적정선에서 합의하자. 그렇다고 너무 심하게 깎지는 말 것!

유통기한 확인은 필수

유통기한이 지난 제품을 가끔 발견하게 될 수도 있으니 식품의 경우에는 특히 유통기한을 꼼꼼히 확인하자. 대체로 제품 하단 혹은 후면에 표기되어 있으며 NSX는 제조 일자, HSD는 제조 일자부터의 유효기간이나 제품의 유통기한을 뜻한다.

다른 나라 제품도 저렴하게 살 수 있다!

외국에서 흔히 보이는 메이드 인 차이나, 메이드 인 베트남 제품을 베트남에선 저렴하게 판매하곤 한다. 백화점이나 쇼핑몰에 들른다면 외국 브랜드의 제품을 사는 것도 이득일 수 있다.

계산은 베트남 동으로 할 것

한국에서 베트남 동으로 환전하는 것보다 우선 달러로 환전한 후 현지에서 베트남 동으로 환전하는 것이 환율 차이 덕에 더 많은 동을 손에 쥘 수 있다. 그리고 달러와 동 모두 사용 가능한 백화점이나 투어, 액티비티의 경우에도 베트남 동으로 계산하는 것이 더 싸기 때문에 (요구하는 달러의 가치가 베트남 동으로 계산하는 것보다 크기 때문에) 계산은 가능하다면 베트남 동을 사용하자.

잔돈 확인은 꼼꼼히

베트남에서 찢어진 지폐는 무용지물. 훼손된 지폐는 그냥 기념품이 되어버린다. 거스름 돈을 받거나 돈을 낼 때 지폐 상태를 꼼꼼히 확인하자. 만약 잔돈으로 찢어진 지폐를 받았다면 꼭 훼손되지 않은 지폐로 바꿔달라고 해야 한다.

그때 보이는 것, 그때 사고픈 건 바로바로 사자!

여행을 다니다 보면 '다른 곳에서 더 예쁜 걸 팔겠지, 다른 곳이 더 저렴하겠지'라며 사는 것을 주저하기도 한다. 아는 사람은 알겠지만 여행 중엔 눈에 보일 때 사야 한다. 사고 싶거나 꼭 필요한 제품일수록 더더욱 주저하지 말자. 자칫 다시 찾을 수 없는 경우가 많다.

PART 03

진짜 호찌민을 만나는 시간

HO CHI MINH

호치민 개념도

베트남 최대 도시 호치민은 모두 둘러 보기엔 너무 넓고 복잡한 지역이다. 그래서 여행에 추천하는 주요 지역을 여기 정리해보았다.

타오디엔 P.131

호치민 속 작은 유럽으로 불리는 곳으로 아기자기한 곳이 많은 감각적인 거주지다. 카페, 쇼핑 등 한 곳에서 모든 것을 해결할 수 있는 복합 문화 공간으로 채워져 있다. 한국 교민도 많이 거주하는 살기 좋은 동네로 손꼽힌다.

차이나타운 P.141

19세기 초 중국인들이 해상무역을 위해 정착하며 형성된 곳으로 베트남과 중국을 동시에 만나볼 수 있는 독특한 곳이다. 베트남, 중국 문화가 어우러진 건축물, 중국의 향기를 담은 시장과 음식까지, 호치민에서 가장 독특한 경험을 할 수 있는 곳이다.

부이비엔 거리 P.121

호치민의 배낭여행자들이 즐겨 찾는 곳으로 다양한 펍과 생기 넘치는 거리가 인상적이다. 여행자 거리답게 저렴한 가격의 음식점 및 펍이 즐비하고, 한국인이 많이 찾는 여행사들도 한데 모여 있다.

동커이 거리 P.083

동커이 거리는 호치민 행정, 경제, 관광 모든 것의 핵심이다. 이 길을 중심으로 패션 거리인 하이바쯩 거리가 있으며, 시청 광장을 중심으로 쇼핑, 미식 탐방이 가능한 응우옌 후에 거리가 있다.

ACCESS

공항에서 시내로 나가기

1 택시

공항 밖으로 나가면 수많은 차량이 눈에 보인다. 택시, 승합차 그리고 버스. 이 가운데 택시를 선택할 경우 우선 인증된 업체의 차를 골라서 타야 한다. 호객 행위가 심할 뿐 아니라 미터기 조작 등 도착하자마자 사기를 당하는 경우가 더러 있다. 동커이 거리나 부이비엔 거리까지 40~50분 소요된다.

· **요금** 호치민 공항 → 1군 지역
 150,000~200,000동(톨비 10,000동 별도)
· **추천 업체** 비나선, 마일린

2 버스

· **49번 셔틀버스** 시내 주요 호텔 위주로 노선이 짜여 있다. 가격은 40,000동이며 약 45분이 소요된다. 공항에서 나가면 오른편에 버스 정류장과 매표소가 함께 있다.

· **119번** 호치민 국제공항과 서부 시외버스 터미널을 오간다. 운행 시간은 새벽 4시부터 밤 9시까지며, 배차 시간은 15~30분이다. 요금은 이동 거리가 5km 이하일 경우 12,000동, 5km 이상일 경우 20,000동이다. 출국장에서 나가 건물 밖 오른편 횡단보도를 건너서 타면 된다.
  ● 23년 1월 현재 코로나19로 임시 운영 중단

· **109번** 국제선 터미널 출구 맞은 편에서 이용할 수 있으며 이용 요금은 5km 이내는 12,000동, 그 외 20,000동이다. 약 45분 정도 소요되며, 배차 간격은 20분 정도로 동커이, 부이비엔 거리를 가려는 여행자들이 주로 이용하는 노선이다.

· **152번** 공항 밖으로 나가 ĐIỂM ĐÓN XE BUÝT BUS STATION이라고 적힌 곳을 따라 이동해 바닥의 버스 번호를 확인하고 탑승하면 된다. 도로 중앙에 있는 버스, 택시 승강장 쪽에 함께 있다. 시내까지 40~50분이 소요된다. 요금은 5,000~ 7,000동으로 가장 저렴하지만 캐리어 크기에 따라 2인 요금을 받기도 한다.

TRANSPORT
호치민 시내 교통 완전 정복

호치민은 1군과 3군에 볼거리, 먹거리, 쇼핑할 곳이 몰려 있으며, 시내에서 도보 이동이 가능하다.
그 외 지역은 택시, 그랩, 고비엣 등을 이용하면 된다.

1 그랩 Grab

동남아시아 대표 이동수단. 카카오와의 제휴로 카카오 택시 어플로도 이용 가능하다. 오토바이부터 대가족이 이용하기 편한 다인승 차량까지 호출 가능하며, 애플리케이션에서 예상 금액을 미리 알 수 있어 바가지요금 걱정도 없다. 영어를 못하는 현지인이 많지만 위치 등을 미리 지정해서 가기 때문에 불필요한 대화 없이 편리하게 이용 가능하다.
승용차 그랩은 4인승, 7인승, VIP 등으로 나뉘며 비용은 각기 다르다. 오토바이의 경우 저렴하게 가까운 거리를 이동할 수 있어 러시아워에 이용하길 권한다. 단, 가족 여행자라면 승용차를 이용하는 게 안전하다.

이용 방법 (참고 P.267)
① 구글 플레이나 앱스토어에서 애플리케이션을 다운받아 실행한 후 회원가입.
② 첫 회원가입 시 이용 가능한 할인 쿠폰 받기.
③ 현재 위치에서 목적지 주소나 명칭을 영어로 적은 후 검색 버튼을 누르고 거리, 비용, 운용 가능 기사 등의 정보 확인.
④ 실행할 경우 가까운 운전기사에게 콜이 전해지며, 차량 번호 등을 확인 후 승차.
⑤ 현금 결제는 물론 신용카드 사전 등록 시 자동 결제도 가능.

> **TIP**
> **호치민의 러시아워는?**
> 서울과 마찬가지로 호치민도 러시아워(Rush Hour)가 있다. 그랩 역시 이 시간대에는 요금이 오르며 차를 잡기도 힘들다. 아이들의 등하교 시간, 직장인들의 출퇴근 시간과 겹치는 오전 7~9시, 오후 3~6시는 피해서 이용하는 것도 좋은 방법이다.

2 택시

그랩 이용이 힘든 경우 택시를 이용해도 무방하다. 단, 신뢰할 수 있는 택시 회사를 선택해야 바가지를 쓰지 않는다. 여행자들이 가장 많이 들르는 동커이 거리와 부이비엔 거리는 걸어서도 여행할 수 있다. 그러나 어린아이나 노약자가 있다면 국가에서 운영하는 택시(비나선 Vinasun, 마일린Mailnh 등)를 이용해보자. 4인승 승용차와 7인승 차량이 운행되며, 기본요금은 4인승 11,000동, 7인승 12,000동 정도다.

비나선 Vinasun
- 기본 ~0.5km 11,000동, 1km당 17,600동 (30km까지)

마일린 Mailnh
- 기본 ~0.5km 14,000동, 1km당 16,300동 (25km까지)

호치민 시내 택시 이용 금액(교통상황에 따라 다름)
- 호치민 인민청사 인근 ~ 부이비엔 거리 약 41,000동
- 부이비엔 거리 ~ 빈컴 센터 약 47,000동
- 부이비엔 거리 ~ 핑크 성당 약 70,000동
- 호치민 우체국 ~ 핑크 성당 약 37,000동

TIP
택시 이용할 때 주의하세요!

다양한 방법으로 관광객에게 사기를 치는 택시가 늘고 있다. 베트남 돈의 단위가 크고 화폐 모양이 서로 유사해 헷갈리기 쉽다는 점을 이용하는 경우가 더러 있으니 아래 사항을 보며 주의하자.
1. 비나선, 마일린 등 인증된 택시를 이용하자.
2. 미터기를 반드시 켜자(단, 정차 시에도 요금이 빠르게 올라가는 경우 미터기 조작 의심).
3. 정차된 택시는 불법 운영인 경우가 있으니 되도록 추천 택시나 주행 중인 택시를 잡자.
4. 지갑의 돈은 절대 보이지도 꺼내지도 말자. 소위 밑장 빼기로 돈을 갈취하는 경우가 많다.
5. 구글 맵스로 실시간 위치 등을 확인하자. 길을 돌고 돌아 요금이 과도하게 청구되게 만든다.
6. 자신이 묵는 호텔, 유명 쇼핑센터 안내 데스크 등에서 택시를 요청하자.

3 렌터카

기본적으로 베트남 면허증이 없는 한국인의 운전은 불법이다. 국제운전면허증으로 차량을 빌려주기도 하지만, 이후 보험 등 후속 조치를 받기 매우 어렵다. 또, 대부분 렌트 상품이 베트남 운전자를 요구해 기사를 대동해야 하는 경우가 많다. 이 경우에는 하루 80km, 8시간 기준으로 기름값, 기사 포함 렌트가 가능하며, 인원에 따라 7인승, 16인승, 29인승 등이 있다. 주차비, 톨비 등은 비용에 포함되기도 하고 그렇지 않은 경우도 있다. 계약 시 기사 점심, 팁 등에 대한 전반적인 논의가 반드시 필요하다.

4 호치민 투어 버스(시티 투어 버스) + 시내버스

호치민 시내버스의 경우 약 152개의 노선이 있다. 버스는 크게 현지인들이 이용하는 버스와 공항을 오가는 셔틀 버스 그리고 관광객을 위한 시티 투어 버스가 있다. 저렴한 비용의 시내버스를 이용해 관광지를 찾아가고픈 욕구가 생기지만 쉽사리 도전하기 힘든 것도 사실! 정류장을 찾기도 어려운 데다 손을 들어도 세워주지 않는 경우도 더러 있다. 요금은 우리나라처럼 버스 겉면에 표기돼 있으며, 베트남 동으로 지불하면 된다. 버스 안내원이 있는 경우 탑승 후 자리에 앉으면 요금을 받으러 오며 거스름돈도 바로 내어준다. 또 하차 정류장의 정확한 명칭 등을 모를 때도 안내원에게 도움을 청하면 알려준다.

만약 버스를 타고 관광지를 둘러보고 싶다면 호치민 투어버스(1인 150,000동)를 이용해보자. 주요 명소만 들러 주정차를 하며, 역사, 정보 등 안내를 받을 수 있어 편하게 둘러볼 수 있다. 탑승권, 보험, 현지 가이드, 오디오 가이드 등도 포함돼 있다. 노트르담 대성당, 사이공 중앙우체국, 통일궁, 전쟁 박물관, 벤탄 시장, 응우옌 후에 거리 등을 들른다. 바우처(출력본 또는 모바일) 제시 후 탑승이 가능하며, 운행하는 노선 중 어느 곳에서나 자유롭게 승하차가 가능하다. 자세한 사항은 다음 웹사이트에서 확인하자.

🏠 hopon-hopoff.vn/tours/night-tour-1-round-trip

동커이 거리 **BEST 5**

01 동커이 거리 산책하기
02 힙한 카페에서 쓰어다 마시기
03 베트남 음식 천천히 즐기기
04 사이공 강 일몰 감상하기
05 벤탄 야시장에서 기념품 사기

AREA 01

호치민 여행의 시작
동커이 거리
DONG KHOI STREET

#호치민 #쇼핑 #역사 #맛집

호치민 여행의 핵심인 동커이(Đồng Khởi) 거리는 관광객이 가장 많이 찾는 곳으로 유명하다. 이 길을 중심으로 패션 거리인 하이바쯩(Hai Bà Trưng) 거리가 있으며, 시청 광장을 중심으로 쇼핑, 미식 탐방이 가능한 응우옌후에(Nguyễn Huê) 거리가 있다.

ACCESS

호치민 공항 ▶ 동커이 거리
- 택시로 40~50분 소요되며 호객 행위도 심하고 미터기 조작 등을 하는 경우도 있기 때문에 믿을 만한 업체인 비나선, 마일린 택시를 이용하자. 택시 요금과 별도로 톨비는 따로 내야한다.
- 한국인들이 많이 이용하는 버스는 109번 공항 버스로 동커이 거리, 부이비엔 거리에 모두 선다. 152번을 이용해도 되며 기본적으로 시내까지 40~50분 정도 소요된다.

부이비엔 거리 ▶ 동커이 거리
천천히 거리를 구경하며 걸어서 이동하면 30분쯤 걸린다. 대가족이라면 택시를 추천하지만 혼자거나 친구들과 여행 중이라면 걸어서 이동하는 것도 좋다. 호치민 인민위원회 청사(동커이 거리)에서 부이비엔 거리까지 약 2.5km다. 택시로 20분 정도 걸리니 시간을 아끼려면 그랩이나 택시를 이용하자.

REAL COURSE
동커이 거리 추천 코스

호치민의 핵심 거리인 동커이 거리는 다양한 문화, 예술을 만날 수 있는 곳이다. 쇼핑, 음식, 관광 등 모든 것을 집약해놓은 곳답게 거닐기만해도 볼거리가 풍성하다.

01 문화, 역사 명소 위주의 코스

09:00 노트르담 대성당 & 사이공 중앙 우체국 구경 P.091, P.092

도보 7분

11:30 동커이 거리 걷기(사이공 오페라 하우스, 인민위원회 청사) P.089, P.095

도보 3분

12:30 카페 아파트먼트 앞에서 사진 찍기 또는 카페에서 간단한 식사 P.090

도보 3분

15:00 통일궁 관람 P.093

도보 15분

16:00 호치민 전쟁 박물관 P.099

도보 3분

17:00 사이공 스카이덱에서 일몰 관람 P.096

도보 15분

18:30 껌 땀 목에서 저녁 식사 P.104

도보 5분

20:00 래빗 홀에서 칵테일 한잔의 여유 P.113

02 쇼핑 중심의 코스

호치민시 미술관 관람 P.092　`09:00`

`10:20`　빈컴 센터 동커이 쇼핑 및 구경 P.114

퍼 24 또는 냐항 응온에서 점심 P.100, P.106　`12:40`

`14:30`　다이아몬드 플라자 쇼핑 P.117

사이공 스퀘어 구경 P.117　`15:40`

`17:00`　레꽁끼에우 거리에서 기념품, 앤티크 매장 구경 P.097

벤탄 야시장 구경 및 쇼핑 P.114　`19:40`

`20:30`　엠 바에서 사이공 강 야경과 칵테일 즐기기 P.112

01 응우옌 후에 거리	01 냐항 응온	
02 인민위원회 청사(시청)	02 시크릿 가든 레스토랑	
03 카페 아파트먼트	03 퍼 2000	
04 호치민시 박물관	04 꽌 응온 138	
05 노트르담 대성당	05 호아 툭 사이공	
06 사이공 중앙 우체국	06 껌 땀 목	
07 호치민시 미술관	07 베트남 하우스 레스토랑	
08 벤탄 시장	08 툭툭 타이 비스트로	
09 통일궁	09 퍼 24	
10 사이공 동식물원	10 꾹 각 꽌	
11 베트남 역사박물관	11 수 카페	
12 흥왕 사원	12 더 워크숍 커피	
13 사이공 오페라 하우스	13 헤리티지 차이나타운	
14 사이공 강	14 카페 코바 루프톱	
15 사이공 스카이덱	15 빅브로 코리안 핫도그	
16 레꽁끼에우 골동품 거리	16 쭝 응우옌 레전드 카페(다이아몬드 플라자점)	
17 호치민 책 거리	17 칠 스카이 바	
18 호치민 전쟁 박물관	18 소셜 클럽 루프톱 바	
19 핑크 성당	19 엠 바	

동커이 거리 상세 지도

사이공 강

사이공 사이공 루프톱 바

스리 텐데이 유타 파니

01	벤탄 야시장
02	빈컴 센터 동커이
03	사이공 센터
04	타카시마야
05	팍슨 플라자
06	더 뉴 플레이그라운드
07	사이공 스퀘어
08	다이아몬드 플라자
09	유니온 스퀘어
10	타카 플라자
11	떤딘 시장
12	똔 탓담 재래시장

01
응우옌 후에 거리 Nguyễn Huê Walking Street Phố đi bộ Nguyễn Huệ

호치민 여행의 중심

인민위원회 청사(시청) 건물을 중심으로 길게 뻗은 광장이다. 호치민의 중요 행사가 열리는 곳으로 청사 앞에 호치민 주석의 동상이 세워져 있다. 광장을 중심으로 쇼핑센터, 관광지, 맛집 등이 즐비해 호치민의 핵심 거리로 일컬어진다. 응우옌 거리를 중심으로, 호치민 패션의 중심지 하이바쯩 거리가 있다. 또 노트르담 대성당을 기점으로 쇼핑 문화 거리인 동커이 거리가 길게 이어져 있다.

📍 22 Nguyễn Huệ, Bến Nghé, Quận 1, Thành phố Hồ Chí Minh 🚶 떤선녓 국제공항에서 택시 30분 📍 10.776392, 106.701459

02
인민위원회 청사(시청) People's Committee of Ho Chi Minh City Ủy ban nhân dân Thành phố Hồ Chí Minh

호치민을 대표하는 건물

노란색 외벽의 고풍스러운 건축 양식이 눈에 띄는 건물이다. 1902년부터 사이공 시청으로 쓰였으며 1975년 인민위원회 청사로 탈바꿈했다. 청사를 중심으로 다양한 명소, 쇼핑센터, 맛집들이 즐비하다. 앞에 호치민 동상이 있어 포토 스폿으로도 유명하며, 길게 늘어선 광장은 다양한 행사가 펼쳐지는 시민 광장이기도 하다. 밤이면 아름다운 불이 밝혀져 고고한 느낌마저 드는 호치민의 대표적인 건물로 사람들의 발길이 끊이지 않는다.

📍 Số 86 Lê Thánh Tôn, Bến Nghé, Quận 1, Hồ Chí Minh 🚶 응우옌 후에 거리에서 도보 5분
🏠 hochiminhcity.gov.vn 📍 10.776734, 106.701116

03
카페 아파트먼트 The Cafe Apartments

건물 전체가 카페!

인민위원회 청사 인근에 위치한 호치민에서 가장 핫한 카페다. 낡은 아파트를 카페로 개조한 카페 아파트다. 1층에는 대형 서점이 있으며, 8층까지 대부분 카페가 들어서 있다. 승강기를 이용하려면 3,000동을 내야 하는데, 카페를 방문할 경우 주문 시 돌려준다. 카페 아파트먼트를 등지고 찍는 사진도 예쁘며 카페에 앉아 내려다보는 광장과 일몰도 멋스럽다. 각 층의 카페마다 특색이 달라 최고층에서 내려가면서 둘러보고 마음에 드는 곳을 방문하는 것도 좋은 방법이다. 또 내부보다는 테라스에 앉아서 보는 전망이 좋다.

📍 42 Nguyễn Huệ, Quận 1, Hồ Chí Minh 🚶 인민위원회 청사에서 도보 5분 💲 승강기 3,000동(카페 이용 시 반환) ⏰ 08:00~21:00
📞 10.774125, 106.704152

✅ **카페 아파트먼트 추천 카페**

사이공 오이 카페 Saigon Oi Coffee
카페 아파트먼트 5층에 있는 카페로 탁 트인 전경과 깔끔한 분위기에서 일몰을 감상할 수 있다. 특히 저녁 시간에 테라스에 자리를 잡기 위해선 서둘러 가는 것이 좋다.

04
호치민시 박물관 Museum if Hochiminh City Bảo tàng Thành phố Hồ Chí Minh

호치민시의 역사

호치민시에 대한 과거, 현재, 미래를 일목요연하게 전시해놓았다. 손꼽히는 호치민의 대표 박물관으로 우아한 건축 양식을 적용해 웨딩 촬영도 줄을 잇는다. 규모는 크지 않지만 호치민을 이해하기에 좋은 곳이다. 호치민 인민위원회 청사 인근에 위치해 가볍게 들르기 좋다. 다만 냉방이 되지 않으니 물을 챙겨가도록 하자.

📍 65 Lý Tự Trọng, Bến Nghé, Quận 1, Hồ Chí Minh 🚶 인민위원회 청사에서 도보 7분 💲 입장료 20,000동, 카메라 소지 시 카메라 당 20,000동
⏰ 08:00~17:00 📞 028-3829-9741
🌐 hcmc-museum.edu.vn
📍 10.776086, 106.699635

노트르담 대성당 Notre Dame Cathedral of Saigon Nhà thờ Đức bà Sài Gòn

붉은 외벽의 프랑스풍 대성당

프랑스의 식민 지배하였던 1883년에 완공된 곳으로, 높이가 약 60.5m인 양쪽 종탑이 대칭을 이루며, 프랑스에서 주조한 약 30톤 무게의 종을 1879년에 걸어두었다. 처음에는 종탑이 없었으나, 1885년에 57m 높이의 종탑을 덮기 위해 지붕을 만들어 지금과 같은 형태를 갖추었다. 프랑스 마르세유에서 가지고온 붉은 벽돌을 쌓아 올렸으며, 프랑스 파리에 위치한 노트르담 대성당과 이름이 같다. 뒤쪽은 돔 형식, 앞쪽은 뾰족한 첨탑으로 지어 그 위용이 남다르다. 성당 내부는 높은 천장과 아름다운 스테인드글라스가 빛을 받아 은은한 느낌을 준다. 성모 마리아 조각상이 있는 성당 앞은 휴식하는 사람들과 기도를 올리는 사람들로 가득하다. 예배 시간에는 외부인의 출입이 통제되며, 최근 대대적인 보수 공사를 진행 중이다. 호치민의 랜드마크 중 하나다.

◆ 23년 1월 현재 내부 공사로 입장 임시 중단

📍 Công xã Paris, Bến Nghé, Quận 1, Hồ Chí Minh
🚶 인민위원회 청사에서 도보 5분 💲 무료
🕐 월~금요일 08:00~11:00, 15:00~16:00
🌐 10.779869, 106.699125

06
사이공 중앙 우체국 Saigon Central Post Office Bưu Điện Trung Tâm Thành Phố **베트남에서 가장 멋진 우체국**

베트남에서 규모가 가장 큰 우체국으로 프랑스 식민 시절에 지어졌다. 콜로니얼 양식(식민 시대의 미국 양식, 영국 고전주의 양식을 축약함)의 외관에 내부도 멋스러워 우체국이라기보단 영화 속 기차역 같은 느낌이 든다. 안쪽에는 호치민 주석의 대형 사진이 걸려 있으며, 현재도 다양한 우편 업무를 관장한다. 입구 쪽에 각 나라의 시간을 볼 수 있는 시계들과 기념품을 살 수 있는 상점들이 있다.

📍 Số 125 Công xã Paris, Bến Nghé, Quận 1, Hồ Chí Minh
🚶 인민위원회 청사에서 도보 5분 💵 무료 🕐 월~토요일 07:00~17:00, 일요일 08:00~18:00 📞 028-3822-1677
🏠 hcmpost.vn 🌐 10.779980, 106.700080

07
호치민시 미술관 Ho Chi Minh Fine Arts Museum Bảo tàng Mỹ thuật Thành phố **그림으로 만나는 베트남**

베트남의 근현대사 작품을 둘러볼 수 있는 곳으로 조용히 관람하기 좋다. 미술관 특유의 고풍스러운 분위기를 간직해 많은 사람이 사진을 찍는 곳이기도 하다. 총 3층으로 유물 전시는 물론 2층에서는 상설 전시도 이어진다. 작품이 많지는 않지만 베트남 현대 미술 등 베트남 작가들의 다양한 예술 작품을 한데 볼 수 있다.

📍 97A Phó Đức Chính, Phường Nguyễn Thái Bin, Quận 1, Hồ Chí Minh 🚶 인민위원회 청사에서 도보 15분 💵 30,000동 🕐 화~일요일 08:00~17:00 📞 028-3829-4441
🏠 baotangmythuattphcm.com.vn/ 🌐 10.769884, 106.699353

08 벤탄 시장 Ben Thanh Market Chợ Bến Thành

호치민에서 꼭 들러야 할 시장

베트남에서 가장 규모가 큰 재래시장으로 낮에는 건물 안, 밤에는 건물 밖에 시장이 펼쳐진다. 메콩 강 줄기인 사이공 강에서 무역이 활발했던 17세기부터 형성된 시장으로 오랜 역사 때문에 더 유명세를 타고 있다. 1870년에 화재로 소실되었다 재건되었고, 지금은 벤탄 시장을 중심으로 여행사, 푸드 마트, 카페, 호텔 등이 들어서 있다. 특히 아오자이 등 기념품을 사기 위해 많이 들르는데, 흥정이 가능해 물건을 저렴하게 구입할 수 있다. 한국인에겐 많이 깎을 것을 알고 처음에 높은 가격을 제시한다. 이때 여러 곳에서 흥정한 가격보다 조금 더 낮게 불러 가격을 조율하면 된다. 의류, 가방, 기념품, 화장품, 커피 등 다양한 품목을 취급하고 있으며, 초입에서는 생선, 육류 등도 판매하는 종합 시장이다. 쇼핑으로 유명하지만, 단순 관광지로도 손색 없는 곳이다. 현지인보다는 관광객이 많이 찾는 곳이라 소매치기 등도 유의해야 한다.

📍 Chợ, Lê Lợi, Phường Bến Thành, Quận 1, Hồ Chí Minh
🚶 인민위원회 청사에서 도보 7분 🕐 07:00~19:00
📞 028-3829-9274 📍 10.772593, 106.698087

09 통일궁 Reunification Palace Dinh Độc Lập

베트남 역사의 살아 있는 증거

1868년에 지은 곳으로 프랑스 식민 시절 프랑스 총독 관저로 쓰였다. 1954년 제네바 협정 체결 이후 베트남이 남북으로 분단되었고, 남쪽의 초대 대통령 응오 딘 지엠(Ngo Dinh Diem)이 사용했다. 당시에는 독립궁으로 불리다 남북이 통일되면서 지금의 통일궁으로 이름이 바뀌었다. 1962년에 북쪽 군대의 폭탄 투하로 파괴되었다가 1966년 지금의 모습으로 재건축되었다. 건물은 총 6층으로 대통령 집무실, 회의실, 국무회의실, 귀빈 접견실 등이 있다. 지하에 마련된 벙커에는 과거 미군의 전쟁 관련 자료들이 있는데, 베트남의 기념일 등에는 무료로 관람 가능하다. 높은 천장과 우아한 내부 모습이 인상적인 곳이다.

📍 135 Nam Kỳ Khởi Nghĩa, Phường Bến Thành, Quận 1, Hồ Chí Minh
🚶 인민위원회 청사에서 도보 10분
💰 (궁전) 어른 20,000동, 어린이 10,000동, (전시 포함) 어른 65,000동, 어린이 15,000동
🕐 (티켓 판매 시간) 08:00~15:30, (투어 시간) 08:00~16:30 📞 028-3822-3652
🏠 dinhdoclap.gov.vn
📍 10.777309, 106.695453

10 사이공 동식물원 Saigon Zoo and Botanical Gardens Thảo Cầm Viên Sài Gòn   150년의 동남아 생태

100여 종의 파충류, 조류 등의 동물과 희귀한 식물을 볼 수 있으며, 여러 나라에서 온 260개 종 2,000여 그루의 나무도 있다. 원래는 동식물 보호 활동으로 인도차이나 총독 피에르 파울을 비롯해 과학자, 수의사 등의 인력이 대거 이주했다. 이후 인도, 태국, 라오스, 캄보디아 등 베트남 주변 국가에서 다양한 동식물을 수입해 지금은 그 규모가 20ha에 달한다. 공원 초입에 있는 베트남 역사박물관을 먼저 구경하고 동식물을 천천히 둘러보는 반나절 코스로 좋다.

◎ Nguyễn Bính Khiêm, Bến Nghé, Quận 1, Hồ Chí Minh
🚶 인민위원회 청사에서 택시 7분, 도보 15분 💰 성인 60,000동, 어린이(1.3m 미만) 40,000동 🕐 07:00~18:30 📞 028-3829-1425
📍 10.787979, 106.705137

11 베트남 역사박물관 History Museum of Ho Chi Minh City Bảo tàng Lịch sử Việt Nam   베트남 역사를 돌아보다

베트남 역사박물관은 앤티크한 프랑스 건축 양식의 건물로 사이공 동식물원 초입에 있으니 같이 둘러보면 좋다. 아시아의 문화 예술과 베트남의 역사 그리고 불교, 힌두교 등 종교에 대한 전반적인 이해를 높일 수 있는 전시가 주축을 이룬다. 이를 바탕으로 베트남의 원시시대부터 응우옌 왕조 역사까지 만날 수 있다. 박물관 안에서 수상인형극 공연도 이루어지며, 유료로 관람 가능하다.

◎ Nguyễn Bính Khiêm, Bến Nghé, Quận 1, Hồ Chí Minh 🚶 인민위원회 청사에서 택시 10분, 도보 20분 💰 어른 30,000동, 어린이(6세 미만) 무료 🕐 화~일요일 08:00~11:30, 13:30~17:00 📞 028-3829-8146 🏠 baotanglichsutphcm.com.vn 📍 10.788084, 106.704432

12 흥왕 사원 Temple of Hung King Đền thờ Vua Hùng   베트남의 단군, 흥왕을 기리는

사이공 동식물원과 베트남 역사박물관 맞은편에 있다. 베트남 최초의 왕국인 반랑 왕국을 세운 흥왕을 기리는 사원으로, 베트남의 역사적 인물들을 함께 모시고 있다. 그래서 레 반 주옛(Lê Văn Duyệt), 쩐 흥 다오(Trần Hưng Đạo) 등 역사의 영웅들을 숭배하는 이들이 많이 찾는다. 제1차 세계 대전 중 프랑스 군인들이 베트남 병사들을 기리기 위해 세운 기념비도 있다.

◎ 2 Nguyễn Bính Khiêm, Bến Nghé, Quận 1, Hồ Chí Minh
🚶 인민위원회 청사에서 택시 7분, 도보 20분 💰 무료
🕐 07:00~17:00 📞 028-3910-1224 📍 10.787375, 106.705884

13 사이공 오페라 하우스 Saigon Opera House Nhà hát Thành phố Saigon

고풍스럽고 화려한

호치민의 대표적인 고딕 양식 건축물로 프랑스 식민 시절인 1900년에 파리의 오페라 하우스인 팔레 가르니에(Palais Garnier)와 파리 시립 미술관을 본떠서 만들었다. 1955~1975년에는 남베트남 하원 의회당으로 사용되기도 했다. 공연을 관람하지 않으면 내부 입장은 안 된다. 밤에는 조명이 빛나 더욱 고풍미가 느껴지는 건물로 많은 관광객이 외부에서 쉬거나 기념 촬영을 한다. 호치민의 유일한 문화 공연장답게 연극, 오페라, 쇼 등 다양한 공연이 펼쳐진다. 저렴한 좌석도 있으니 한 번쯤 즐겨보자. 공연 후 배우들과의 포토타임, 극장 투어 등 다양한 이벤트도 진행한다.

📍 07 Công Trường Lam Sơn, Bến Nghé, Quận 1, Hồ Chí Minh
🚶 인민위원회 청사에 도보 3분 📞 028-3829-9976
🌐 10.776796, 106.703395

TIP
한국인의 Must See!
아오쇼 A O Show

사이공 오페라 하우스의 대표 공연으로 한국인들이 가장 많이 보는 쇼다. 베트남의 과거와 현재의 문화 그리고 시골과 도시의 변화를 다룬다. 2013년부터 시작한 〈아오쇼〉는 유럽에서 정기적으로 공연할 정도로 인기다. 대나무 서커스, 현대 무용, 시각 예술, 남부 전통 노래와 아름다운 조명 예술로 구성되어 있다. 공연 2~3일 전에 예약해야 하며, 온라인 예매도 가능하다. 오페라 하우스의 식당, 인근 여행사 등에서 1+1 바우처 및 할인 쿠폰이나 프로모션 기간 할인을 이용하면 저렴하게 볼 수 있다. 정확한 공연시간은 홈페이지를 참고하자.

₫ 700,000동~1,600,000동 (좌석에 따라 다름)
🕐 월~금요일 08:30~19:30 (자세한 공연 시간은 홈페이지 참고) 🏠 ticketbox.vn/aoshow

14

사이공 강 Saigon River Sông Sài Gòn

호치민의 황금 물줄기

호치민의 젖줄, 사이공 강은 길이가 약 220km로 호치민시 외곽을 아우르며 흐른다. 메콩 강(라오스에서 출발해 태국, 캄보디아를 거쳐 베트남 남서부를 관통하는 동남아에서 가장 큰 강)의 줄기 중 하나로 호치민의 중요한 상수원이며, 호치민 크루즈 투어를 비롯한 다양한 선박 교통의 요지 역할을 하고 있다. 1862년에 본격적인 항구 역할을 시작했으며, 수산 자원의 보고이기도 하다. 사이공 강을 편안히 즐길 수 있는 카페나 공원에 가보는 것도 좋다. 다만 무분별한 쓰레기 투기로 인해 눈살을 찌푸릴 만큼 많은 쓰레기가 강에 떠다니는 모습은 아쉬움을 남긴다. 사이공 강을 오롯이 즐길 수 있는 프로그램으로는 크루즈 투어, 메콩 델타 투어 등이 있다.

📍 Cây Bàng, Thủ Thiêm, Quận 2, Hồ Chí Minh 🚶 인민위원회 청사에서 도보 9분 📍 10.773630, 106.707219

15

사이공 스카이덱 Saigon Skydeck

호치민 일몰 필수 코스

호치민 전경을 한눈에 내려다볼 수 있는 전망대로 비텍스코 파이낸셜 타워 49층에 있다. 이 건물 52층에 있는 이온 헬리 바 역시 탁 트인 풍경을 자랑한다. 다양한 음료 및 식사가 가능한데 다른 곳에 비해 가격은 비싼 편이다. 전망만 볼 수 있는 스카이덱, 음료까지 즐길 수 있는 이온 헬리 바 가운데 어디를 갈지 고민된다면 낮과 일몰 시간에 각각 방문해보자.

📍 36 Hồ Tùng Mậu, Bến Nghé, Quận 1, Hồ Chí Minh 🚶 인민위원회 청사에서 도보 10분
💰 어른 200,000동, 어린이(4~12세) 130,000동 🕐 월~금요일 12:00~20:00, 토~일요일 10:00~20:00
📞 028-3915-6156 🏠 saigonskydeck.com 📍 10.771586, 106.704306

16 레꽁끼에우 골동품 거리 Le Cong Kieu Antique Street Phố Đồ Cổ Lê Công Kiều   호치민에서 보물 찾기

벤탄 시장 인근의 작은 골동품 거리다. 골목 어귀로 들어서면 손때 묻은 다양한 물건이 바닥에 펼쳐져 있다. 오래된 동전 화폐, 낡은 사진, 클래식한 시계, 조각상 등 신기한 물건이 아주 많다. 흥정도 가능해 외국인들도 더러 찾는다. 천천히 둘러보면 싼 가격에 좋은 물건을 찾아낼 수도 있다. 카메라, 스탠드, 액자 등 인테리어용으로도 손색없는 골동품이 많아 관심 있는 사람들은 꼭 들르는 곳이다.

📍 Nguyen Thai Binh Quận 1, Hồ Chí Minh 🚶 인민위원회 청사에서 도보 10분
🕐 08:00~17:30 📌 10.770443, 106.699784

17 호치민 책 거리 Ho Chi Minh City's Book Street Đường sách Thành phố Hồ Chí Minh   책과 함께하는 여행

호치민의 책 거리로 다양한 서적을 판매한다. 작가 사인회, 강연 등이 펼쳐지기도 해 데이트 장소로도 유명하다. 희귀 서적을 판매하는 서점이나 책과 음료를 함께 파는 북 카페도 있으니 평소 책에 관심이 많다면 들러보자. 우리나라보다 책값은 저렴한 편이며, 영어 서적도 구매 가능하다. 아이들을 위한 영어 동요책 등도 저렴하게 구입할 수 있다. 노트르담 대성당 인근뿐 아니라 시청 광장을 필두로 응우옌 거리, 책 문화 거리 등에서 종종 행사도 펼쳐진다.

📍 Nguyen Van Binh, Bến Nghé, Quận 1, Hồ Chí Minh 🚶 인민위원회 청사에서 도보 10분 🕐 08:00~22:00 🏠 duongsachtphcm.com
📌 10.781099, 106.700261

REAL GUIDE

호치민 속 힌두교 사원

다양한 문화를 만날 수 있는 베트남, 그중에서도 종교 색채가 강한 사원들이 숨겨진 명소처럼 호치민 곳곳에 스며들어 있다. 낯설지만 이국적이기도 한 호치민 속 힌두교 사원을 만나보자.

스리 뗀데이 유타 파니 Sri Dandayudhapani Temple Srī tīay yutta pai

에메랄드 색 힌두 예술

멀리서 봐도 눈에 띌 정도로 예쁘고 아기자기한 힌두교 사원. 사이공 센터 인근에 있으니 쇼핑 전 잠시 들러 구경하는 것을 추천한다. 작지만 이색적인 곳으로 타일로 꾸민 푸른색 벽면이 예술적이며, 중부 베트남 등 참파 왕국의 잔재와 인도와의 오랜 역사가 공존하고 있다. 그렇기에 이 사원에선 힌두교와 불교를 동시에 섬기는 독특한 의식도 볼 수 있다. 사원 내부에서는 신발을 벗어야 참관이 가능하다.

📍 66 Tôn Thất Thiệp, Bến Nghé, Quận 1, Hồ Chí Minh 🚶 인민위원회 청사에서 도보 5분 💰 무료 🕐 08:00~17:00 📍 10.773592, 106.701707

마리암만 힌두 사원 Mariamman Hindu Temple Đền thờ Hindu Mariamman

형형색색 주변을 물들이는

벤탄 시장과 부이비엔 거리 인근에 있으며 입구 벽면에 우뚝 세워진 독특한 건축 양식이 눈에 띈다. 인도의 여신 마리암만(Mariamman)을 숭배하는 사원으로 독특한 핑크색 탑과 4개의 작은 동상이 조화롭게 배치돼 무척 이색적이다. 19세기 후반 베트남으로 이주한 인도인들이 건축했으며, 이후 인도 출신 베트남인을 비롯한 힌두 신자들의 노력으로 모습을 보전하고 있다.

📍 45 Trương Định, Phường Bến Thành, Quận 1, Hồ Chí Minh 🚶 인민위원회 청사에서 도보 10분 💰 무료 🕐 08:00~17:00 📍 10.772536, 106.696531

18
호치민 전쟁 박물관 Ho Chi Minh War Remnant Museum Bảo tàng Chứng tích Chiến tranh

한눈에 담는 베트남 전쟁

베트남 전쟁 관련 방대한 자료와 정보를 얻을 수 있는 곳이다. 여러 박물관 중에서 단연 손꼽히는 곳으로 아이들과 방문하는 가족이 많다. 박물관 외부에는 전쟁 당시 사용한 미군 전투기, 탱크 등이 설치돼 있다. 또 호치민에서 230km 정도 떨어진 꼰선 섬(Côn Sơn)의 전쟁 포로수용소를 재현해놓아 참혹했던 당시의 모습을 조금이나마 느껴볼 수 있다. 박물관의 여러 전시를 통해 베트남 전쟁을 간접 경험하며 인간의 자유와 전쟁의 잔혹함을 생각해볼 수 있는 곳이다.

📍 28 Võ Văn Tần, Phường 6, Quận 3, Hồ Chí Minh 🚶 인민위원회 청사에서 택시 5분, 도보 16분 💰 40,000동 🕐 07:30~17:00 📞 028-3930-5587 🏠 baotangchungtichchientranh.vn 📍 10.779339, 106.692690

19
핑크 성당 Tan Dinh Church Nhà thờ Tân Định

분홍색 성당은 처음이지?

베트남어로 떤딘 성당(Tân Định)이라 불리는 이곳은 온통 핑크색인 외관 덕에 핑크 성당으로 불린다. 성당 전체가 탁하지 않은 사랑스러운 핑크로 채색돼 아주 인상적이다. 그래서 인생 사진을 남기려면 꼭 들러야 하는 호치민의 핫플레이스로 손꼽힌다. 원래는 자유로이 내부 입장도 가능했으나 많은 사람들이 사진을 찍으려는 통에 성당 측에서 출입을 통제해 내부 입장은 어렵다. 길 건너 도로에서 전체 모습이 담긴 사진을 찍는 사람이 많은데, 차량 통행이 많은 곳이니 꼭 안전에 유의해야 한다.

📍 289 Hai Bà Trưng, Phường 8, Quận 3, Hồ Chí Minh 🚶 인민위원회 청사에서 택시 10분, 도보 20분 💰 무료 🕐 24시간 운영 📞 028-3829-0093 🏠 giaoxutandinh.net 📍 10.788302, 106.690664

01 냐항 응온 Nhà hàng Ngon

여행자 방문 1순위 레스토랑

정글 숲을 연상시키는 인테리어가 인상적인 냐항 응온은 많은 여행자가 찾는 레스토랑이다. 현지식은 물론 서양식까지 가능해 다양한 메뉴를 접할 수 있다. 겉보기와 달리 큰 규모를 자랑하는 곳으로 단체 여행객이 많이 찾아 붐비는 시간에는 예약을 하고 가야 할 정도다. KBS 〈배틀트립〉에 소개되면서 한국인도 많이 찾는다. 껌승(cơm tấm đêm)이라 불리는 호치민식 불고기 덮밥, 채소 샐러드와 곁들여 먹는 베트남의 유명 음식 스프링롤 짜조 등 메뉴판이 두꺼울 정도로 가짓수가 다양하니 메뉴를 골고루 주문해 맛보자. 하노이, 프놈펜, 베를린 등 해외 지점도 있는 글로벌 레스토랑이다. 제공되는 물티슈는 유료!

📍 160 Pasteur, Bến Nghé, Quận 1, Hồ Chí Minh 🚶 인민위원회 청사에서 도보 5분 💰 소고기 쌀국수 90,000동, 분짜 95,000동
🕐 07:30~22:30 📞 028-3827-7131
🌐 10.777423, 106.699708

02 시크릿 가든 레스토랑 Secret Garden Restaurant

이름 그대로 숨겨진 맛집

이름처럼 도심 속에 숨어 있지만 뷰가 좋아 유명한 곳. 골목 안으로 들어가 낮은 건물 5층으로 올라가야 만날 수 있는 옥상 레스토랑이다. 좋은 자리에 앉으려면 예약은 필수! 붐비는 시간대를 피해 차를 마시거나 간단한 디저트를 먹기 좋다. 다만 에어컨이 없고, 선풍기가 있지만 시설이 열악해 정오 즈음엔 무더울 수 있다. 호치민 골목의 분위기를 만끽하며 다양한 베트남 가정식을 맛볼 수 있는 추천 식당.

📍 158 Pasteur, Bến Nghé, Quận 1, Hồ Chí Minh 🚶 인민위원회 청사에서 도보 5분 💵 짭조 95,000동, 새우구이 185,000동, 게살 볶음밥 150,000동 🕐 11:00~22:00 📞 090-990-4621
🌐 10.777314, 106.699777

03 퍼 2000 Pho 2000

클린턴 대통령이 방문한

클린턴 전 미국 대통령의 방문으로 화제가 된 쌀국수집이다. 현재 2호점까지 오픈했으며, 본점은 벤탄 시장 인근에 있다. 메뉴는 쌀국수, 분짜, 짜조 등으로 단출하며 사이즈에 따라 가격이 다르다. 1층에는 우리에게 친숙한 커피빈(CoffeeBean)이 있으며, 좁은 계단을 이용해 2층으로 올라가면 넓은 가게가 나타난다. 맛에 대한 평가는 호불호가 갈리지만 대체로 맛있다는 평가가 많다. 생과일 주스, 스무디 등 음료도 인기다.

📍 1-3 Phan Chu Trinh, Phường Bến Thành, Quận 1, Hồ Chí Minh 🚶 인민위원회 청사에서 도보 8분 ₫ 쌀국수(L) 119,000동, 껌 스언 85,000동 🕐 07:00~21:00 📞 079-943-0002
🏠 pho2000.vn 📍 10.771795, 106.697643

04 꽌 응온 138 Quán Ngon 138

시원하고 조용하게 즐기는

통일궁에 들른다면 한 번쯤 지나치는 레스토랑으로 베트남의 로컬 음식을 판다. 메뉴가 다양해 현지식을 맛보기 좋다. 실내 좌석은 물론 시원한 바람이 부는 야외 좌석도 있으며, 조용하게 음식을 먹을 수 있어 현지인이 많이 찾는다. 특히 많은 사람이 분짜를 추천할 정도로 평이 좋은 곳이다. 분짜, 반 쎄오 등은 베트남에서 꼭 맛봐야 할 음식이니 이곳에서 도전해보는 건 어떨까.

📍 138 Nam Kỳ Khởi Nghĩa, Bến Nghé, Quận 1, Hồ Chí Minh 🚶 인민위원회 청사에서 도보 8분 ₫ 반 쎄오 110,000동, 분 보 후에 95,000동, 사이공 맥주 35,000동 🕐 10:30~22:00
📞 028-3825-7179 🏠 quanngon138.com
📍 10.771761, 106.69759

05 호아 툭 사이공 Hoa Tuc Saigon

한번은 가봐야 하는 호치민 진짜 맛집

현지인들이 지인을 꼭 데리고 간다는 맛집. 위층에서 쿠킹 클래스도 진행해 외국인들에게 인기가 많은데, 특히 일본인들 사이에서 유명해 예약은 필수다. 로컬 베트남 요리의 진수를 맛본다 할 정도로 다양한 현지 요리를 갖췄으며 런치 메뉴도 있다. 실내는 시원하게, 야외는 운치 있게 먹을 수 있도록 인테리어를 해놓은, 호치민에서도 손꼽히는 레스토랑이다.

📍 74 Hai Bà Trưng, Bến Nghé, Quận 1, Hồ Chí Minh 🚶 인민위원회 청사에서 도보 5분 💰 월남쌈 175,000동, 농어 요리 235,000동 🕐 11:00~22:00 📞 028-3825-1676 🏠 hoatuc.com 📍 10.778360, 106.703821

06
껌 땀 목 Cơm Tấm Mộc

작지만 알찬 베트남 가정식

가게 이름의 '껌 땀'은 깨진 쌀이라는 뜻으로 숯불 돼지 갈비에 깨진 쌀로 지은 밥이 나오는 음식이다. 그래서 영어로는 브로큰 라이스라고 부른다. 전통적인 호치민 가정식으로 우리나라의 백반 같은 음식이라고 할 수 있다. 껌 땀 목이라는 이름처럼 껌 땀을 주 메뉴로 하는 식당으로 껌 땀 이외에도 여러 베트남 가정식 메뉴를 판매한다. 음식의 맛은 깔끔하고 정갈하며 양 역시 든든하게 배를 채울 정도로 충분하다. 가게가 조금 좁은 편이지만, 분위기가 아늑해 마음도 속도 편하게 한 끼 식사를 즐길 수 있다.

📍 85 Lý Tự Trọng, Phường Bến Thành, Quận 1, Hồ Chí Minh 🚶 인민위원회 청사에서 도보 7분 🍴 껌쓰언(바비큐 덮밥) 45,000동, 복숭아티 5,000동, 모닝글로리 69,000동~, 사이공 맥주 39,000동 ⏰ 09:00~20:30 📞 028-3824-8511 🌐 facebook.com/ComTamMoc
📌 10.774533, 106.697972

07

베트남 하우스 레스토랑 Vietnam House Restaurant

호치민 최고의 베트남 정찬

동커이 거리에 위치한 고급 레스토랑으로 분위기와 맛, 서비스의 삼 박자가 모두 갖춰진 곳으로 인정받고 있다. 식당의 인테리어는 우아하고 고풍스럽고, 그 속에서 깔끔하고 정갈하게 구성된 베트남 정찬을 맛볼 수 있어 호치민 현지인이 중요한 약속이나 기념일 등 특별한 날에 많이 방문하는 곳이다. 특히 중심지인 동커이 거리에 있어 늘 사람으로 북적인다. 현지인과 관광객 모두에게 인기 만점인 레스토랑으로 미리 예약 후 방문하는 것이 좋다.

📍 93-95-97 Đồng Khởi, P. Phú Thuận, Quận 1, Thành phố Hồ Chí Minh 🚶 인민위원회 청사에서 도보 5분 🍴 현지 메뉴 2인 328,000동~ 🕐 월~일요일 11:30~14:30, 17:30~22:00 📞 028-3822-2226 🏠 vietnamhousesaigon.com
📍 10.775109, 106.704091

08

툭툭 타이 비스트로 TukTuk Thai Bistro

매콤 시큼 똠얌꿍이 생각날 때

1군과 3군에 있는 툭툭 타이 레스토랑은 현지인들도 찾는 유명 태국 레스토랑이다. 실내는 협소하지만 2층까지 마련돼 있다. 다른 식당에 비해 가격은 비싼 편이다. 대표 메뉴는 새우와 태국 특유의 향신료를 푹 끓여서 만드는 똠얌꿍! 여행 중 매콤하고 시큼한 수프가 먹고 싶다면 들러보자. 생일에 방문하면 15% 할인된 가격으로 식사가 가능하다.

📍 38 Lý Tự Trọng, Bến Nghé, Quận 1, Hồ Chí Minh 🚶 인민위원회 청사에서 도보 5분 🍴 똠얌꿍 145,000동, 쌀밥 15,000동, 치미공 맥주 40,000동 🕐 10:00~22:00 📞 028-3823-1188 🏠 tuktukthaibistro.com 📍 10.777368, 106.700340

09 퍼 24 PHỞ 24

호치민의 김밥천국

쌀국수가 주메뉴인 체인 식당으로 간단한 베트남식 식사도 가능하다. 가볍게 혼자 먹기 좋은 곳으로 가격이 저렴하다. 호치민에만 16개가 넘는 지점이 있어 관광지를 들를 때 눈에 많이 띄는 곳이기도 하다. 우리나라의 '김밥천국'과 유사하다고 생각하면 된다.

📍 158D Pasteur, phường Bến Nghé, Quận 1, Bến Nghé, Hồ Chí Minh 🚶 인민위원회 청사에서 도보 5분
💰 쌀국수 52,000동 🕐 06:00~21:00 📞 028-3521-8515
🏠 pho24.com.vn 📍 10.777156, 106.699620

10 꿕 각 꽌 Cục Gạch Quán

안젤리나 졸리가 방문한

예능 프로그램 〈짠내투어〉에 나오고 안젤리나 졸리와 브래드 피트가 방문하면서 유명세를 탄 베트남 가정식 레스토랑으로 가격은 비싼 편. 두 가게가 마주보듯 있으며, 1층은 정원식 그리고 2층은 주택 형태로 이루어진 식당이다. 메뉴가 다양해 메뉴판 또한 두껍다. 그래서 메뉴를 고르기 힘든 편이라 사전에 메뉴를 정해가거나 직원의 추천을 받아 주문하는 것이 좋다. 메인 거리와 떨어져 있어 택시를 타는 게 편리하다. 최고까지는 아니지만 가족 여행자들이라면 한 번쯤 가볼 만한 유명 맛집이다.

📍 10 Đặng Tất, Tân Định, Quận 1, Hồ Chí Minh 🚶 인민위원회 청사에서 택시 15분 💰 마늘볶음밥 80,000동, 포크 오믈렛 110,000동, 자이언트 새우 갈릭 요리 1,700,000동 🕐 09:00~23:00 📞 028-3848-0144 📍 10.793082, 106.689000

11 수 카페 Soo Kafe

책과 함께 펼쳐지는 벤탄의 풍경

벤탄 시장 인근 좁은 길을 따라 오르면 만날 수 있는 숨은 카페. 벤탄 시내의 모습이 한눈에 내려다보이는 곳이다. 조용하게 책을 읽거나 일을 하기 좋은 곳으로 현지인들의 데이트 명소이기도 하다. 아는 사람만 아는 명소이니 벤탄 시장에 간다면 꼭 들러보자. 야외 테라스의 풍경이 아주 아름다운 곳이다.

📍 35 Phan Chu Trinh, Phường Bến Thành, Quận 1, Hồ Chí Minh 🚶 인민 위원회 청사에서 도보 10분 💰 반미 50,000동, 디저트 45,000동, 카페 쓰어다 60,000동, 밀크 커피 60,000동
🕐 08:00~23:00 📞 0899-312-386 🏠 sookafe.com 📍 10.772512, 106.697295

더 워크숍 커피 The Workshop Coffee

커피를 다양하게 즐기고 싶다면

에티오피아, 과테말라, 베트남 등 세계적으로 유명한 커피를 핸드 드립, 프렌치 프레스 등 다양한 방식으로 마실 수 있는 곳으로 모던한 인테리어가 눈에 띈다. 천장이 높아 더욱 멋스러운 이곳은 데이트 장소로도 유명하다. 커다란 창가에 앉아 있는 사람의 모습이 마치 한 폭의 그림처럼 보인다. 분위기와 맛을 동시에 즐길 수 있는 곳이다.

📍 27 Ngô Đức Kế, Bến Nghé, Quận 1, Hồ Chí Minh 🚶 인민위원회 청사에서 도보 6분
₫ 아메리카노 80,000동~, 라테 75,000동 🕗 08:00~21:00 📞 028-3824-6801
🌐 10.773444, 106.705704

13 헤리티지 차이나타운 Heritage Chinatown

홍콩 영화 속 한 장면

오래된 홍콩 영화 속 분위기를 자아내는 곳이다. 주윤발이 이쑤시개를 입에 물고 들어올 것 같은 1980년대 홍콩 영화의 세트장 같달까? 1, 2층으로 이루어진 단출한 곳이지만 테이블마다 올려놓은 앤티크 스타일의 스탠드도 멋스럽다. 중식 요리뿐만 아니라 커피도 즐길 수 있다.

◆ 23년 1월 현재 코로나로 임시 휴업 중

◎ 10 Pasteur, Phường Nguyễn Thái Bình, Quận 1, Hồ Chí Minh ⚑ 인민위원회 청사에서 도보 10분, 택시 5분 ₫ 코코넛 커피 50,000동 ⏰ 24시간 운영 ⊚ 10.770136, 106.702953

14 카페 코바 루프톱 Cà Phê Cô Ba Rooftop

일몰 감상에 최적

카페 코바는 테라스로 유명한 동커이 지점과 일몰이 유명한 루프톱 지점으로 나뉜다. 그중 일몰을 감상하기에 최고인 카페 코바 루프톱은 인기가 많아 예약해야 좋은 자리에 앉을 수 있다. 특히 루프톱의 야외 테라스에서 보는 사이공강의 일몰은 정말 절경이라고 할 수 있다. 실내는 원목을 사용해 고전적이고 편안한 느낌을 주어 일몰을 보지 못하더라도 방문해도 될 만큼 그 매력이 충분한 카페다.

◎ 2 Đồng Khởi, Bến Nghé, Quận 1, Hồ Chí Minh ⚑ 인민위원회 청사에서 도보 6분 ₫ 망고 셰이크 69,000동 ⏰ 07:00~21:00 ☏ 028-3823-3658 ⊚ 10.773372, 106.706198

15 빅브로 코리안 핫도그 Bigbro Korean Hotdog

인기 만점 한국식 핫도그

현지 아이들에게 인기 있는 한국식 핫도그 매장으로 우리나라의 '명랑핫도그'와 유사하다. 가격이 저렴한 편은 아니지만 인근의 유일한 핫도그 가게라 줄 서서 먹을 정도다. 쭉 늘어나는 치즈와 바삭한 튀김가루가 조화를 이뤄 출출할 때 간식으로 먹기 좋다. 동커이 거리를 여행하다 꺼진 배를 한국식 핫도그로 달래보자.

- 📍 85 Hồ Tùng Mậu, Bến Nghé, Quận 1, Hồ Chí Minh 🚶 인민위원회 청사에서 도보 8분
- 🍴 플레인 29,000동, 체다 43,000동, 통모짜 43,000동, 포테이토 43,000동
- 🕘 09:00~21:00 📞 028-2240-5060 📍 10.772155, 106.703644

16 쫑 응우옌 레전드 카페 다이아몬드 플라자점 Trung Nguyên Legend Café

호치민에서 유명한 로컬 브랜드

G7으로 유명한 커피 브랜드 쭝웬 커피에서 운영하는 카페 프랜차이즈. 다른 브랜드와 달리 지점마다 서로 다른 특색을 가지고 있는 것으로 유명하다. 그중 다이아몬드 플라자점은 바닥에 하얀색 모래를 깔아 두어 마치 백사장에서 커피를 즐기는 기분이 든다. 커피 역시 유명 브랜드인 만큼 정통 베트남 커피의 깊고 풍부한 맛을 느낄 수 있다. 호치민에만 약 20개의 지점이 있으니 여행 중간 방문해 휴식을 취해보자.

- 📍 7 Nguyễn Văn Chiêm, Bến Nghé, Quận 1, Thành phố Hồ Chí Minh
- 🚶 인민위원회 청사에서 도보 10분 🍴 카페라테 63,000동 🕘 06:30~21:00
- 📞 091-528-9901 🌐 trungnguyenlegend.com 📍 10.78091, 106.69847

칠 스카이 바 Chill Skybar

호치민 인싸들의 아지트

신나는 음악과 화려한 네온 그리고 아찔할 만큼 멋스러운 호치민의 밤 풍경을 온전히 볼 수 있는 루프톱 바다. 가격은 좀 비싸지만 누구나 꼭 한 번은 들른다는 곳으로 AB 타워 26층에 있다. 밤 10시쯤엔 사람이 붐비므로 일찍 가서 자리를 잡고, 슬리퍼 같은 편안한 차림보다는 조금 더 세련된 복장을 갖추고 가는 것이 좋다. DJ의 현란한 음악 선곡과 자리에 서서 비트에 맞춰 흔들어대는 사람들, 한 번쯤은 여행자가 아닌 현지인처럼 즐겨보는 건 어떨까? 다만 인기가 많은 만큼 가격이 만만찮다는 것은 감안해야 한다. 웨이터들이 수시로 돌아다니며 주문을 받고 사진을 찍으려 하면 조명을 비춰주는 센스를 갖췄다. 단, 현금 결제 시 거스름돈의 상태를 꼭 확인하자. 베트남에서는 찢어진 돈은 사용할 수 없기 때문이다. 어둡다 보니 가끔 찢어진 돈을 끼워 거슬러줄 때도 있다.

📍 AB Tower, Tầng 26, 76A Le Lai, Phường Bến Thành, Quận 1, Hồ Chi Minh 🚶 인민위원회 청사에서 도보 15분 💰 입장료 300,000동(프리 드링크 1잔 포함), 맥주 180,000동, 칵테일 320,000동 🕐 17:30~00:30 📞 093-882-2838 🌐 chillsaigon.com
📌 10.770483, 106.694295

18 소셜 클럽 루프톱 바 Social Club Rooftop Bar

조금은 조용하게

관광객보다는 현지인이 많이 들르는 곳으로 다른 루프톱 바에 비해 연령대가 높은 편이다. 호텔 스카이라운지답게 탁 트인 전경이 볼 만하다. 노트르담 대성당과 그리 멀지 않은 곳에 위치한 엠 갤러리 호텔의 루프톱 바로 조용하게 즐기기 좋다. 옥상에 넓은 수영장과 반대편 건물로 이동하는 유리 통로가 있어 인기가 많다.

📍 MGallery Saigon, 76-78 Nguyễn Thị Minh Khai, Phường 6, Quận 3, Hồ Chí Minh 🚶 인민위원회 청사에서 도보 12분
🍽 해산물 100,000동, 위스키 280,000동 🕐 일~목요일 15:00~24:00, 금~토요일 15:00~01:00 📞 028-3989-8888
📍 10.782378, 106.697314

19 엠 바 M Bar

사이공 강을 내려다보며

사이공 강을 바라보며 멋진 라이브 재즈 공연을 감상할 수 있는 곳이다. 예약 없이 방문 가능하지만 뷰가 좋은 테라스는 서둘러 가야 자리를 잡을 수 있다. 다양한 루프톱 바가 생기기 전에는 호치민에서 세 손가락 안에 꼽힐 정도 정도로 인기가 많았는데, 지금은 약간 연령대가 있는 사람들이 방문하는 곳이 됐다. 저녁 8시부터는 라이브 공연을 감상하며 식사할 수 있다. 분위기 있게 식사와 와인 등을 즐길 수 있는 곳을 찾는다면 바로 여기다! 덤으로 사이공 강을 오가는 크루즈들의 화려한 모습까지 식사에 곁들일 수 있다.

📍 3-5 Đồng Khởi, Bến Nghé, Quận 1, Hồ Chí Minh 🚶 인민위원회 청사에서 도보 9분 🍽 칵테일 250,000동 🕐 16:00~01:00
📞 028-3829-5517 🌐 majesticsaigon.com
📍 10.772848, 106.706100

REAL GUIDE

열정적인 호치민의 밤!
호치민 칵테일 바

래빗 홀 Rabbit Hole

통일궁 인근에 있는 곳으로 재즈 음악이 흐르는 조용한 바로 현지인들 사이에선 인기 많은 곳이다. 다양한 칵테일을 맛볼 수 있으며 특히 시그니처인 래빗 진 피즈(카모마일 진, 레몬 주스, 달걀 흰자위를 곁들인 칵테일)가 환상적이다.

◎ 138 Đ. Nam Kỳ Khởi Nghĩa, Bến Nghé, Quận 1, Thành phố Hồ Chí Minh ※ 인민위원회 청사에서 도보 10분 ₫ 칵테일 270,000동 ◯ 18:00~02:00 ☎ 028-3823-4896 ✦ 10.777858, 106.697651

에어 360 스카이 바 Air 360 Sky Bar

칠 스카이 바와 느낌이 비슷한 곳으로 벤탄 시장 인근에 있다. 오후 5시부터 10시까지는 해피 아워가 적용돼 저렴하게 술을 마실 수 있다. 칠 스카이 바 다음으로 유명한 곳으로 9시 40분 정도부터 DJ의 현란한 디제잉이 펼쳐진다. 건물의 22층에 자리해 전망이 좋으며, 스탠딩이 아닌 좌식 테이블이 있어 편하게 즐길 수 있다. 샌들 금지 등 복장 규제가 있으므로 유의하자.

◎ 136 Đ. Lê Thị Hồng Gấm, Phường Nguyễn Thái Bình, Quận 1, Thành phố Hồ Chí Minh ※ 인민위원회 청사에서 택시 6분, 도보 15분 ₫ 코로나 180,000동, 치킨 크리스피 99,000동 ◯ 17:30~01:00 ☎ 093-693-3833 ⌂ air360skylounge.com ✦ 10.768908, 106.697154

사이공 사이공 루프톱 바 Saigon Saigon Rooftop Bar

가격 대비 아름다운 뷰와 음식 맛을 자랑하는 곳으로 동커이 거리에 있다. 자정이 되면 라이브 음악이 시작돼 분위기 있게 멋진 야경을 감상할 수 있는 숨겨진 루프톱 바다. 때에 따라 라틴 음악, 러시아 음악 등 다양한 장르를 선보이는 이곳은 1950년에 문을 연 오랜 역사의 5성급 호텔 카라벨(Caravelle SAIGON Hotel)에 있어 더욱 흥미롭다. 해피 아워 시간(16:00~19:00)에는 50% 할인된 가격으로 칵테일 등을 즐길 수 있다.

◎ 19 Công Trường Lam Sơn, P. Quận 1, Hồ Chí Minh ※ 인민위원회 청사에서 도보 3분 ₫ 맥주 58,000동~, 칵테일 230,000동~ ◯ 11:00~24:00, 토·일 11:00~01:00 ☎ 028-3823-4999 ⌂ caravellehotel.com ✦ 10.776080, 106.703315

01 벤탄 야시장 Ben Thanh Night Market Chợ Bến Thành

밤에도 꺼지지 않는 벤탄의 열기

해가 지는 오후 6시가 되면 벤탄 시장 내부는 문을 닫는다. 그럼에도 분주한 손길이 멈추지 않는 건 바로 벤탄 시장을 둘러싸고 열리는 야시장 때문이다. 상인들은 내부에서 외부로 나와 관광객의 발길을 사로잡는다. 패션 의류, 가방, 커피 등 다양한 제품이 있다. 한국인은 많이 깎는다는 것을 알고 처음부터 가격을 높게 부르는 경우도 있으니 한 곳이 아닌 여러 곳에서 흥정을 한 다음 구매하는 게 좋다. 시장을 둘러본 후 노점에서 쌀국수 등을 저녁으로 먹는 것을 추천한다.

📍 13 Phan Chu Trinh, Phường Bến Thành, Quận 1, Hồ Chí Minh 🚶 인민위원회 청사에서 도보 7분 🕐 18:00~23:00
📍 10.772585, 106.698130

02 빈컴 센터 동커이 Vincom Center Đồng Khởi

가장 중심가에 위치한

건너편에는 콩 카페, 인근에는 노트르담 대성당과 호치민 시청이 있다. 메인 거리에 있다 보니 평일, 주말 할 것 없이 사람들로 붐빈다. 1층 앞에 작은 공원도 있어 쉬어가는 이도 많으며, 내부에 한국 사람들이 즐겨 찾는 자라, H&M 등 의류 매장과 CGV, 파리바게트 등이 있다.

📍 72 Lê Thánh Tôn, Bến Nghé, Quận 1, Hồ Chí Minh 🚶 인민위원회 청사에서 도보 4분
🕐 09:30~22:00 📞 097-503-3288 🏠 vincom.com.vn 📍 10.778252, 106.701830

03
사이공 센터 Saigon Centre

세련된 백화점

타카시마야 백화점이 입점한 사이공 센터는 호치민에서 제법 큰 규모의 백화점이다. 깨끗하고 세련된 백화점답게 주말이면 인파가 몰린다. 1층에는 이벤트 부스가 마련돼 있고, 레스토랑, 카페 등도 있어 쇼핑하기에 좋다.

📍 65 Đ. Lê Lợi, Bến Nghé, Quận 1, Thành phố Hồ Chí Minh
🚶 인민위원회 청사에서 도보 5분 🕐 월~목 09:30~21:30 금~일 09:30~22:00 🏠 saigoncentre.com.vn
📍 10.772786, 106.700601

04
타카시마야 Takashimaya

일본식 복합 문화 공간

사이공 센터 내 위치한 곳으로 디자이너 부티크와 고급 식당이 한데 어우러진 복합 쇼핑 센터라고 할 수 있다. 일본 쇼핑 브랜드라 일본 상점들이 주를 이루며 다양한 의류 브랜드가 입점해 있어 여행중 쇼핑하기에 최적의 장소다.

📍 77 Nam Kỳ Khởi Nghĩa, Bến Nghé, Quận 1, Thành phố Hồ Chí Minh 🚶 인민위원회 청사에서 도보 5분 🕐 월~목요일 09:30~21:30, 금~일요일 09:30~22:00 📞 028-3821-1819
📍 10.772786, 106.700601

05
팍슨 플라자 Parkson Plaza

쾌적한 쇼핑을 원한다면

말레이시아 계통의 백화점으로 빈컴 센터 동커이가 들어서면서 사람들의 발길이 뜸해져 오히려 여유 있게 쇼핑할 수 있다. 영화관, 레스토랑 등이 있으며, 여느 백화점과 다르지 않은 상품들을 만날 수 있다.

- 📍 35-45 Lê Thánh Tôn, Bến Nghé, Quận 1, Hồ Chí Minh
- 🚶 인민위원회 청사에서 도보 3분
- 🕐 10:00~22:00 📞 028-3827-7616
- 🌐 10.777543, 106.702463

06
더 뉴 플레이그라운드 The New Playground

숨은 패션 메카

빈컴 센터 동커이 맞은편 콩 카페가 있는 건물에 젊은이들이 좋아하는 패션 상점들이 있다. 건물 지하는 물론 오래된 승강기를 중심으로 다양한 패션 상가가 들어서 있다. 지하부터 지상까지 호치민 힙스터들이 꼭 들러보는 다양한 패션 편집 숍이 많다.

- 📍 26 Lý Tự Trọng, Bến Nghé, Quận 1, Hồ Chí Minh
- 🚶 인민위원회 청사에서 도보 3분 🕐 10:00~22:00
- 📞 088-805-8258 🌐 10.778197, 106.701069

07
사이공 스퀘어 Saigon Square

호치민의 남대문 상가

호치민의 남대문 패션 상가. 현지인이 주로 이용하는 곳이었으나 입소문을 타면서 많은 관광객이 찾고 있는 곳이다. 가격이 벤탄 시장보다 저렴한 편은 아니지만, 대부분의 상점이 의류만 취급하다 보니 다양한 종류를 비교해보고 구매할 수 있다는 장점이 있다. 벤탄 시장 인근에 있고, 그리 크지 않으니 소소한 구경거리로 생각하고 방문하자.

📍 77-89 Đ. Nam Kỳ Khởi Nghĩa, Bến Nghé, Quận 1, Hồ Chí Minh 🚶 인민위원회 청사에서 도보 6분 🕐 09:00~21:00
📍 10.772506, 106.700235

08
다이아몬드 플라자 Diamond Plaza

호치민 최초의 현대식 백화점
호치민에서 손꼽히는 고급 백화점이다. 노트르담 대성당 뒤편에 있으며 중국의 화려한 색채와 베트남의 느낌이 강한 곳이다. 신년 등 각종 행사 때마다 특별한 설치물이 등장해 아오자이를 입고 입구에서 사진을 찍는 이들을 쉽게 발견할 수 있다. 롯데시네마가 입점했으며, 1층에 국제 병원이 있어 위급 상황에도 편리하다. 대한항공, 포스코 등의 한국 기업도 다수 입점해 있다.

📍 34 Lê Duẩn, Bến Nghé, Quận 1, Hồ Chí Minh 🚶 인민위원회 청사에서 도보 8분 🕐 09:30~22:00 📞 028-3822-5500
🌐 diamondplaza.com.vn 📍 10.780807, 106.698508

09
유니온 스퀘어 Union Square

명품 브랜드가 한자리에

복합 패션 쇼핑 단지로 약 8,800㎡의 넓은 면적을 자랑한다. 지하층과 지상 9층으로 이루어진 건물로 고급 호텔, 미술 및 예술 전시관 등 다양한 구성을 갖추고 있다. 유명 명품 브랜드들이 거리에서도 한눈에 보인다. CGV 영화관도 있어 한국인들의 발길도 사로잡는 이곳은 외부의 화려함이 눈에 띈다. 동커이 거리의 대표적인 건물로 밝은 네온과 고급 명품 전시관들로 길을 밝힌다.

📍 171 Đồng Khởi, Bến Nghé, Quận 1, Bến Nghé Quận 1 Hồ Chí Minh
🚶 인민위원회 청사에서 도보 2분 🕘 09:00~22:00 📞 028-3825-8855 🏠 unionsquare.vn
📍 10.776259, 106.701831

10 타카 플라자 Taka Plaza

허름한 상가지만 괜찮아

건물 외부를 보면 간판이 허름해 상가가 맞나 싶지만 안으로 들어서면 꽤 넓은 도매 시장이 나타난다. 2층으로 구성돼 있으며 패션, 잡화, 실크 매장 등이 있다. 비교적 호객 행위가 없어 편하게 구경할 수 있고, 가성비 좋은 상품이 많다.

● 102 Nam Kỳ Khởi Nghĩa, Bến Nghé, Quận 1, Hồ Chí Minh ⚐ 인민위원회 청사에서 도보 5분 ⏰ 09:00~21:00
☎ 094-555-7738 ⌂ facebook.com/taka.plaza
⊕ 10.774473, 106.699918

11 떤딘 시장 Tan Dinh Market Chợ Tân Định

핑크 성당 인근의 잡화 시장

다양한 잡화를 판매하는 도매 시장으로 현지인들이 주로 이용한다. 외국인이 거의 없는 곳이라 벤탄 마켓보다는 가격이 저렴하다. 좁은 통로를 비집고 다니며 구경해야 해서 오래 머물기는 힘들 수 있다.

● 48 Mã Lộ, Tân Định, Quận 1, Hồ Chí Minh
⚐ 인민위원회 청사에서 택시 10분
⏰ 05:00~18:00
⊕ 10.789993, 106.690055

12 똔 탓담 재래시장 Old Market Ton That Dam Chợ Cũ Tôn Thất Đạm

현지의 삶이 묻어나는

세련된 도심 중심지에 소박한 현지 시장이 들어서 있다. 멀리 가지 않고 재래시장을 구경하고 싶다면 바로 여기! 소소한 먹거리도 있고 청과류부터 시작해서 식품, 주류, 의류까지 다양한 상품을 저렴하게 살 수 있다. 외국인은 거의 없는 현지인들의 시장이라 그들의 삶도 들여다볼 수 있는 곳이다.

● Đường Tôn Thất Đạm, Tôn Thất Đạm, Bến Nghé, Quận 1, Hồ Chí Minh ⚐ 인민위원회 청사에서 도보 10분
⏰ 07:00~18:00 ⊕ 10.771840, 106.703091

AREA 02
배낭여행자의 거리
부이비엔 거리
BUI VIEN STREET

#배낭여행자 #술집 #카페

호치민의 배낭여행자들이 즐겨 찾는 곳으로 밤낮으로 생기 넘치는 거리가 인상적이다. 여행자 거리라는 별명답게 한국인들이 많이 찾는 여행사도 한데 모여 있고 호텔, 식당, 카페는 물론 마사지 숍까지 여행자에게 필요한 가게들이 빠짐없이 자리하고 있다. 해가 저물면, 밤을 즐기는 사람들의 열정이 거리를 화려하게 수놓는다. 이렇게 에너지가 가득한 여행자의 거리, 부이비엔으로 떠나보자.

ACCESS

호치민 국제공항 ▶ 부이비엔 거리

호치민을 여행할 땐 보통 동커이 거리나 부이비엔 거리 쪽에 숙소를 잡는다. 럭셔리한 호텔은 동커이 거리에 몰려 있고, 배낭여행자들을 위한 실속 있는 호텔은 부이비엔 거리에 있다.
호치민 공항에서 109번 버스를 타면 40~50분 정도 소요되며 가격은 8,000~15,000동으로 저렴하다. 공항에서 택시나 승합차 등을 이용하는 것보다 버스 이용이 합리적이다.

동커이 거리 ▶ 부이비엔 거리

30분 정도 걸으면 충분한 거리지만 초행이라면 헤맬 수 있다. 그럴 땐 동커이 거리에서 그랩이나 택시를 타고 이동한다. 동커이 거리에서 부이비엔 거리까지는 15분 정도 소요되며, 요금은 위치와 이동 수단에 따라 다르다.

REAL COURSE
부이비엔 거리 추천 코스

배낭여행자들이 몰려드는 소담한 거리 부이비엔.
골목 빼곡히 늘어선 펍과 음식점들로 화려하다. 먹고, 마시고,
즐길 수 있는 이곳에서 젊은 활기를 누려보자.

09:00 9월 23일 공원 산책

도보 6분

10:00 타카 플라자, 센스 마켓 구경하기 P.128

도보 6분

퍼 꿘에서 점심 식사 P.126 12:30

택시 18분

14:00 호치민 박물관 관람 P.125

택시 10분

부이비엔 거리에서 마사지 받기 15:20

도보 6분

16:20 리틀 하노이 에그 커피에서 에그 커피 마시기 P.126

도보 5분

알레즈 부에서 식사 및 맥주 마시기 P.127 18:30

TIP
부이비엔 거리 여행 팁

다양한 여행 상품을 판매하는 여행사가 많아 원데이 투어를 하려면 부이비엔 거리 근처에 묵는 것이 유리하다. 소소한 구경이나 명소를 즐기려면 동커이 쪽으로 움직여야 하지만 그리 멀지 않으니 투어와 밤 문화를 즐기고 싶다면 부이비엔에 투숙하길 권한다.

부이비엔 거리
상세 지도

센스 마켓 02
01 타카 플라자
03 알레즈 부
풍짱버스
9월 23일 공원
신투어리스트 여행사
01 부이비엔 거리
호치민 박물관 02 ▶
01 퍼 핀

• 데탐 거리

02 리틀 하노이 에그 커피
04 더 뷰 루프톱 바

0 60m

SEE EAT SHOP

123

01

부이비엔 거리 Bui Vien Walking Street Phố Đi Bộ Bùi Viện

별명 그대로 많은 여행자가 찾는

부이비엔 거리라는 이름은 도로명에서 따온 것이다. 이곳은 여행자들이 붐비는 곳답게 베트남 유명 여행사 그리고 맛집과 술집 등이 즐비하다. 밤이면 더 활기찬 곳으로 변하는 이곳은 세련된 동커이 거리와는 달리 젊고 변화무쌍하다.

📍 Bùi Viện Phạm Ngũ Lão Quận 1, Hồ Chí Minh   🚶 인민위원회 청사에서 택시 10분
🌐 10.767889, 106.695035

02
호치민 박물관 Ho Chi Minh Museum Bến Nhà Rồng

호치민 주석의 발걸음을 따라가다

부이비엔 거리에서 사이공 강을 건너면 만날 수 있는 박물관으로 베트남 근현대사의 대표 인물이라고 할 수 있는 호치민 주석의 일대기를 볼 수 있다. 베트남의 아버지라 불렸던 그의 업적과 살아생전 활동 모습들이 사진으로 전시되어 있다. 1층부터 2층까지 넓게 구성돼 있으며, 강에서 불어오는 바람 덕에 조용하고 느긋하게 둘러볼 수 있다. 입장료는 무료이며, 호치민에 대해서 알고자하는 이들에겐 더할 나위 없이 좋은 갤러리 같은 곳이다.

📍 Số 01 Nguyễn Tất Thành, Phường 12, Quận 4, Hồ Chí Minh 🚶 부이비엔 거리(중심)에서 택시 10분 💲 무료
🕐 화~일요일 07:30~11:30, 13:30~17:00 📞 028-3825-5740
🏠 baotanghochiminh-nr.vn 📍 10.768289, 106.706847

01 퍼퀸 Phở Quỳnh

부이비엔에서 유명한 쌀국수집

부이비엔 거리에서 유명한 쌀국수 맛집이다. 좁은 듯하지만 야외부터 3층까지 꽤 많은 인원을 수용할 수 있다. 길을 걷다 우연히 발견해 들르는 사람이 많을 정도로 눈에 띄는 곳에 있기도 하다. 새벽 3시까지 영업해 해장하러 가기도 좋으며, 부이비엔 거리를 방문하거나 거기에 숙소가 있다면 가볼 만하다. 한국인들 사이에선 꽤 알려진 곳이지만, 인기를 끌면서 가격 대비 서비스가 좋지 않다는 평도 더러 있다.

📍 323 Phạm Ngũ Lão, Phường Phạm Ngũ Lão, Quận 1, Hồ Chí Minh 🚶 부이비엔 거리(중심)에서 도보 6분 💵 쌀국수 70,000동 🕐 08:00~03:00 📞 028-3836-8515
📍 10.767439, 106.690656

02 리틀 하노이 에그 커피 Little Ha Noi Egg Coffee Góc Hà Nội

에그 커피의 진수

작지만 알찬 카페다. 좁은 통로로 들어서면 1층은 주문을 하는 곳이고, 2층과 3층에는 작은 테이블들이 마련돼 있다. 인테리어도 오래된 가옥을 개조해 독특하다. 에그 커피는 하노이의 고유한 스타일이자 명물로 알려져 있지만, 이곳의 에그 커피는 하노이 에그 커피에 뒤지지 않는 황홀한 맛으로 여행자의 입맛을 사로잡았다. 달걀의 비린 맛이 전혀 없을 뿐 아니라 크림이 무척 부드럽고 달콤해 여행의 스트레스를 날려준다.

📍 119/5 Yersin, Phường Phạm Ngũ Lão, Quận 1, Thành phố Hồ Chí Minh 🚶 부이비엔 거리(중심)에서 도보 5분 💵 에그 커피 40,000동 🕐 08:00~20:00 📞 090-452-2339 🏠 littlehanoieggcoffee.vn
📍 10.766100, 106.691439

03 알레즈 부 Allez Boo

대나무를 이용한 시원한 인테리어

대나무로 엮어 만든 인테리어가 인상적인 펍이다. 부이비엔 거리에서도 많은 사람이 모이는 사거리에 있다. 정면에는 다양한 행사가 열리는 공원, 타카 플라자 등이 있다. 외국인들이 낮술, 식사를 즐기는 곳으로 유명하다. 특히 3층은 트여있는 구조라 부이비엔의 전망과 함께 휴식을 취할 수 있다. 다만 가격이 조금 비싸고, 음식 맛이 그렇게 뛰어난 편은 아니니 맥주와 함께 간단하게 휴식을 취하는 정도로 생각하고 방문하는 것을 추천한다.

📍 267 Đường Đề Thám, Phường Phạm Ngũ Lão, Quận 1, Hồ Chí Minh
🚶 부이비엔 거리(중심)에서 도보 2분
💰 맥주 60,000동, 매운 쉬림프 요리 100,000동, 타이거 크리스털 110,000동
🕗 08:30~04:00 📞 028-6291-5424
🏠 allezboobar.webnode.vn
🌐 10.768591, 106.693288

04 더 뷰 루프톱 바 The View Rooftop Bar

전망이 가장 좋은

가성비 좋은 곳으로 시원스운 풍경이 펼쳐진다. 테이블에서 탁 트인 전망을 즐기기에 안성맞춤. 간단히 커피를 마셔도, 술을 마셔도 가격이 많이 비싸지 않다. 그리 높지 않은 9층에 있지만 전망이 탁 트여 있어 부이비엔 거리를 아울러 보기에 충분하다. 부이비엔 거리 주변에선 이만한 뷰가 없으므로 한 번쯤 들러볼 만하다.

◆ 23년 1월 현재 코로나19로 임시 휴업 중

📍 195 Bùi Viện, Phường Phạm Ngũ Lão, Quận 1, Hồ Chí Minh 🚶 부이비엔 거리(중심)에서 도보 5분 💰 스무디 112,000동, 칵테일 160,000동~ 🕙 10:00~01:00 📞 094-479-5522 🏠 facebook.com/TheViewRooftopBarHCM 🌐 10.765810, 106.690911

01 타카 플라자 Taka Plaza

푸드코트가 유명한 가격 정찰제 쇼핑몰

부이비엔 거리에 있는 타카 플라자는 다양한 음식의 푸드코트, 가격 정찰제 쇼핑 등의 장점으로 작지만 현지인에게 인기 있는 쇼핑센터. 특히 지하의 푸드 코트에서는 각종 베트남 요리뿐만 아니라 인도 요리 등 다양한 음식을 골라 먹을 수 있어 항상 사람으로 북적거린다. 의류 매장을 중심으로 여러 가지 상품을 정해진 가격으로 쇼핑할 수 있는 곳으로, 동커이 거리의 타카 플라자보다 규모가 크고 깔끔해 좀 더 쾌적하게 쇼핑을 즐길 수 있다.

📍 4 Phạm Ngũ Lão, Phường Phạm Ngũ Lão, Quận 1, Hồ Chí Minh 🚶 부이비엔 거리(중심)에서 도보 3분 🕐 24시간 운영
📞 028-2213-1031 🏠 facebook.com/taka239
🌐 10.769463, 106.693655

02 센스 마켓 Sense Market

공원부터 지하까지 있을 건 다 있는

부이비엔 거리의 타카 플라자 맞은편에 위치한 곳으로 물건이 다양하진 않지만 잡화점 및 식당 등이 들어서 있다. 쇼핑몰 주변에서 작은 야시장도 열린다. 앞쪽에 공원이 있어 주말이면 다양한 행사가 열리며, 관광객뿐 아니라 운동하러 나온 주민들도 볼 수 있다.

📍 4 Phạm Ngũ Lão, Phường Phạm Ngũ Lão, Quận 1, Hồ Chí Minh
🚶 부이비엔 거리(중심)에서 도보 3분
🕐 10:00~22:30 📞 028-3836-4057
🌐 10.769321, 106.693399

03

헬로 위크엔드 마켓 Hello Weekend Market

주말에 열리는 벼룩시장으로 다양한 제품을 저렴하게 구입할 수 있다. 흥정도 가능하며, 의류나 소품 등을 비롯해 다양한 종류의 상품을 구경할 수 있다. 이 마켓이 열리는 주말이면 많은 인파가 몰려 정신이 없을 정도. 주말이라면 재미 삼아 잠시 둘러보는 것도 좋다. 마켓의 장소는 매주 달라지며 페이스북에 사전 공지한다.

📍 매주 열리는 장소를 페이스북에 사전 공지한다.
🏠 facebook.com/HelloWeekendMarket

시끌벅적 플리마켓

AREA 03

호치민의 가로수길
타오디엔
Thao Dien

#부촌 #앤티크 #복합문화공간
#신도시 #슬로라이프

몇 년 전부터 새롭게 떠오른 호치민의 부촌으로 은퇴한 외국인뿐 아니라 한국 교민도 많이 거주하는 살기 좋은 동네로 손꼽힌다. 카페, 쇼핑 등 한 곳에서 여러 가지를 즐길 수 있는 복합 문화 공간이 모인 감각적인 거주지로, 영국의 티 문화를 즐길 수 있는 카페, 앤티크하고 모던한 소품숍 등 잘 보이지 않았던 호치민의 새로운 모습을 만나볼 수 있다.

ACCESS

동커이 거리 ▶ 타오디엔
택시와 그랩 등의 교통수단으로 이동 가능하다. 버스도 있지만 여행자가 이용하기엔 무리다. 약 7km 거리로 20분 정도 걸리며, 차량 정체 시 30분 이상 소요된다.

부이비엔 거리 ▶ 타오디엔
부이비엔 거리에서 타오디엔까지 약 9km로 동커이보다는 멀다. 23분 이상 소요되며, 차량 정체 시 35분 이상 걸린다.

REAL COURSE
타오디엔 추천 코스

세련된 계획 도시로 한국 교민이 많이 거주한다. 한국의 송도 신도시처럼 쇼핑, 레스토랑, 카페, 미술관 등을 복합적으로 즐길 수 있으며, 부유한 이들이 고급 주택을 짓고 사는 세련된 곳이다.

10:00 타오디엔 거리 구경하기 P.134

도보 8분

10:40 아마이 하우스 구경하기 P.135

도보 7분

11:40 꽌 부이 가든에서 식사하기 P.138

도보 7분

13:00 빌라 로열 앤티크 앤 티룸에서 차 마시기 P.136

14:00 타오디엔 골목길 산책하기

타오디엔
상세 지도

05 봉주르 카페 더 아트

사이공 강

더 덱 사이공 01

더 스냅 카페 03

04 꽌 부이 가든

01 아마이 하우스

02 빌라 로열 부티크 티룸

0 60m

01 아마이 하우스 Amaï House

모던한 그릇들의 집

2011년부터 호치민에 자리 잡고 동서양의 조화를 식기에 녹여내려 노력해 온 브랜드. 절묘한 디자인의 도기들이 인상적인 곳으로 컵이나 접시 등 선물하기 좋은 품목도 있다. 세라믹 소재 위주의 공예품이다 보니 가격이 저렴하지는 않지만, 디자인과 품질은 베트남을 넘어 해외에서 사랑받을 정도로 확실하다. 사뎩 디스트릭트 2 바로 옆에 위치해 두 곳의 독특한 공예품을 모두 도보로 관람할 수 있다. 또, 구경 후에 가격이 아쉽다면 걸어서 7분 거리에 있는 아웃렛 매장을 이용해보는 것도 나쁘지 않다.

📍 83 Xuân Thúy, Thảo Điền, Quận 2, Hồ Chí Minh
🚶 사뎩 디스트릭트 2 인근 🕘 09:00~20:00 📞 028-3636-4169
🌐 amaisaigon.vn 🌐 10.803983, 106.735090

01
더 데크 사이공 The Deck Saigon

낭만적인 분위기에서 즐기는 퓨전 요리

사이공 강변에 위치한 레스토랑으로 일몰 맛집으로 잘 알려져 있다. 감각적인 인테리어의 공간에서 아시아 퓨전 요리들을 맛볼 수 있어 데이트를 하는 연인들이 주로 방문한다. 맛있는 식사에 와인과 칵테일을 곁들이며 로맨틱한 분위기를 즐기고 싶다면 들러 보자. 보트를 이용해 레스토랑에 오는 것도 가능한데, 사이공 강의 정취를 만끽하며 식당에 입장할 수 있다. 분위기가 좋은 만큼 음식이 비싸지만, 그 퀄리티가 높기로도 유명하다. 특히 굴이나 캐비어, 랍스터 등 신선한 해산물을 맛볼 수 있는 시푸드 바와 해산물을 이용한 시푸드 메뉴가 최고라고 알려져 있다. 이외에도 와규 수제버거, 스테이크 등 다양한 메뉴가 준비되어 있으니 그날의 기분에 맞는 음식을 골라 사이공 강의 낭만과 함께 즐겨보자.

📍 38 Nguyễn Ư Dĩ, St, Thủ Đức, Thành phố Hồ Chí Minh
🚶 아마이 하우스에서 도보 20분, 차량 5분 🍴 파스타 230,000동~ 버거 295,000동~   🕐 08:00~23:00   📞 028-3744-6632
🏠 thedecksaigon.com   📍 10.807280, 106.744370

02
빌라 로열 앤티크 앤 티룸 Villa Royale Antiques & Tea Room

호치민에서 만나는 영국 차와 골동품

보이는 주방에서 영국 청년이 직접 차를 만들어준다. 말 그대로 영국인이 만드는 영국 차. 실내로 들어서면 영국의 우아한 소품들과 그릇들을 만날 수 있다. 2층에는 작은 사무실이 있는데, 그곳으로 올라가는 계단도 독특하다. 주인이 각국에서 구해온 앤티크한 소품과 기념품 중에는 판매하는 것들도 있다. TWG 브랜드의 다양한 차를 마시며 고급스러운 소품들을 만나보고 싶다면 바로 이곳. 우아한 영국 차와 케이크로 여행에 지친 몸과 마음을 달래보자.

📍 3 Trần Ngọc Diện, Thảo Điền, Quận 2, Hồ Chí Minh
🚶 아마이 하우스에서 도보 7분
💰 치즈케이크 95,000동, 홍차 1인 95,000동 2인 175,000동
🕐 화~일요일 10:00~17:00 📞 028-3744-4897
🏠 villaroyaletreasures.com 🌐 10.802936, 106.738585

03

더 스냅 카페 The Snap Cafe

아이 동반 가족을 위한

정글에 온 듯한 인테리어로 꾸며진 카페. 규모가 제법 커 아웃렛 같은 느낌이 드는데, 실제로 초입에는 아동복이나 소품을 판매하는 상가가 있다. 그곳을 지나쳐 깊숙이 들어가면 모래 놀이가 가능한 놀이터와 어른들을 위한 당구 테이블 그리고 넓고 조용한 공간까지, 가족들을 위한 시설이 구비되어 있다. 그래서 인근에 사는 사람들은 주말이면 항상 이곳을 찾을 정도라고. 가격이 저렴한 편은 아니지만 쉬어가기엔 괜찮은 곳이다.

📍 32 Trần Ngọc Diện, Thảo Điền, Quận 2, Hồ Chí Minh
🚶 아마이 하우스에서 도보 10분. 🍴 흘랭 화이트 커피 65,000동
🕒 07:30~22:00 📞 028-3519-4532 🏠 snap.com.vn
🌐 10.805632, 106.740561

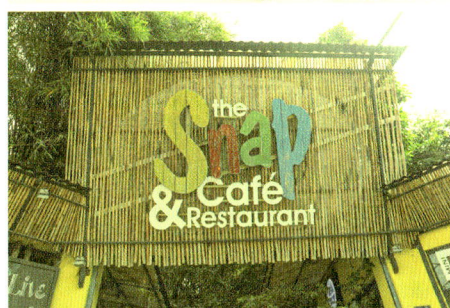

137

04

꽌 부이 가든 Quan Bui Garden

베트남 정원에서의 식사

베트남 가정식 레스토랑. 가격은 조금 비싸지만 모든 요리가 정말 깔끔하고 맛있다. 특히 대표 메뉴인 꽌 부이 스프링롤과 꽌 부이식 돼지 요리가 발군이다. 식당이 정원 형태로 되어 있어 자연 속에서 식사하는 느낌이 든다. 실내 좌석도 있으며, 2층에서는 그릇을 판매한다.

📍 55A Ngô Quang Huy, Thảo Điền, Quận 2, Hồ Chí Minh 🚶 아마이 하우스에서 도보 3분
🍴 조식 세트 135,000동~, 소고기 비빔 쌀국수 109,000동, 꽌부이식 돼지고기 129,000동
🕐 07:30~23:00 📞 028-3898-9088 🏠 quan-bui.com 📍 10.805163, 106.735794

05 봉주르 카페 더 아트 Bonjour Cafe the Art

꽃과 커피가 주는 여유

강렬한 붉은색 인테리어와 벽면을 가득 메운 꽃들의 조화가 인상 깊은 꽃집 겸 카페. 꽃과 붉은색 그리고 파란색이 대비를 이뤄 굉장히 화려한 느낌이 든다. 계단을 따라 2층으로 올라서면 멀리 호치민 1군이 어스름하게 보인다. 여유 있게 커피를 마시며 대화하기 좋은 곳으로 젊은이들이 많이 찾는다.

📍 40 Đường Thảo Điền, Thảo Điền, Quận 2, Hồ Chí Minh 🚶 아이마이 하우스에서 도보 10분 💰 쓰어다 카페 65,000동 🕐 07:00~22:00 (토~일요일 ~22:30) 📞 0387-384-548
🏠 bonjour-cafe-the-art.business.site 🌐 10.808369, 106.733304

AREA 04

호치민 속 작은 중국
차이나타운
CHINA TOWN

#중국 #이색주택단지
#건축 #독특한여행지

알면 알수록 매력적인 호치민에서 더 이색적인 풍경을 선물하는 곳, 차이나타운. 19세기 초 중국인들이 해상무역을 위해 정착하며 형성한 지역으로 베트남과 중국을 동시에 만나볼 수 있는 독특한 곳이다.

ACCESS

동커이 거리 ▶ 차이나타운

택시나 그랩을 타고 이동해야 한다. 거리는 약 6km로 20분 정도 소요된다. 차이나타운을 잘 모르는 경우가 있으니 택시 이용 시 가고자 하는 곳의 주소(베트남어)를 보여주는 것이 좋다.

부이비엔 거리 ▶ 차이나타운

동커이 거리보다는 부이비엔 거리에서 이동하는 게 더 가깝다. 약 5km 거리로 택시와 그랩을 이용하면 14분 정도 소요된다.

REAL COURSE
차이나타운 추천 코스

베트남 속 작은 중국인 5군의 차이나타운.
베트남과 중국의 문화가 오묘하게 섞여
독특한 분위기를 자아낸다.
중국 음식이나 차 문화를 즐기거나,
오래된 중국어 간판 앞에서 이색적인 사진을 남겨보자.

09:30 올드타운 주택 단지 구경 P.145

도보 7분

10:30 호이 꽌 응히아 사원,
티엔 허우 사원 등 구경하기 P.146, P.147

도보 7분

거리 탐방 및 중국 음식 먹기 11:30

도보 12분

12:30 프란시스 하비에르 성당 구경하기 P.145

도보 10분

차이나타운 등불 시장 구경하기 P.146 13:30

차이나타운 상세 지도

차이나타운 01
올드타운 주택 단지 02
호이 꽌 응히아 사원 04
티엔 허우 사원 06
차이나타운 등불 시장 05
프란시스 하비에르 성당 03
페브릭 마켓 07

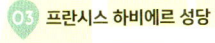

01
차이나타운(쩌런) China Town Chợ Lớn

베트남과 중국이 어우러진 오묘한 매력

5군과 6군에 걸쳐 19세기부터 중국계 호아족이 많이 거주하는 차이나타운. 큰 시장이란 의미의 '쩌런'으로 불리며, 다양한 사원과 중국의 전통 가옥이 있다. 볼거리는 많지 않지만 베트남 속 중국의 오묘한 분위기 때문에 관광객들이 찾는 곳이다. 시간 여유가 충분하거나 중국 문화에 관심이 많다면 방문해보길 권한다.

📍 Quận 5 China Town, Hồ Chí Minh 🚶 인민위원회 청사에서 택시 28분, 부이비엔 거리에서 택시 20분 🌐 10.754185, 106.663361

TIP
차이나타운을 즐기는 방법
1. 중국 관련 물건 구입하기
2. 중국 음식 도전하기
3. 중국 영화처럼 사진 남기기

중국을 좋아하는 사람들이라면 관심을 가질 법한 곳일 뿐 아니라 현지인들에게도 이색적인 동네로 손꼽힌다. 세계 어디서나 그들만의 작은 중국을 형성하고 살아가는 중국 사람들. 어찌 보면 외로운 타향살이에서 동향끼리 어울려 서로에게 힘이 되어주는 곳이다. 베트남에서 흔히 볼 수 없는 차이나타운으로 음식, 종교, 문화, 쇼핑 등 소소하지만 오묘한 조화를 이루며 살아가는 모습에 이색적인 여행지로 기억에 남을 듯하다.

02 올드타운 주택 단지

차이나타운의 명물

독특한 분위기를 내뿜는 오래된 주택 단지다. 홍콩 영화에나 등장할 법한 모습이 지나가는 사람들의 발걸음을 끌어당긴다. 가옥으로 들어서면 1층과 2층의 집들이 중앙에 마당을 두고 옹기종기 세워져 있다. 아시아에서 자주 볼 수 있는 주택 구조지만 차이나타운에 있다보니 중국식 전통 가옥 토루가 생각난다. 영화 같은 분위기 때문에 웨딩 사진을 찍으러 오는 현지인들도 볼 수 있다. 인근에 푹 롱 카페(Phuc Long Café&Tea)라는 작은 차 판매점이 있으니 그곳을 목적지 삼아 가면 된다. 다만 실제로 사람이 거주하는 곳이므로 고성방가나 무단 침입 등의 에티켓 없는 행위는 하지 말아야 한다. 많은 사람이 찾고 있는 만큼 사생활 피해를 입는 주민들의 불만이 점점 커지고 있다.

📍 188 Đường Trần Hưng Đạo, Phường 11, Quận 5, Hồ Chí Minh 🚶 티엔 허우 사원에서 도보 3분 💲 무료
📌 10.752557, 106.666221

03 프란시스 하비에르 성당 St. Francis Xavier Parish Church

차이나타운의 대표 성당

짜땀 성당(Nhà Thờ Cha Tam)이라고도 불리는 곳으로 1902년에 건립됐다. 1963년 응오 딘 지엠(Ngo Dinh Diem) 대통령 형제가 쿠데타로 실각하며 숨어 지내 유명해진 곳이다. 차이나타운의 복잡한 건물들 사이에 뾰족한 첨탑이 하늘을 향해 우뚝 솟아 있어 멀리서도 눈에 띈다. 정신없는 시장길을 길게 따라 걷다 보면 도달하는 성당은 거짓말 같이 조용하고 평화롭다. 베트남에서 흔히 볼 수 없는, 중국과 베트남의 건축 양식이 결합된 결과물로 가톨릭 문화를 접할 수 있는 곳이다.

📍 25 Học Lạc, Phường 14, Quận 5, Hồ Chí Minh
🚶 티엔 허우 사원에서 도보 10분 💲 무료
🕗 08:30~12:00, 14:00~18:00 📞 028-3856-0274
📌 10.752010, 106.653938

04 호이 꽌 응히아 사원 Guān Dì Temple Hội quán Nghĩa An

치파오를 입고 사진 촬영을

차이나타운에는 티엔 허우 사원, 꽌암 사원, 탐손 사원 등 다양한 사원이 있다. 그중에서도 호이꽌 응히아 사원은 19세기 후반에 차오(Techew chao) 왕조가 지어 지금은 문화정보부에서 관리할 정도로 오랜 역사를 가진 곳이다. 내부는 중국식과 태국식이 오묘하게 섞여 있으며, 익히 아는 삼국지의 관우를 모시는 사원으로 신당에서는 관우를 위해 제를 올린다. 사원의 외관이 수려해 베트남 현지인들이 치파오(중국 전통 복장)를 입고 사진을 찍기 위해 들른다. 또, 주말이면 많은 사람이 들러 기도를 드리고 외부에선 아이들이 즐겁게 뛰노는 시민들의 휴식처가 되고 있다.

📍 676 Nguyễn Trãi, Phường 11, Quận 5, Hồ Chí Minh 🚶 프란시스 하비에르 성당에서 도보 12분 💰 무료 🕐 07:00~18:00 📍 10.753333, 106.662208

05 차이나타운 등불 시장 Phố Chuyên Doanh Lồng Đèn Quận

호치민 속 중국 전통 시장

베트남 재래시장과 유사한 구조의 시장인데, 안에서 파는 상품은 차이나타운답게 중국 제품이 주를 이룬다. 특히 전기, 조명을 비롯해 등불 시장이라는 이름처럼 신년 맞이 혹은 명절에 사용하는 다양한 등불을 판매한다. 코로나19 이후 다시 개방하면서 중국 명절뿐 아니라 베트남 명절에도 사람들의 발길이 끊이지 않는다.

📍 11, 5, 382 Đường Trần Hưng Đạo, Phường 11, Quận 5, Hồ Chí Minh 🚶 프란시스 하비에르 성당에서 도보 10분 🕐 24시간 운영 📍 10.752084, 106.660741

06
티엔 허우 사원 Tien Hau Pagoda Chùa Bà Thiên Hậu

200년간 안녕을 기원해 온

1760년에 지은 중국식 사원으로 19세기 해상 무역업에 종사하던 중국인들이 안전한 항해를 기원하던 곳이다. 중국인의 문화와 풍습이 고스란히 남아 있어 호치민에 사는 중국인의 삶의 결을 엿볼 수 있다. 중국의 명절뿐 아니라 평일에도 기도를 드리는 모습을 볼 수 있으며, 베트남의 젊은이들이 이색적인 촬영을 위해 많이 들르는 곳이기도 하다.

710 Nguyễn Trãi, Phường 11, Quận 5, Hồ Chí Minh 프란시스 하비에르 성당에서 도보 10분 무료 06:00~11:30, 13:00~16:30 10.753545, 106.661197

07
패브릭 마켓 Soai Kinh Lam Fabric Market Chợ Vải Soài Kinh Lâm

호치민에서 가장 큰 원단 시장

해상 무역으로 인해 중국의 비단이 베트남에 들어오면서 비단을 장사하던 사람들이 눌러살며 조성된 거리다. 다양한 원단들을 저렴한 가격에 구매할 수 있는 곳으로 희귀한 패턴의 원단을 구하고 싶다면 들러보자!

481 Trần Hưng Đạo B, Phường 14, Quận 5, Hồ Chí Minh 티엔 허우 사원에서 도보 8분 08:00~18:00 10.7519886, 106.6567803

REAL GUIDE
호치민에서 떠나는 투어

근교 여행, 소도시 여행이 대세다. 호치민을 살짝 벗어난 곳에서 자연, 역사, 문화를 즐기며 베트남에 대해 더욱 알아갈 수 있는 투어가 있다. 꼭 호치민에서만 즐길 수 있는 투어 프로그램을 통해 여행에 특별함을 더해보자.

메콩 델타 투어 Mekong Delta Tour
흙빛 메콩 강을 따라

메콩 강을 구경하는 방법은 크게 2가지, 크루즈 투어와 보트 투어다. 메콩 델타는 호치민에서 가장 많이 이용하는 투어로 흙빛 물을 가로질러 인근의 섬을 방문한다. 작은 나무배를 타고 좁은 정글을 탐험하는 보트 투어, 편안하게 럭셔리한 식사와 와인을 즐길 수 있는 크루즈 투어는 기호에 따라 선택하면 된다. 티베트에서 발원해 중국, 윈난성, 태국, 라오스, 캄보디아 그리고 베트남까지 흐르는 메콩 강의 총길이는 약 4,020km로 동남아시아 최대 규모를 자랑한다. 강폭이 무려 2km에 달해 강이라기보다 바다라는 생각이 들 정도다. 메콩 강 하류의 삼각주인 메콩 델타는 베트남과 캄보디아가 주축으로 최대 너비가 300km에 달한다. 메콩 델타를 따라 다양한 상품이 있으므로 가격, 프로그램, 시간 등을 비교해서 이용하자.

🚶 여행사 상품 이용(마이리얼트립, 클룩, 신투어리스트 등) ₫ 1인 44,000원~(각 여행사마다 프로그램 가격 상이) ⏱ 상품마다 시간 다름

구찌 터널 투어 Cu Cui Tunnel Địa đạo Củ Chi

베트남 전쟁의 비하인드

베트남 전쟁 당시 미군을 공격하기 위해 만든 지하 터널로 베트남 전쟁의 상징적인 장소다. 자연 지형을 이용해 숲속 깊이 판 땅굴로 좁디좁은 통로가 미로처럼 길게 나열되어 있고, 요리 등에 필요한 환기 시설까지도 자연을 활용해 들키지 않도록 설계돼 있다. 7개의 땅굴을 주축으로 뚫은 구찌 터널은 길이가 무려 250km에 이르는데, 벤뜨억 땅굴(địa đạo bến được)과 벤딘 땅굴(địa đạo bến dinh)만 공개하고 있다. 전쟁 당시의 참혹했던 영상과 병원, 주방, 세탁실 등 적의 눈에 띠지 않게 설계된 시설들을 재현해놓았다. 이 땅굴은 미군 기지 아래 만들어졌지만 미군이 모를 정도로 아주 깊고 치밀했다. 특히 입구의 가로가 50cm로 좁아 몸집이 왜소한 베트남 군인들에겐 최적의 장소였고, 미군 등 상대적으로 덩치가 큰 군인들은 발견조차 할 수 없었다. 호치민에서 필수로 손꼽히는 투어로 구찌 터널만 둘러보는 반나절 투어와 다른 상품과 결합한 하루 투어가 있다.

🚶 여행사 상품 이용(마이리얼트립, 클룩, 신투어리스트 등)
💰 1인 14,000원~ (각 여행사마다 프로그램 가격 상이) 🕐 07:30~14:00
📞 028-3794-8830(구찌 터널) 🏠 diadaocuchi.com.vn
📍 11.144172, 106.465138

몽키 아일랜드(껀저 원데이 투어) Công Viên Cần Giờ

섬 전체가 원숭이 천국

호치민에서 남동쪽으로 약 50km 떨어진 작은 섬이다. 차로 이동 후 배를 타고 섬으로 가는데 2시간 정도 걸린다. 8만 ha의 맹그로브 숲과 늪지로 돼 있으며, 원숭이뿐만 아니라 작은 악어 사육장도 볼 수 있다. 이 외에도 수천 종의 야생 동식물이 보호되고 있는 곳으로 야생 원숭이를 보기 위해 많은 관광객이 찾는다. 섬 안에 있는 껀저(Cần Giờ) 항쟁 유적지를 보기 위해 맹그로브 숲을 스피드 보트로 이동하는데, 섬 입구에서부터 관광객들을 반기듯 슬며시 다가오는 원숭이들을 만날 수 있다. 이 투어에서 주의할 점은 섬으로 들어갈 때 모든 물건을 가방 안에 담아야 한다는 것이다. 자칫 원숭이들의 표적이 되어 물건을 빼앗길 수 있기 때문이다. 입구의 사육사가 빼앗긴 소지품은 찾아주기도 하지만, 그렇지 않은 경우도 많으니 물품을 꼭 가방에 넣고 휴대전화 등 꺼내둔 물품은 각별히 주의해야 한다. 이외에 기본적인 유의사항 역시 꼭 지키도록 하자. 건기에는 수영을 할 수 없지만 우기에는 수영 시간이 주어지니 수영복도 잊지 말자.

📍 Duyên Hải, TT. Cần Thanh, Cần Giờ, Hồ Chí Minh 🚶 여행사 상품 이용(마이리얼트립, 클룩, 신투어리스트 등) 💰 1인 35,000원~ (각 여행사마다 프로그램 가격 상이) 🕐 07:30~17:30
📍 10.413496, 106.974281

REAL PLUS

호치민 근교
소박한 항구 마을
붕따우
VUNG TAU

#어촌마을 #항구도시 #호치민근교 #예수상

호치민 근교 여행지 중 가장 유명한 붕따우. 아름다운 해변과 한적한 분위기로 여행자들의 사랑을 듬뿍 받고 있다. 오래전부터 항구마을로 유명했던 붕따우는 특히 고요하고 한적한 분위기로 프랑스 식민기에 휴양지로 조명받았고, 그로 인해 많은 프랑스식 건축물이 남아있다. 현대에 이르러 베트남 원유 산업의 중심이 된 붕따우는 과거와 현재가 공존하는 매력적인 휴양지가 되었다. 호치민과 멀지 않아 당일치기나 1박이 가능한 근교 여행지, 다양한 매력의 붕따우에서 하루를 보내는 것은 어떨까?

ACCESS

호치민에서 붕따우로 가는 법

1 여행사 밴

여행사 밴의 경우 2시간 30분 정도 소요되며 요금은 160,000동 정도다. 한국인들이 많이 이용하는 호아마이 VIP 밴의 경우 소요 시간은 약 2시간이다. 9인승과 16인승으로 나누어져 있고, 가격 역시 다르다. 16인승은 평균 10명 정도 탑승해 쾌적하게 이동할 수 있고, 9인승은 요금이 조금 더 비싼 대신 훨씬 더 편안하게 이동할 수 있다. 여행자 본인 상황에 맞춰 유동적으로 선택하도록 하자. 추가 세부사항 및 예약은 아래 웹사이트에서 확인하면 된다.

🏠 hoamaicar.com/bang-gia

2 시외 버스

시외 버스는 오전 6시부터 30분 간격으로 출발하며 막차는 오후 8시다. 소요시간은 약 2시간이며, 가격은 버스나 시기에 따라 다르지만 200,000~450,000동 정도다. 호치민 국제공항에서 승차해 붕따우 버스 정류장(Vung Tau Bus Station)에서 하차하면 된다.

🏠 12Go 시외 버스 예약 사이트 12go.asia/en

3 페리

박당 포트(Bến Bạch Đằng)에서 붕따우 페리 터미널(Bến tàu Cánh ngầm Express Ship Harbour)로 가는 페리를 타면 2시간만에 붕따우에 도착한다. 평일은 4편, 주말은 6편 운항하며, 요금은 성인 320,000동, 어린이(6~11세) 270,000동이다.

🕐 호치민 출발 · 평일 / 08:00 10:00 12:00 14:00
　　　　　　　· 주말 / 08:00 09:00 10:00 12:00 14:00 16:00

🕐 붕따우 출발 · 평일 / 10:00 12:00 14:00 16:00
　　　　　　　· 주말 / 10:00 12:00 13:00 14:00 15:00 16:00

🏠 예약 사이트 greenlines-dp.com

무이네에서 붕따우로 가는 법

하노이부터 여행을 시작하거나 나트랑 등 베트남 중부에서 호치민으로 향하는 사람이라면, 무이네에서 바로 호치민으로 가는 것보다 붕따우에 들렀다 가는 방법을 추천한다. 무이네에서 붕따우로 가는 차편이 많아 편리하게 이동 가능하다. 무이네에 즐비한 여행사에서 버스 티켓을 구입할 수 있다. 버스비는 120,000동이지만 여행사 수수료가 붙어 가격이 달라지니 제일 저렴한 곳에서 예약하면 된다. 4시간 거리로 이른 아침부터 오후까지 회사마다 버스 시간대는 많다.

투어 이용해서 붕따우로 가는 법

호치민 근교 여행지로 원데이 투어 상품이 있다. 호치민의 여행사에 문의하거나 한국에서 미리 클룩, 마이리얼트립 등에서 예약하면 편리하게 방문할 수 있다. 다만, 호치민 여행사의 경우 호텔 픽업 서비스를 제공하지 않는 경우가 많으니 꼭 출발 장소를 미리 확인하고 일정에 차질이 없도록 준비해야 한다.

TRANSPORT
붕따우 시내 교통 완전 정복

붕따우 시내는 작아 보여도 관광지마다 거리가 제법 멀어 걸어서 다니기엔 무리다.
그랩, 택시, 오토바이 렌트 등을 이용해야 시간을 절약할 수 있다.

1 택시

호치민, 아니 베트남 전역에서 택시를 탑승할 때에는 되도록 비나선, 마일린 택시를 탑승해야 한다. 이 역시 바가지 위험이 있으니 탑승 시 미터기가 작동하는지, 구글 맵스로 돌아가지 않는지 등을 꼼꼼하게 확인하자.

2 그랩

베트남 여행 1번 교통수단 그랩. 붕따우는 작은 도시라 그랩의 수가 많은 편은 아니지만, 이동거리가 짧아 오히려 편하게 이용할 수 있다. 혼자일 경우 오토바이 그랩 이용을 추천한다. 시원한 바람을 맞으며 드라이브하는 기분으로 이동할 수 있다.

3 오토바이 렌트

차량이 많거나 복잡한 도시가 아니라 운전하기 편하다. 단, 베트남 운전면허증이 없다면 운전은 불법이다. 많은 외국인이 오토바이를 대여해서 여행하지만 안전은 본인 책임이다. 경찰 단속이 심한 곳은 아니나 무면허 운전은 단속 후 어떠한 법적 보호도 받을 수 없음을 명심하자. 대여 자체는 여행사나 게스트하우스에서 저렴하게 대여할 수 있다.

> **TIP**
> ### 베트남에서 외국인이 오토바이 운전하기
>
> 베트남에서는 외국인 여행자가 오토바이를 타기 힘들다. 만약 어디선가 오토바이로 여행했다는 후기를 읽었다면, 베트남에서 면허증을 공증받았거나 불법인 것을 감안하고 운전한 경우다. 베트남에서의 오토바이 운전은 어렵고 위험한 데다 원칙상 불법이기 때문에 사고가 날 경우 후속 조치가 매우 복잡하고 어렵다. 그럼에도 불구하고 꼭 오토바이를 타고 여행하고 싶은 여행자들을 위해 다음과 같은 숙지사항을 소개한다.
>
> **❶ 정석은 한국 운전면허증을 베트남에서 공증 받는 것**
>
> 정석은 한국의 1종 보통 면허증을 베트남에서 공증 받는 것이다. 한국의 1종 보통 면허증이 있다면 베트남에서 공증 후 175cc 오토바이 운전이 가능하다. 한국 운전면허증을 가지고 베트남 번역 공증 사무실에 방문한 후 면허증의 앞뒷면을 공증(220,000동~) 받는다. 번역 및 공증 완료 후 교통국(호치민 다이아몬드 플라자 맞은편)에 가서 운전면허증 신청 서류(사진 촬영)를 작성한다. 택배(30,000동~) 수령 및 직접 수령이 가능하고, 택배 신청은 교통국에서 바로 가능하다. 총 소요 기간은 7~10일 정도이다. 사실 일반 여행객에게는 비현실적인 일정이지만 이 방법이 가장 표준이므로 소개한다.
>
> **❷ 국제운전면허증만으로 렌트가 가능할까?**
>
> 국제운전면허증이 있어도 한국인의 렌트와 운전은 불법이다. 다만 렌트 시 따로 면허증을 요구하지 않는 경우가 허다해 렌트 자체는 어렵지 않다. 차량 렌트의 경우 대부분 베트남인 운전자가 동승해야 하기 때문에, 운전 기사까지 요청해야해 사실상 렌트보다는 일일 투어에 가깝다. 오토바이 렌트는 거듭 말하지만, 베트남 면허증 없이는 불법이기 때문에 언제든 적발될 수 있다. 또, 렌트한 오토바이가 미등록일 경우도 많은데, 이 때는 불법 운전과 미등록 차량 운전까지 문제가 되어 해결하기 굉장히 곤란해질 수 있다.
>
> 결론적으로 만약 본인이 모든 문제를 책임질 각오가 되어 있다면 렌트 자체는 어렵지 않다. 장기 체류 중에도 공안에게 한번도 검문당하지 않은 사람이 있으니 말 그대로 복불복. 다만 적발 시 공안이 뒷돈을 요구하거나 그대로 경찰서에 송치될 수 있으니 모든 문제를 감당할 자신이 없다면 무면허 운전은 지양해야한다.

REAL COURSE
붕따우 추천 코스

호치민에서 당일치기 여행지로 사랑받고 있는 붕따우. 가기 전엔 몰랐던 의외로 괜찮은 여행지로 배낭여행자들의 호평을 받고 있는 곳이다. 해안가를 따라 드라이브를 즐기거나 등대 주변에 위치한 카페에서 멋진 풍경을 마주하며 커피를 즐겨보자.

09:50 붕따우 예수상 관람 P.156

택시 6분

11:00 붕따우 등대 방문 P.156

택시 20분

화이트 팰리스 방문 P.158 **12:00**

택시 4분

간 하오 2 씨푸드 레스토랑에서 점심 식사 P.160 **13:30**

도보 6분

14:30 붕따우 프론트 비치 파크 산책 P.157

택시 5분

호 마이 어뮤즈먼트 파크로 가는 케이블카에 탑승해 일몰 감상 P.159 **17:30**

택시 15분

18:00 붕따우 야시장 둘러보기 P.163

도보 2분

붕따우 야시장에서 해산물 먹기 P.163 **20:00**

도보 5분

21:00 붕따우 백 비치 인근 바에서 칵테일 한잔 후 귀가

붕따우 상세 지도

- 06 붕따우 천주교 성당
- 07 호 마이 어뮤즈먼트 파크
- 05 화이트 팰리스
- 응옥 뚜옥 북 카페
- 05 롯데마트 붕따우
- 04 목람 가든
- 01 붕따우 야시장
- 03 붕따우 프런트 비치 파크
- 01 반 봉 란 쯩 무이 꼭 깟 디엔
- 02 간 하오 2 씨푸드 레스토랑
- 04 붕따우 백 비치
- 06 손 당 카페
- 02 붕따우 등대
- 03 레몬 캡 리조트 레스토랑
- 01 붕따우 예수상

0 340m

SEE EAT SHOP

01
붕따우 예수상 Christ of Vung Tau Tượng đài Chúa Kitô vua

가장 높은 곳에서 모두를 보살피는

약 800개의 계단을 오르면 만날 수 있는 예수 그리스도의 조각상은 마치 브라질 리우데자네이루 예수상과 닮았다. 붕따우의 상징과도 같은 곳으로 여행객이라면 꼭 들르는 명소다. 조각상은 무료로 관람이 가능하며, 조각상 내부 계단을 통해 올라가면 어깨 부분의 전망대에서 바깥을 내려다볼 수 있게 돼 있다. 안전하게 창살로 외부와 통제가 이루어지고 있으니 너무 겁먹지 말자. 그곳에서 바라보는 탁 트인 도심 풍경이 숨통을 틔워준다.

📍 01, Phường 2, Thành phố Vũng Tàu, Bà Rịa Vũng Tàu
🚶 붕따우 백 비치에서 택시 15분　💰 무료　🕐 06:30~17:00
📍 10.326524, 107.084533

02
붕따우 등대 Vung Tau Lighthouse Hải đăng Vũng Tàu

붕따우 유일 등대

전력 발전소 같은 건물에 우뚝 솟은 하얀 등대가 인상적이다. 탁 트인 시야 덕에 현지인들이 데이트 장소로 많이 이용한다. 붕따우의 뱃길을 밝히던 등대가 이제는 그 소임을 다하고 관광 명소로 거듭났다. 이곳에 오르면 베트남에서도 아름다운 해변으로 손꼽히는 붕따우의 시원한 전경을 한눈에 담을 수 있다.

📍 núi Nhỏ, Phường 2, Thành phố Vũng Tàu, Bà Rịa Vũng Tàu
🚶 붕따우 백 비치에서 택시 20분　💰 입장료 무료, 오토바이 주차료 있음
🕐 07:30~17:30　📍 10.333937, 107.077644

03 붕따우 프런트 비치 파크 Vung Tau Front Beach Park Công viên Bãi Trước 가장 붕따우스러운 해변

붕따우는 백 비치와 프런트 비치로 나뉜다. 프런트 비치는 일몰 스폿으로 관광객보다는 현지인이 많이 방문한다. 무더운 날이면 많은 사람이 이곳으로 나와 수영하는 모습을 볼 수 있다. 해가 넘어갈 때면 여기저기 정박한 베트남 전통 배가 멋진 풍경을 자아낸다. 공원과 함께 이어져 있어 많은 사람이 산책하는 모습도 볼 수 있다. 인근에 다양한 맛집과 유명 관광지들이 몰려 있다.

📍 T4 Quang Trung, Phường 1, Thành phố Vũng Tàu, Bà Rịa Vũng Tàu 🚶 붕따우 백 비치에서 택시 10분 🌐 10.342089, 107.074386

04 붕따우 백 비치 Vung Tau Back Beach Bãi Sau Vũng Tàu 여행객이 즐겨 찾는 밤바다

프런트 비치 반대편에 있으며 풀문 붕따우 호텔, 붕따우 야시장 등 외국인들이 많이 머무는 곳에 자리하고 있다. 인근에 더 임페리얼 플라자와 각종 바들이 있어 저녁이면 관광객들이 몰린다. 중앙에 제법 큰 규모의 광장도 있어 휴식을 즐기는 사람들도 볼 수 있다.

📍 Thùy Vân, Phường Thắng Tam, Thành phố Vũng Tàu, Bà Rịa Vũng Tàu 🚶 붕따우 프런트 비치 파크에서 택시 6분 🌐 10.339207, 107.092476

05

화이트 팰리스 White Palace Bạch Dinh

유서 깊은 지도자의 별장

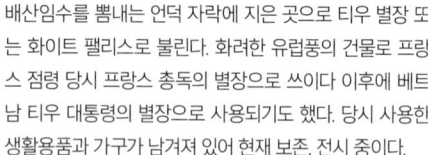

배산임수를 뽐내는 언덕 자락에 지은 곳으로 티우 별장 또는 화이트 팰리스로 불린다. 화려한 유럽풍의 건물로 프랑스 점령 당시 프랑스 총독의 별장으로 쓰이다 이후에 베트남 티우 대통령의 별장으로 사용되기도 했다. 당시 사용한 생활용품과 가구가 남겨져 있어 현재 보존, 전시 중이다.

📍 10, Trần Phú, Phường 1, Thành phố Vũng Tàu, Bà Rịa Vũng Tàu 🚶 붕따우 백 비치에서 택시 15분 💰 15,000동
🕐 07:30~17:30 📞 0254-3852-421
🌐 10.350664, 107.068522

06

붕따우 천주교 성당 Bai Dau Parish Church Nhà Thờ Giáo Xứ Bãi Dâu

500톤의 성모 마리아상

1969년에 지어진 붕따우 천주교 성당은 해발 28m의 산중턱에 있다. 이곳의 건축은 1927년 12월 파리 선교 협회에 이곳을 제공하면서 시작됐다. 1962년 폴 구엔 민 트라이(Paul Nguyen Minh Tri) 신부가 높이가 7m에 달하는 성모 마리아 기념비를 지었고, 1992년 약 25m 높이, 약 500톤에 달하는 흰색 성모 마리아 조각상을 해발 60m인 빅토리아 언덕에 세워 붕따우 천주교의 상징이자 명소로 자리잡았다. 예수님을 어깨에 얹고 바다를 내려다보고 있는 성모 마리아상이 무척이나 인상적이다.

📍 140A Trần Phú, Phường 5, Thành phố Vũng Tàu, Bà Rịa Vũng Tàu
🚶 붕따우 백 비치에서 택시 20분
🌐 10.371546, 107.062475

07

호 마이 어뮤즈먼트 파크 Ho May Amusement Park

아이들과 함께라면

산 정상에 위치한 붕따우의 유일한 테마파크다. 택시로 파크까지 갈 수 있지만 해안가에서 케이블카를 타고 가는 것도 재미있다. 탁 트인 전망에서 붕따우를 오롯이 내려다볼 수 있는 곳으로 특히 일몰 시간에 방문하길 추천한다. 시간에 따라 종일권과 오후권 등으로 나누어서 입장 가능하고 케이블 카 탑승 요금이 입장권에 포함되어 있다. 입장권에 포함된 놀이기구를 즐길 수 있다. 슬라이드, 퀵 점프, 드래프트 킹, 타잔 게임, 집라인, 알파인 코스터 등을 즐긴다면 돈이 아깝지 않다. 특히 어마어마한 크기를 자랑하는 아라파이마 낚시(ARAPAIMA FISHING)와 물고기에게 밥 주기 등은 아이들이 좋아하는 체험이다.

📍 1a Trần Phú, Phường 1, Thành phố Vũng Tàu, Bà Rịa Vũng Tàu
🚶 붕따우 백 비치에서 택시 15분(케이블카 탑승장까지) 💰 종일권(17:00까지, 케이블 카 포함) 성인 400,000동, 어린이(1.0~1.3m) 200,000동, 오후권(17:00부터, 케이블카 포함) 성인 200,000동, 어린이(1.0~1.3m) 100,000동
🕘 09:00~18:00 📞 0254-3856-078 🏠 homaypark.com
📍 10.351199, 107.066485

01
반 봉 란 쯩 무이 꼭 깟 디엔 Bánh Bông Lan Trứng Muối Gốc Cột Điện

붕따우 간식 맛집

1968년에 오픈한 이곳의 빵은 우리나라 천안 호두과자와 비슷하다. 빵 안에 다양한 맛(치즈, 달걀 등)을 넣고 구워낸다. 가게 입구에 가면 현지인들이 줄 서서 대기하고 있을 정도로 인기가 많다. 찌는 더위 속에서 케이크를 굽고 있는 직원들의 모습도 생생하게 볼 수 있다. 쉴 새 없이 구워져 나오는 빵을 보면 군침이 돌 정도. 기대했던 것과 다를 수 있지만 붕따우에서 꼭 먹어봐야 할 국민 간식으로 유명하다.

📍 17 Nguyễn Trường Tộ, Phường 2, Thành phố Vũng Tàu, Bà Rịa Vũng Tàu 🚶 붕따우 프런트 비치 파크에서 도보 10분
💰 개수에 따라 25,000동, 40,000동, 60,000동 🕐 06:00~22:00
📞 0913-815-096 🏠 amthucvungtau.net
📍 10.340446, 107.078642

02
간 하오 2 씨푸드 레스토랑 Gành Hào 2 Seafood Restaurant Nhà hàng Gành Hào 2

붕따우 전경과 해산물을 한번에

붕따우의 페리 선착장 인근의 레스토랑으로 바다 옆에 위치해 전망이 좋은 맛집으로 유명하다. 각종 해산물 요리는 물론 '카페 무이다'라는 해변 카페로도 운영되고 있어 현지인들의 발길이 잦은 곳이다. 어촌으로 유명한 붕따우인 만큼 해산물 요리가 가장 맛있는 곳으로 킹크랩, 랍스터를 비롯한 해산물을 아주 신선하게 맛볼 수 있다. 붕따우 유명 해물 레스토랑의 2호점으로 각종 연회, 행사 등의 예약도 가능하다.

📍 Hydrofoil passenger port area, 09 Ha Long, Ward 2, City. Vung Tau, Bà Rịa Vũng Tàu 🚶 붕따우 백 비치에서 택시 7분 소요 💰 킹크랩 등 각종 해산물 시세에 따름, 그 외 요리 150,000동~
🕐 월~금요일 10:00~21:00, 토~일요일 10:00~14:00, 17:00~21:00 📞 0254-3557-777 🏠 ganhhao.com.vn
📍 10.339244 107.071025

03 레몬 캡 리조트 레스토랑 Leman Cap Resort Vung Tau

아늑하고 분위기 좋은 휴식 공간

레몬 캡 리조트는 분위기 좋은 작은 수영장과 럭셔리한 마사지숍 그리고 우아한 룸을 자랑한다. 저렴한 가격 대비 시설이나 서비스가 좋아 한국인들도 즐겨찾는 곳으로 알려져 있다. 이곳 레스토랑은 조용하게 힐링하기 좋은 분위기에서 해산물 요리와 유럽식 식사를 제공하는데, 바다를 향해 펼쳐진 수영장에서 먹는 룸서비스도 330,000동을 넘지 않는다. 간편하게 먹기 좋은 피자, 샐러드 등의 메뉴가 많아 수영하며 즐기기에도 딱이다.

📍 60 Ha Long, Phường 2, Thành phố Vũng Tàu, Bà Rịa Vũng Tàu 🚶 붕따우 프런트 비치 파크에서 택시 7분 🍴 망고 스무디 50,000동~ 🕐 07:00~23:00 📞 0254-3513-136
🏠 svboutique.vn 🌐 10.330111, 107.077389

04 목람 가든 Mộc Lâm Garden

이색적인 연꽃 정원

전쟁 기념탑(War Memorial Statue)이 세워진 로터리 인근에 있다. 가든이라는 이름답게 독특한 분위기의 연꽃 정원을 중심으로 조성된 카페로 휴식을 취하기에 안성맞춤이다. 또 부지가 넓어 가족 단위 손님이 자주 방문하며 생일 파티 등 단체 행사가 열리기도 한다. 정원 뒤 쪽 작은 공간에는 양이나 염소 등을 키우고 있어 자녀와 함께하는 여행이라면 이곳에서 잠시 쉬어가는 것도 나쁘지 않다.

📍 428 Le Hong Phong, Phường 8, Thành phố Vũng Tàu, Bà Rịa Vũng Tàu 🚶 붕따우 백 비치에서 도보 9분 🍴 아이스 커피 25,000동, 망고 스무디 37,000동 🕐 06:30~22:00
📞 098-242-8235 🏠 facebook.com/moclamgarden
🌐 10.349508, 107.091786

05 응옥 뚜옥 북 카페 Ngọc Tước Book Cafe

현지 방송에 자주 등장하는

현지인 강력 추천 카페. 조용한 곳에 있을 뿐 아니라 붕따우에 사는 외국인이라면 꼭 들러본다는 곳이다. 다양한 책을 구비해 독서를 하며 커피 등을 즐길 수 있다. 음료의 맛과 가격도 합리적인 편이다. 주말이면 가족들이 독서를 하러 오는 곳. 붕따우에서 인기 높은 카페인만큼 꼭 들러보자.

📍 9/9 Thi Sách, Phường 8, Thành phố Vũng Tàu, Bà Rịa Vũng Tàu 🚶 붕따우 백 비치에서 도보 10분, 롯데마트 붕따우 인근 💲 민트 소다 25,000동~, 커피 18,000동~ 🕖 07:00~22:30 📞 090-812-4552 🌐 ngoctuocbookcafe.com
📍 10.35096, 107.09538

06 손 당 카페 Cafe Sơn Đăng

시원하게 맞이하는 붕따우 전경

붕따우 등대를 보고 내려오다 보면 뷰가 멋진 곳이 나타난다. 그래서인지 길마다 레스토랑과 카페들이 늘어서 있다. 그중에서도 멋진 뷰를 조용히 감상할 수 있는 카페가 이곳이다. 오토바이 등을 주차해주는 직원이 대기 중이며, 테라스에서 붕따우 시내를 보며 느긋하게 더위를 식힐 수 있다. 붕따우 등대를 보고 내려온다면 이곳에서 잠시 쉬어보자.

📍 28A Hải Đăng, Phường 2, Thành phố Vũng Tàu, Bà Rịa Vũng Tàu 🚶 붕따우 백 비치에서 택시 14분 💲 주스 70,000동~, 우유 50,000동, 물 45,000동 🕖 06:00~22:00 📞 090-834-8157 🌐 www.foody.vn/vung-tau/son-dang-quan
📍 10.335441, 107.078962

| 01 |

붕따우 야시장 Night Market Vung Tau Chợ Đêm Vũng Tàu

기념품 & 해산물 시장

임페리얼 호텔 뒤편에 있는 작은 해산물 도매 시장이다. 각종 해산물을 즉석에서 먹을 수 있는 레스토랑이 길가에 늘어서 있다. 이곳으로 가는 길 초입에는 작은 놀이동산이 있고 건너편에는 벼룩 시장도 마련돼 있다. 길에 늘어선 단출한 곳이지만 붕따우의 유일한 야시장이니 들러보는 것도 좋다.

📍 Phường Thắng Tam, Thành phố Vũng Tàu, Ba Ria Vũng Tàu 🚶 붕따우 백 비치에서 도보 9분
🕐 16:00~03:00 📍 10.344745, 107.094334

| 02 |

롯데마트 붕따우 Lotte Mart Vung Tau

붕따우 중심에 있는

베트남 곳곳에 우리나라의 호텔과 마트가 들어서 있다. 우리에겐 익숙한 곳이라 자기도 모르게 찾게 된달까! 롯데 마트에서는 한국 제품뿐 아니라 베트남 기념품까지 필요한 물건을 한 곳에서 모두 구매할 수 있다. 게다가 푸드코트부터 영화관, 놀이 시설까지 다양한 시설을 구비했기 때문에 붕따우 여행 중 쾌적한 시간을 보내고 싶다면 롯데마트에 방문하면 된다. 특히 베트남 먹거리나 요리소스를 비롯한 식료품이 저렴하니 참고하자.

📍 3 Tháng 2, Phường 8, Thành phố Vũng Tàu, Ba Ria Vũng Tàu 🚶 붕따우 백 비치에서 도보 9분
🕐 08:00~22:00 📞 090-105-7057 🏠 lottemart.com.vn 📍 10.350244, 107.093999

> **TIP**
> **롯데마트에서 꼭 사자!**
> • 베트남 커피 G7 15개 1박스 24,500동~
> • 느억맘 18,900동~
> • 칠리소스 11,100동~
> • 베트남 흑후추 1통 40,200동~
> • 베트남 쌀국수, 라면 5,300동~
> • 비나밋 건망고 49,100동~
> • 달리 치약 35,000동~
> • 노니 비누 37,000동
> • 래핑카우 벨큐브 치즈 8개 32,500동
> ＊가격은 변동 가능성 있음

PART 04

베트남 남부를 만나는 시간

VIETNAM

CITY
01

베트남의 지중해
나트랑
NHA TRANG

**#최고휴양지 #에메랄드빛바다
#동양의나폴리**

베트남 남부에 위치한 나트랑은 중부의 다낭과 더불어 가장 사랑받는 휴양지다. 길게 이어진 해변을 따라 늘어선 다양한 호텔과 레스토랑 그리고 소박한 볼거리까지! 베트남에서도 깨끗하기로 유명한 바다인 만큼 다음 휴양지로 어떨까?

ACCESS

우리나라에서 나트랑으로

한국에서 나트랑까지 비행 시간은 약 5시간이며, 대한항공, 에어부산, 에어서울, 비엣젯항공 등이 인천 국제공항과 나트랑 국제공항을 오간다. 코로나19로 인해 많은 항공사들이 운항을 중지했다가 재개한 상황이라 매일 취항하는 곳은 없고, 평균 주 2회 스케줄로 운항하고 있다. 이마저도 확정된 스케줄은 아니기 때문에 여행을 계획하고 있다면 항공권을 예약하기 전에 반드시 운항 스케줄을 확인해야 한다.

베트남 주요 도시에서 나트랑으로

1 비행기

하노이, 하이퐁 등의 북부 지역 도시와 다낭 등의 중부 지역 도시에서는 국내선으로 이동하는 편이 낫다. 가격도 비싸지 않다. 베트남항공, 비엣젯항공 등이 취항한다. 호치민-나트랑 노선은 약 1시간, 북부인 하노이에서 나트랑까지는 1시간 50분 정도 소요된다.

나트랑 깜란 국제공항 Cảng Hàng Không Quốc Tế Cam Ranh
📍 Nguyễn Tất Thành, Cam Hải Đông, Tp. Cam Ranh, Khánh Hòa 650000 📞 258-398-9955 🏠 vietnamairport.vn

2 기차

버스보다 요금은 비싸지만, 기차는 베트남의 풍경을 감상하는 묘미가 있어 한 번쯤 타볼 만하다. 예약은 기차역 또는 우리나라 사람들이 많이 이용하는 신투어리스트에서도 할 수 있지만, 전화와 이메일로는 할 수 없고 현지 카운터에 가서 구매해야 한다. 일정을 확실히 정했다면 교통 전문 예약 사이트 12GO를 통해 예매하는 게 편하다.

🏠 12GO 12go.asia/ko   무이네 ➔ 나트랑 ⏰ 약 4시간 💰 일반석 250,000동, 침대칸 350,000동

3 버스

배낭여행자들이 많이 이용하는 교통수단으로 슬리핑 버스, 리무진, 좌석 버스 등이 있다. 여행사 또는 게스트하우스, 호텔 등에 문의하면 바로 예약 가능하며, 픽업&드롭까지 되는 곳이 있다. 여행사마다 가격과 운행 시간대가 다르므로 두세 곳은 비교해보고 출발 2~3일 전엔 예약하는 것이 좋다.

여정	소요 시간	요금	비고
다낭, 후에, 호이안-나트랑	10시간~ (버스에 따라 소요 시간이 다름)	350,000동~ (회사에 따라 상이함)	풍짱 버스 회사의 슬리핑 버스를 주로 이용.
호치민-나트랑	10시간	320,000동~	풍짱 버스 회사의 슬리핑 버스를 주로 이용.
무이네-나트랑	5시간~	119,000동~	회사에 따라 상이하며 주로 하루 2회 운행. (풍짱 버스, 신투어리스트 등)

TIP
여행이 편해지는 베트남 남부 추천 루트

호치민 인→달랏→나트랑→무이네→붕따우→호치민 아웃(달랏을 먼저 갈지 붕따우를 먼저 갈지는 본인 선택! 버스 노선이 잘 구축된 곳이라 편리하게 이동할 수 있다.)

공항에서 시내 들어가기

공항이 시내와 조금 떨어진 곳에 있으니 사전에 교통편을 미리 알아놓아야 한다.

1 공항버스

저렴하게 시내까지 이동할 수 있다. 공항 밖으로 나가면 정면에 공항버스 안내소가 있으며 요금은 65,000동이다. 자신의 목적지를 안내원에게 미리 말해놓으면 가장 가까운 곳에 내리라고 알려줘 편리하다. 공항에서 나트랑 야시장까지 1시간 정도 걸린다.

2 택시

깜란 국제공항에 도착해 밖으로 나가면 택시들이 호객 행위를 하고 있다. 공항에서 시내 중심의 호텔까지는 40분 정도 소요되며 요금은 300,000동 이상이다. 베트남은 바가지요금이 심한 곳이므로 호객 행위를 하는 택시들보다는 믿을 수 있는 업체(마일린 택시, 비나선 택시)를 이용하자. 가격을 합의하고 출발해도 도착 후 요금이 달라지거나 미터기 조작 등의 사기를 치기도 하니 주의하자.

3 호텔 픽업 서비스

예약한 호텔의 셔틀을 이용해 숙소로 이동하는 방법이다. 4~5성급 호텔의 경우 1시간 단위로 공항과 호텔을 잇는 셔틀을 운행하기도 한다. 하지만 그 외의 호텔은 픽업 서비스를 유·무상으로 제공하니 미리 알아보고 요청해야 한다. 자세한 사항은 예약한 호텔에 문의하자.

4 밴

여행사에서 운영하는 승합차 형태로 사전에 예약한 밴으로 이동한다. 대가족인 경우에는 편리하지만 혼자일 때는 타인과 동승한다. 시내까지는 약 1시간이 소요되며 1인당 30,000원 정도로 클룩(www.klook.com/ko), 마이리얼트립(www.myrealtrip.com) 등에서 예약 가능하다. 인원과 거리에 따라 비용이 달라지니 유의하자.

5 그랩

나트랑은 공항과 시내의 거리가 꽤 멀고 방문하는 관광객이 많아 그랩을 잡기가 쉽지 않다. 만약 그랩을 이용한다면 위치에 따라 다르겠지만 시내 중심을 기준으로 500,000동 정도 생각하면 된다.

TRANSPORT

나트랑 시내 교통

1 그랩

베트남 1순위 이동수단은 바로 그랩. 택시보다 편리하고 저렴해 현지인과 관광객 모두 많이 이용한다. 차량 이동이 필요할 경우에는 먼저 그랩부터 확인하자.

2 택시

바가지로 유명하지만, 몇 가지만 주의하면 편리하게 이용할 수 있다. 먼저 베트남 택시는 무조건 비나선과 마일린을 찾아야 한다는 것을 기억하자. 그 외의 택시는 회사 이름과 전화번호, 요금 정보가 외부에 붙어 있는지 확인해야 한다. 그리고 탑승 전에 미터기를 켜는지 확인하고, 돌아가지 않는지 구글 맵스를 켜고 체크하는 것이 좋다. 잔돈은 잘 거슬러주지 않으므로 소액권을 미리 준비해두자.

3 시내버스

나트랑에서는 시내버스보다 택시나 그랩이 더 편리하지만 현지의 문화, 교통 등을 경험해보고 싶다면 4번 버스를 이용하자. 시내버스 4번은 주요 관광지를 들르는데 나트랑 대성당, 포나가르 사원, 담 시장 등을 갈 때 편리하며 요금도 9,000동으로 아주 저렴하다. 베트남 동으로 지불해야 하며, 버스에 안내원이 있어 잔돈을 거슬러준다.

4 오토바이 렌트

시내 곳곳에서 오토바이 렌트 팻말이 보인다. 묵고 있는 호텔의 추천을 받아도 좋다. 단, 베트남 운전면허가 없다면 오토바이 운전은 불법이라는 사실을 명심하자. 한국의 국제운전면허증은 베트남에서는 통용되지 않는다. 1일 렌트에 약 200,000동 정도로 생각하면 된다.

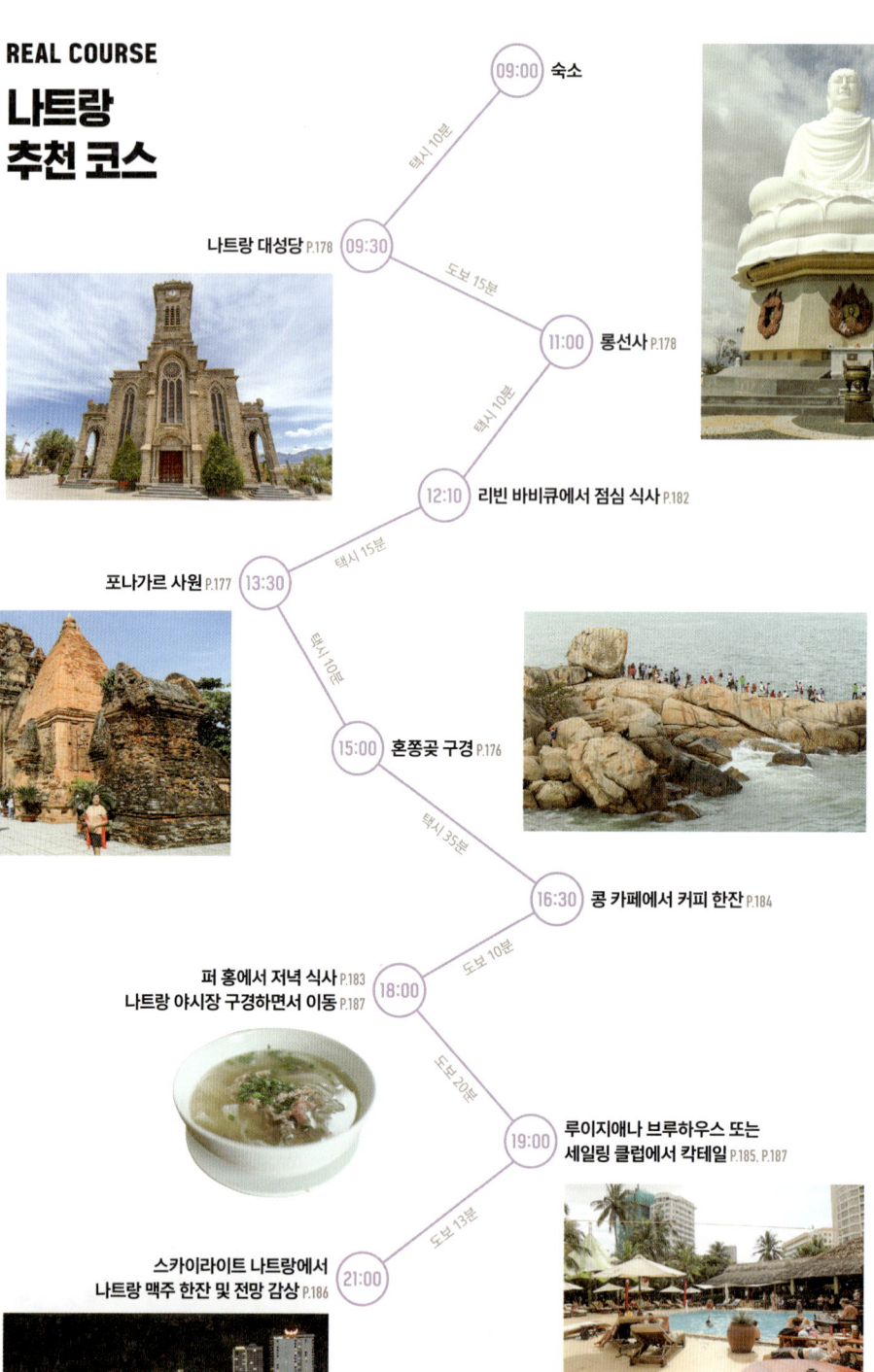

REAL GUIDE

알고 가면 더 좋은
나트랑 추천 여행사

어느 나라를 여행하든 모든 것을 척척 알아서 하기는 힘들다. 다양한 베트남 여행 정보와 실속 있는 투어 상품을 편리하게 이용할 수 있는 여행사들이 곳곳에 있다. 자신의 취향에 맞게, 또 여행 메이트와 인원 등을 고려해 알아보자.

베나자 스토어 & 제주 에어 나트랑 라운지
Venaja Store & Jeju Air Travel Lounge

한국인이 운영

네이버 카페를 운영 중인 여행사 베나자 스토어와 제주 에어 라운지가 한 건물에 있다. 이 외에도 마시지숍과 마트까지 한 군데 모여 있다. 한국인들이 이용하기 편리한 곳으로 제주항공 이용 시 무료로 짐 보관이 가능하다. 마트에는 신라면 같은 한국 음식과 선물용 품목도 구비돼 있고 여행사에서는 나트랑 관련 패키지 여행 상품이나 투어 프로그램을 운영해 몽키 아일랜드, 머드 스파 등 다양한 상품을 예약할 수 있다. 한국 여행사다 보니 편하게 이용할 수 있는 요소가 많다.

📍 2 Ngô Đức Kế, Tân Lập, Thành phố Nha Trang, Khánh Hoà
🚶 나트랑 항 타워에서 도보 9분 🕘 09:00~23:00
📞 086-670-1417 🏠 cafe.naver.com/mindy7857
🌐 12.241924, 109.191670

신투어리스트 나트랑
The Sinh Tourist Offices Nha Trang

베트남 No.1 여행사

베트남에서 가장 합리적인 가격으로 다양한 투어 상품을 운영하는 곳이다. 베트남 전역의 투어 상품 및 시외버스 등을 예약할 때 편리하다. 가격이 저렴한 만큼 픽업 서비스는 제공하지 않고 대부분 여행사 앞에 모여 이동하거나 일정을 마친다. 현지 여행사다 보니 한국어 설명이나 가이드는 없다. 영어로 설명이 이루어져 조금은 불편할 수 있지만 가격이 다른 곳에 비해 저렴하다.

📍 130 Hùng Vương, Lộc Thọ, Thành phố Nha Trang, Khánh Hòa 650000 🚶 나트랑 항 타워에서 도보 5분 🕘 06:00~22:00
📞 0258-352-4329 🏠 thesinhtourist.vn
🌐 12.235980, 109.195432

▲
화란섬 & 원숭이섬

나트랑 상세 지도

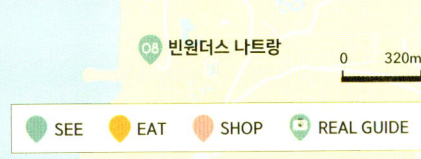

08 빈원더스 나트랑

0 320m

SEE　EAT　SHOP　REAL GUIDE

01
나트랑 비치 Nha Trang Beach bãi biển Nha Trang

동양의 나폴리

동양의 나폴리라고 불리는 나트랑 비치는 8km가 넘는 해안을 따라 탁 트인 시야를 자랑한다. 아름다운 모래와 해변에 놓인 선 베드가 평온한 느낌을 준다. 프라이빗한 호텔의 바다가 아닌 모든 이에게 허용되는 바다라서 하루 종일 놀아도 좋다. 선 베드 등은 유료로 이용 가능하며, 각종 판매상과 레스토랑이 인근에 있어 편리하다. 따사로운 햇살을 고스란히 받으며 책을 읽거나 일광욕을 즐기기에 제격이다.

📍 Trần Phú, Lộc Thọ, Thành phố Nha Trang, Khánh Hòa　🚶 나트랑 항 타워에서 도보 1분
🌐 12.239593, 109.197519

나트랑 중앙 공원 Central Park Nha Trang

여유로운 해변 공원

길게 늘어선 나트랑 비치 주변에는 다양한 공원과 리조트들이 포진돼 있다. 중앙 공원은 중심지에서 조금 벗어나 조금은 한적하게 여유를 누릴 수 있는 곳이다. 인근의 에버슨 아나 만다라 나트랑 호텔 등에서 여유를 누리고자 하는 유럽 관광객들이 주로 찾는다.

06 Trần Phú, Lộc Thọ, Thành phố Nha Trang, Khánh Hoa 나트랑 항 타워에서 도보 6분
12.228366, 109.200500

나트랑 향 타워 Tower Incense Tháp Trầm Hương Nha Trang

나트랑의 상징

베트남 국화인 연분홍 연꽃 모양의 아름다운 건물로 핑크 타워라고도 불린다. 나트랑 해변 중심에 위치해 상징물처럼 여겨지는 곳으로 총 4층 건물이다. 4층에는 전시관과 전망대가 있으며 24시간 개방이지만 문을 닫는 날도 많다.

Đường Trần Phú, Lộc Thọ, Thành phố Nha Trang, Khánh Hoa 나트랑 중앙 공원에서 도보 6분 24시간 운영(비정기적 운영 중단) 12.240608, 109.196924

04

혼쫑곶 Hon Chong Promontory Hòn Chồng

바다와 잇닿은 기암괴석

나트랑 북쪽에 위치한 바위 곶. 맞은편 해변과 마주한 작은 돌섬으로 기암괴석들이 쌓여 독특한 분위기를 내뿜는다. 아름다운 풍경을 벗 삼아 사진 찍기 좋아 낮에는 관광객들로 발 디딜 틈 없이 붐빈다. 그 앞에 위치한 카페는 아름다운 뷰를 보며 휴식을 취하기에 제격이다. 혼쫑곶은 공룡 발자국과 거대한 손바닥 형상의 움푹 파인 돌이 있어 그 유래에 대한 다양한 설화가 전해지고 있다. 사원을 통해 입장하는 곳이라 유료로 운영된다.

📍 Vĩnh Phước, Thành phố Nha Trang, Khánh Hòa   🚶 나트랑 향 타워에서 택시 24분
₫ 10,000동   🕕 06:00~18:00   📍 12.273009, 109.206547

05 포나가르 사원 Ponagar Tower Tháp Bà Po Nagar

나트랑에서 나트랑 대성당 다음으로 유명한 곳이다. 아름다운 고대 유적지가 마치 캄보디아의 앙코르와트를 연상시킨다. 9세기경 참파 왕국이 세운 사원이 있었던 곳으로 세월에 따라 많이 소실되었다. 포나가르 여신을 모시는 사원과 탑 내부에는 제단이 있어 신발을 벗고 입장해야 한다. 짙은 황토 빛의 우뚝 솟은 첨탑 사이로 담는 사진이 멋있을 뿐 아니라 일몰 시간에는 아름다운 풍경까지 볼 수 있다. 정오에는 전통 무용 공연도 펼쳐진다. 참탑 뒤로는 작은 전시장이 있으며 그 앞에는 잘 가꾼 묘목 등이 있다.

⦿ Hai Thang Tư, Vĩnh Phước, Thành phố Nha Trang, Khánh Hoà 🚶 나트랑 항 타워에서 택시 20분 ₫ 10,000동(오토바이 주차료 3,000동~) 🕐 06:00~17:30 ⦿ 12.265481, 109.195404

06

나트랑 대성당 Nha Trang Cathedral Nhà Thờ Đá Nha Trang

고딕 양식의 돌 성당

오로지 돌로만 지어 '돌 성당'으로 불린다. 19세기에 프랑스의 고딕 건축 양식으로 지은 중요 문화유적으로 나트랑에서 규모가 가장 큰 성당이다. 1928년에 짓기 시작해 1934년에 완공한 곳으로 시내에서 멀지 않은 나트랑역 인근에 있다. 내부를 아름다운 스테인드글라스로 꾸며 많은 사람의 사랑을 받고 있다. 본당 외부에는 나트랑 선교에 앞장선 루이 발레 신부와 피케 신부의 묘소가 있다. 난간에는 다양한 조각상이 시내를 내려다보고 있다. 아름답고 오묘한 매력 덕분에 스냅 촬영 장소로도 이름을 얻고 있는 곳이다.

📍 31 Thái Nguyên, Phước Tân, Thành phố Nha Trang, Khánh Hòa 🚶 나트랑 항 타워에서 택시 7분, 도보 24분
💰 헌금 형식의 입장료 1인 10,000동~(인원에 따라 상이)
🕐 05:00~17:45, 주말 미사 05:00, 07:00, 09:30, 16:30, 18:30
📞 0258-3823-335 📍 12.246816, 109.188062

07

롱선사 Long Son Pagoda Chùa Long Sơn

나트랑에서 가장 사랑받는

152개의 계단, 24m 높이의 대형 불상이 있는 곳으로 1800년 칸호아 스님이 만들었다. 전해 내려오는 이야기로는 롱선사의 부처님이 복을 가져다준다 하여 나트랑 사람들의 애정을 듬뿍 받고 있는 곳이라고 한다. 멀리서도 보일 정도로 어마어마하게 큰 좌불상은 실제로 압도적인 위엄을 풍겨낸다. 내부도 입장 가능하며, 외부에서는 향을 피우는 현지인들의 모습을 볼 수 있다. 또 날이 좋을 때는 불상 앞에서 내려다보이는 시내 풍경도 무척이나 아름답다. 좌불상 외에 많은 이가 잠들어 있는 묘지와 사원도 볼 만하다. 또 하나의 유명한 와불상이 계단을 오르기 전에 있으니 놓치지 말자.

📍 20 Đường 23/10, Phương sơn, Thành phố Nha Trang, Khánh Hòa 🚶 나트랑 항 타워에서 택시 15분 💰 무료 🕐 24시간 운영 📞 0258-3822-558 📍 12.25019, 109.18015

빈원더스 나트랑 VinWonders Nha Trang

베트남의 디즈니 랜드

나트랑 시내에서 조금 떨어진 섬에 위치한 빈원더스 나트랑. 다낭, 푸꾸옥 등 베트남의 유명 휴양지마다 어마어마한 규모를 자랑하는 테마파크다. 베트남의 빈(VIN) 그룹이 만든 곳으로 동물원, 아쿠아리움, 놀이 시설 및 워터파크, 호텔 등 다른 곳에 갈 필요 없이 섬에서 모든 것을 즐길 수 있게 만들어놓았다. 가족 여행객들의 사랑을 듬뿍 받고 있는 곳으로 빈펄 리조트 숙박 시 빈펄 베이 해변과 빈원더스의 놀이공원, 동물원, 수족관, 워터파크를 자유롭게 이용할 수 있어 아이 동반 여행객이라면 가장 추천하는 곳이다. 섬으로 갈 수 있는 방법은 스피드 보트와 케이블카 두 가지인데, 현재 코로나19로 인해 케이블카는 운행하지 않는 중이고 케이블카 정류장에 있는 선착장에서 스피드보트를 이용하면 된다.

📍 Vinh Nguyen, Thành phố Nha Trang, Khanh Hòa 🚶 나트랑 항 타워에서 케이블카 정류장까지 택시 23분, 스피드 보트로 7분(24시간, 매 정각, 30분마다 출발), 케이블카 약 10분 💲 16시 이전 발권 어른 750,000동 어린이(1m~1.4m) 560,000동, 16시 이후 발권 어른 500,000동 어린이(1m~1.4m) 420,000동 🕐 08:00~20:00
📞 1900-6677 🏠 vinwonders.com 🌐 12.220130, 109.241412

REAL GUIDE
시원하게 즐기는 해양 액티비티
보트 & 크루즈 투어

나트랑 바다의 에메랄드빛 물살을 가르며 다양한 액티비티를 즐기고 싶다면, 숨겨진 비경을 관광하며 잊지 못할 추억을 남기고 싶다면 다음을 주목하자.

◆ 가격 변동이 잦으니 여행 전 확인 요망

보트 투어(호핑 투어, 스노클링) Boat Tour

휴양지에서는 해양 레저

나트랑과 인접한 혼 땀(Hòn Tằm)섬으로 이동해 휴양을 즐기는 투어. 나트랑 항구에서 출발해 미니 비치에 도착하면 스노클링, 시워커, 스킨스쿠버 등을 즐길 수 있다. 해변에서 개인 시간을 보낼 수도 있다. 가이드, 입장료, 생수, 픽&드롭, 식사가 포함돼 있다. 이 외에 낚시 투어, 래프팅 투어 등도 있다.

추천 업체 베나자 ₫ 원데이 투어 예약금 10,000원+50달러 🏠 cafe.naver.com/mindy7857 📍 12.175870, 109.242576

황제 크루즈 투어 Emperor Cruise Tour

호화롭게 즐기는 나트랑 바다

보트 투어가 미니 비치에서 즐기는 것이라면, 황제 크루즈는 선상에서 즐기는 해양 스포츠 프로그램이다. 혼 맛(Hòn Một), 혼 땀(Hòn Tằm)섬 주변을 둘러보고 미니 비치를 방문해 스노클링, 투명 카약 등을 즐긴다. 이후 선상에서 점심 식사가 이뤄지며 혼 미우(Hòn Miễu)섬에서 수상 가옥 및 바구니 배 등을 구경한다. 대략 7~8시간이 걸리는 프로그램으로 청아하고 맑은 섬들을 둘러보고 자유로운 시간을 만끽하며 해양 스포츠를 즐길 수 있다는 장점이 있다. 이름이 유사한 황제 디너 크루즈의 경우 크루즈 위에서 선셋을 즐기는 프로그램이다.

추천 업체 베나자 ₫ 예약금 10,000원+어른 75달러, 어린이 60달러
🏠 cafe.naver.com/mindy7857 📍 12.190778, 109.224512

REAL GUIDE

나트랑에서 만나는 천혜의 자연
근교 투어

북적이는 나트랑 시내를 벗어나 조금은 색다른 경험을 해보고 싶다면!
가족과 함께 한국에서는 해볼 수 없는 이색 체험들이 기다리고 있으니 놓치지 말자!

◆ 가격 변동이 잦으니 여행 전 확인 요망

양 베이 국립공원 투어 Yang Bay Tourist Park Thác Yang Bay 〈배틀트립〉에 나온

KBS 2 〈배틀트립〉에 소개되면서 유명세를 탔던 양 베이 국립공원 투어는 국립공원 내 테마파크를 돌아보는 일일 투어다. 동물원과 노천 온천 등의 시설들을 즐기며 하루를 보내는 곳으로 민속 공연 관람 및 양 베이 폭포 구경 그리고 양 베이 동물원에서 악어, 곰 먹이 주기와 돼지 경주 등 이색적인 경험을 해볼 수 있다. 양 베이에서 '양'은 천국, '베이'는 물을 의미한다. 그 이름처럼 아름다운 폭포와 자연이 조화롭게 어우러져 있다. 특히 양 베이 온천은 미네랄이 풍부한 것으로 알려져 있다. 나트랑 시내에서 약 1시간이 소요된다.

📍 Khánh Phú, Khánh Vĩnh District, Khánh Hòa 🚶 여행사 투어
🕐 08:00~17:00 📞 0258-3707-779 🏠 yangbay.khatoco.com
🌐 12.189652, 108.911076

추천 업체 베나자 💰 프라이빗 투어(4~6인 기준) 예약금 10,000원+어른 40달러~, 어린이 30달러~, 단체 투어(7~9인 기준) 예약금 10,000원+어른 25달러~, 어린이 20달러~ 🏠 cafe.naver.com/mindy7857

화란섬 & 원숭이섬 투어 Hoa Lan Island & Monkey Island Tourist Resort Khu du lịch Đảo Khỉ 베트남 자연과 함께하는

아이를 동반한 가족 여행객에게 추천하고 싶은 투어로 다양한 야생 동물과 원숭이를 볼 수 있다. 화란섬(Hoa Lan)으로 먼저 이동해 동물 쇼 등을 관람한 후 자유 시간 또는 해양 스포츠를 즐기게 된다. 나트랑 시내에서 이곳 섬으로 향하는 선착장까지는 약 40분이 소요되며, 배를 타고 30분쯤 이동하면 화란섬에 도착한다. 베트남 현지식으로 점심을 먹은 후 보트로 5분 정도 이동하면 원숭이섬에 도착한다. 원숭이섬은 1,500여 마리의 야생 원숭이가 살고 있는 섬으로 약 8시간에 걸쳐 베트남의 숨은 천연 자연과 야생 동물들을 감상할 수 있다.

📍 Lương Sơn, Vĩnh Lương, Nha Trang, Khánh Hòa
🚶 여행사 투어 상품 이용

추천 업체 베나자 💰 예약금 10,000원, 어른 20,000원, 어린이 15,000원+한국어 가이드 1팀당 55,000원 🏠 cafe.naver.com/mindy7857
🌐 12.359739, 109.212912

01
리빈 바비큐 LIVIN Barbeque

소품 숍과 식당이 함께

수제 맥주와 맛있는 바비큐를 즐길 수 있는 레스토랑이다. 나트랑에서 손에 꼽힐 정도로 가격이 비싸지만 베트남 음식에 질린 사람들이 한 번은 들르는 곳이다. 바비큐 세트 메뉴는 파인애플, 소시지 등으로 구성되며, 수제 맥주 주문 시 샘플러를 먼저 주문해 맛본 후 취향에 맞게 골라 마시면 더 좋다. 립 하프, 치킨 하프 등 혼자서도 무난하게 먹을 수 있는 양이 나온다.

77 Bạch Đằng, Tân Lập, Thành phố Nha Trang, Khánh Hòa 나트랑 항 타워에서 도보 6분 BBQ 플레이트 250,000동 11:00~22:00 091-863-8349
 facebook.com/livinbbq 12.240569, 109.191342

02 퍼 홍 Pho Hồng

나트랑 로컬 쌀국수

TV에 등장해 한국인들의 사랑을 듬뿍 받았던 쌀국수 맛집. 스몰과 라지 사이즈로 판매하고 있으며, 현지 로컬 식당으로 언제나 문전성시를 이룬다. 육수가 살짝 연하다는 인상이 있어 호불호가 갈릴 수도 있지만 나트랑 방문 시 꼭 들러야 할 현지 식당 중 하나다. 라임과 향신료, 채소 등을 따로 주니 자신의 입맛에 맞게 넣어서 먹자.

📍 40 Le Thánh Tôn, Tân Lập, Thành phố Nha Trang, Khánh Hòa 🚶 나트랑 항 타워에서 도보 10분 🍴 쌀국수 스몰/라지 사이즈 50,000/55,000동 🕐 06:15-22:30 📞 0258-3512-724
📍 12.244048, 109.192449

03 믹스 그릭 레스토랑 Mix Greek Restaurant

현지 교민 추천 그리스 요리

다양한 그리스식 메뉴가 있어 아침, 점심, 저녁 모두 다채롭게 즐길 수 있다. 최근 간판 및 실내 인테리어 단장으로 더 많은 이들을 반기고 있는 곳. 베트남 느낌에서 그리스풍으로 탈바꿈하며 더욱 새로워졌다. 풍성한 양과 다양한 먹거리로 여행객뿐 아니라 현지인들에게도 인기 많은 레스토랑이다. 한국어 메뉴판이 구비돼 있어 편리하게 이용이 가능하며 대표 메뉴인 플래터는 양이 많아 단품 메뉴를 주문해도 넉넉히 먹을 수 있다. 구글 평점이 좋을 뿐 아니라 현지 교민들도 추천하는 맛집으로 저녁 시간엔 대기 줄이 긴 편이니 조금 서둘러 가는 것이 좋다.

📍 181 Nguyễn Thiện Thuật, Tân Lập, Nha Trang 🚶 나트랑 항타워에서 도보 10분 🍴 믹스 플래터 290,000동~, 그리스 샐러드 160,000동~, 스파게티 110,000동~ 🕐 월-일요일 11:00-21:30
📞 0843-5945-9197 🌐 facebook.com/pg/mixrestaurant.nhatrang 📍 12.236528, 109.194211

04

옌 레스토랑 Yến Restaurant

우아한 느낌의 분위기 맛집

호텔과 레스토랑을 함께 운영하고 있다. 1층에 자리한 레스토랑은 고풍스러운 분위기로 조용하게 식사를 즐기기 좋다. 반 쎄오를 비롯한 다양한 베트남 음식이 맛있기로 유명한 것은 물론 디저트까지 맛있어 사람들의 발길을 모으고 있다.

◆ 23년 1월 현재 코로나 19로 임시 휴업 중

73/6 Trần Quang Khái, Lộc Thọ, Thành phố Nha Trang, Khánh Hòa ★ 나트랑 향 타워에서 도보 9분 ₫ 카페 덴 농 20,000동~, 코코넛 푸딩 50,000동 ⏰ 10:30~22:30 ☎ 093-578-2700 12.23258, 109.19541

05

콩 카페 Cộng Cà phê

베트남 국가대표 카페

이제는 모르는 사람이 없는 콩 카페. 무더위를 날려줄 달달하고 맛있는 코코넛 밀크 커피가 한국인의 사랑을 듬뿍 받고 있다. 거기에다 열대 과일을 이용한 다양한 음료를 계속 출시하며 인기를 끌고 있다. 겉에서 보기엔 작은 것 같지만 내부는 넓은 규모를 자랑하는 카페로, 화려한 꽃무늬와 군용품을 활용한 베트콩스러운 분위기가 매력적인 곳이다. 나트랑 여행 중간 쉬어가는 카페로 제격이다.

97 Nguyễn Thiện Thuật, Lộc Thọ, Thành phố Nha Trang, Khánh Hòa ★ 나트랑 향 타워에서 도보 6분 ₫ 코코넛 밀크 커피 49,000동 ⏰ 07:30~22:00 ☎ 091-181-1152 🏠 congcaphe.com 12.238287, 109.193699

06
레인포레스트 Rainforest

베트남 정글에서 즐기는 휴식

관광객들이 줄 서서 기다리는 카페. 워낙 인기가 많아 대기해야 할 정도. 가게 이름과 걸맞게 자연 친화적인 인테리어로 구성했을 뿐 아니라 총 3층으로 베트남 전통 가옥과 정글처럼 꾸며놓은 아주 이색적인 곳이다. 분위기가 좋아 여행자들의 핫 플레이스로 손꼽히며, 그물형 침대, 미끄럼틀 등 다양한 인테리어가 관광객의 마음을 자극한다.

◆ 23년 1월 현재 코로나 19로 임시 휴업 중

♥ 146 Võ Trứ, Tân Lập, Thành phố Nha Trang, Khánh Hòa
🚶 나트랑 항 타워에서 도보 5분 💲 망고 셰이크 65,000동, 카르보나라 87,000동~ 🕐 07:00~21:00 📞 098-698-0429
🏠 facebook.com/rainforestnt 📍 12.240820, 109.192054

07
세일링 클럽 Sailing Club

밤을 항해하는 라이브 클럽

낮에는 레스토랑 겸 카페, 밤에는 클럽으로 변신하는 곳이다. 세일링이라는 이름답게 항해하는 듯한 멋진 인테리어로 관광객들의 발길을 사로잡고 있다. 해변에 위치해 낮에는 해변의 무더위를 피해 맥주나 차를 마시며 쉬기 좋을 뿐 아니라 해변에서 펼쳐지는 각종 행사를 손쉽게 볼 수 있다. 밤이 되면 해변에 무대가 설치돼 클럽으로 변신한다. 해변 무대에서 밤 10시부터 공연이 이루어지며, 11시에 가장 많은 사람이 몰린다.

♥ 72-74 Trần Phú, Lộc Thọ, Thành phố Nha Trang, Khánh Hòa 🚶 나트랑 항 타워에서 도보 8분 💲 시그니처 칵테일 180,000동, 이벤트 참여 시 모든 칵테일 100,000동 🕐 07:00~02:30
🏠 sailingclubnhatrang.com 📍 12.233897, 109.197766

08
스카이라이트 나트랑 Skylight Nha Trang

나트랑의 야경 전망대

나트랑 관광객 99%가 야경을 즐기기 위해 들르는 레스토랑이자 바. 나트랑에서 유일하게 해변으로 나가는 터널이 있는 호텔 하바나 나트랑 45층 루프톱에 있다. 아름다운 전망을 시원스레 내려다볼 수 있는 곳으로 밤 9시부터는 현란한 디제잉을 경험할 수 있다. 특히 새해에는 예약하지 않으면 들어갈 수 없을 정도로 많은 사람이 몰린다. 데이트 명소로도 손꼽히니 꼭 들러보자.

📍 38 Trần Phú Lộc Thọ Premier Havana, Lộc Thọ, Thành phố Nha Trang, Khánh Hòa 🚶 나트랑 항 타워에서 도보 5분, 하바나 나트랑 호텔 45층 💲 화~목·일요일 남성 150,000동, 여성 무료, 금~토요일 남성 200,000동 여성 150,000동(웰컴 드링크 포함), 시그니처 칵테일 180,000동~ 🕘 화~일요일 20:00~01:00
📞 0258-3528-988 🏠 skylightnhatrang.com
📍 12.243536, 109.196233

09 루이지애나 브루하우스 Louisiane Brewhouse

시원한 풀장과 더 시원한 수제 맥주

시원한 수제 맥주와 풀장 그리고 선 베드를 갖춰 힐링하기에 적격인 레스토랑이다. 많은 사람이 맥주와 함께 수영을 즐기며 자유로운 분위기를 연출한다. 베트남 속의 외국이라 해도 과언이 아닐 정도. 여행객들이 좋아하는 다양한 수제 맥주와 서양식 안주들이 한 끼 식사로 즐기기에 충분하다. 200ml 4종류를 마셔볼 수 있는 테이스팅 트레이(Tasting Tray)로 미리 시음해본 후 맥주를 주문하는 것도 좋은 방법. 낮에는 평화롭게, 밤에는 로맨틱하게 즐길 수 있다.

- Lô 29 Trần Phú, Lộc Thọ, Thành phố Nha Trang, Khánh Hòa
- 나트랑 항 타워에서 도보 8분
- 수제 맥주 330cc~ 65,000동~, 시그니처 독일 소시지 235,000동
- 07:00~01:00
- 0258-3521-948
- louisianebrewhouse.com.vn
- 12.231546, 109.198647

01 나트랑 야시장 Nha Trang Night Market

밤에 활기를 띠는 노점 시장

점포가 일렬로 늘어선 나트랑 야시장은 관광객이 많이 구매하는 말린 과일부터 여행용 가방, 의류 등 다양한 잡화를 취급하고 있어 급히 물건이 필요할 때나 선물을 사러 찾기에 좋은 곳이다. 가격 흥정은 기본! 규모가 크지는 않지만 나트랑 해변에서 길을 따라 걸으면 나오니 산책 겸 둘러보는 것도 좋다.

- Trần Phú, Lộc Thọ, Nha Trang, Khánh Hòa
- 나트랑 항 타워에서 도보 5분
- 19:00~22:00
- 12.239598, 109.195795

02
빈컴 플라자 Vincom Plaza

쇼핑, 식사, 문화를 한번에

나트랑에는 두 곳의 빈컴 플라자가 있는데 나트랑 해변 맞은 편과 퍼 홍 식당 인근에 위치해 있다. 둘 중 퍼 홍 식당 인근의 빈컴 플라자가 규모가 더 크다. 두 플라자 모두 내부에 빈 마트(Vin Mart)와 다양한 편의시설이 잘 갖추어져 많은 사람이 방문하는 곳이다. 그중 나트랑 비치 맞은편 빈컴 플라자에는 다수의 레스토랑과 카페까지 있어 나트랑 비치에 방문한 관광객의 발길이 끊이지 않는다.

📍 78-80 Trần Phú, Lộc Thọ, Thành phố Nha Trang, Khánh Hòa 🚶 나트랑 향 타워에서 도보 7분, 비치 맞은편 🕐 10:00~21:00 📞 098-658-1540 🏠 vincom.com.vn 🌐 12.23313, 109.193747

03
쏨 모이 시장 Xom Moi Market Chợ Xóm Mới

나트랑 로컬 시장

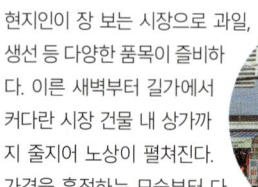

현지인이 장 보는 시장으로 과일, 생선 등 다양한 품목이 즐비하다. 이른 새벽부터 길가에서 커다란 시장 건물 내 상가까지 줄지어 노상이 펼쳐진다. 가격을 흥정하는 모습부터 다양한 품목의 먹거리까지 우리나라의 시골 재래시장을 연상케 한다. 해산물 요리 등 간편하게 먹을 수 있는 것도 많으며 직접 기른 과일, 채소 등을 저렴한 가격에 구입할 수 있다.

📍 49 Ngô Gia Tự, Tân Lập, Thành phố Nha Trang, Khánh Hòa 🚶 나트랑 향 타워에서 도보 9분 🕐 06:00~17:00 🌐 12.242776, 109.190437

REAL GUIDE
나트랑 여행 기념품은 여기서!

여행지에서 기념품 및 선물을 사기 위해 꼭 들르는 필수 코스가 있다. 바로 그 지역의 야시장과 마트! 그중에서도 한국 제품과 베트남 제품을 골고루 갖추어 다양한 제품을 구매할 수 있는 롯데마트에 들러보자!

롯데마트 나트랑 Lotte Mart Nha Trang

베트남의 롯데마트는 한국 관광객들의 필수 코스다. 다시 나트랑의 인기가 높아지면서 나트랑의 롯데마트 또한 많은 사람이 찾는다. 한국에서보다 저렴하게 한국 물건을 구매할 수 있을 뿐 아니라 베트남 물건도 군더더기 없이 진열해 편리하게 쇼핑할 수 있다. 한국으로 가져올 간식이나 출출한 저녁에 간단히 먹을 식료품을 구매하기 좋은 롯데마트로 가보자.

📍 Số 58 Đường 23/10, Phương sơn, Thành phố Nha Trang, Khánh Hòa 🚶 나트랑 야시장에서 택시 20분
🕗 08:00~22:00 📞 0258-3812-522
🏠 lottemart.com.vn  12.251944, 109.176615

TIP
롯데마트에서 뭘 사면 좋을까?
- 위즐 커피
- 말린 견과류
- 아치 커피(코코넛 카푸치노)
- 넵머이 술(베트남 전통 찹쌀주)
- 달리 치약
- 게리 치즈 크래커
- 촐리맥스 칠리소스
- 비폰 쌀국수

TIP
롯데마트 배달 서비스

베트남 전역의 롯데마트는 배달 서비스를 제공한다. 직접 물건을 구입하고 배달 서비스를 이용할 수 있고, 방문이 어렵다면 전화 주문이나 스피드엘(롯데마트 전용 배달 앱)을 이용해 배송받을 수 있다. 나트랑의 경우 5~15km 사이의 거리만 서비스 이용이 가능하다.

- 직접 주문시 150,000동 이상 구매 무료 배송
- 전화 주문시 300,000동 이상 구매 무료 배송
- 스피드엘 주문 시 가격, 거리에 따라 배송비 다름

04
담 시장 Dam Market Chợ Đầm

나트랑에서 가장 큰 시장

외관은 무척 허름하지만 우리나라의 남대문 시장처럼 규모가 아주 큰 시장이다. 외부에 차량, 오토바이 등을 주차하고 내부로 들어가면 된다. 3층으로 구성된 시장으로 음식점, 기념품 등을 파는 다양한 매장을 만날 수 있다. 많은 관광객이 기념품 등을 구매하기 위해 방문하는 곳으로 보는 재미도 있지만 깎는 재미도 있는 곳이다. 특히 액세서리 구입을 위해 많이 들른다.

- Vạn Thạnh, Thành phố Nha Trang, Khánh Hòa
- 나트랑 항 타워에서 도보 22분 또는 택시 7분
- 05:00~18:30
- 0258-3812-388
- 12.254985, 109.191778

05
망고 스파 & 네일 Mango Spa & Nail

마사지와 네일을 한번에 해결!

한국인들 사이에서 입소문을 타며 가장 많은 인기를 누리고 있는 마사지 숍이다. 네일 케어와 페디큐어뿐만 아니라 여행 중 쌓인 피로를 풀어줄 마사지를 받기에 좋다. 인테리어가 깔끔하며 아기, 임산부 마사지 등도 있다. 예약하고 이용하는 것이 좋으며, 네일과 마사지를 함께 받을 경우 추가 할인도 해준다.

- 2 Ng. Đức Kế, Tân Lập, Nha Trang, Khánh Hòa 650000
- 나트랑 항 타워에서 도보 8분
- 코코넛 오일 핫스톤 전신 90분 800,000동, 건식 60분 580,000동, 젤 네일 540,000 동, 젤 페디큐어 630,000동
- 09:00~23:00
- 0258-6501-000
- cafe.naver.com/mindy7857(베나자 카페에서 예약 가능)
- 12.241457, 109.192344

REAL GUIDE

꿀 피부로 보송하게 힐링하기
나트랑 머드 온천

베트남의 지중해로 유명한 나트랑. 이곳은 바다뿐만 아니라 머드 온천도 유명한데,
천연 머드 온천 중에서도 세계적으로 손꼽힐 만큼 진흙의 질이 우수하다.

아이리조트 스파 Nha Trang I-Resort Bún khoáng nóng I-Resort Nha Trang

가장 인기가 많은 머드 스파

나트랑 시내와 가까워 현지인들도 선호하는 스파다. 머드 온천, 온천수 폭포 등의 시설을 갖추고 있어 개인적으로 찾아가는 관광객도 많다. 머드 목욕은 20분으로 시간 제한이 있으며 1인당 약 2,000원 추가 시 워터파크를 이용할 수 있다. 단독 공간을 대여하면 풋 마사지와 머드 온천 등을 각각 30분 정도 즐길 수 있다.

📍 Tổ 19, thôn Xuân Ngọc, Vĩnh Ngọc, Thành phố Nha Trang, Khánh Hòa 🏃 여행사 투어 이용 또는 나트랑 항 타워에서 택시 25분 💲 기본 입장료(스파, 워터파크) 170,000동, 머드 온천(욕조 1~2인 기준) 350,000동 🕐 08:00~18:00 📞 0258-3838-838 🏠 i-resort.vn
📌 12.271378, 109.174989

100 에그 머드 스파 100 Eggs Mud Bath

가족 여행객에게 추천!

아이리조트 스파와 더불어 나트랑에서 인기 많은 머드 스파다. 평일에는 오후 시간대에 사람들이 몰리며 주말은 관광객들로 인산인해를 이루니 평일 오전 시간대에 방문하는 것이 좋다. 이름처럼 알과 같은 구조의 머드탕을 비롯해 시설이 잘 구비돼있어 가족 여행객이 선호하는 곳이다.

◆ 22년 9월 현재 코로나19로 임시 휴업 중

📍 5 Ngô Tất Tố, Phước Trung, Nha Trang, Khánh Hòa 🏃 나트랑 항 타워에서 택시 35분 💲 수영장 어른 120,000동~, 어린이 60,000동, 핫 미네랄 머드 버스 어른 300,000동~, 어린이 200,000동~ 🕐 08:00~19:00
📞 0258-3711-733
📌 12.185181, 109.160114

CITY
02

희고 붉고 푸른,
삼색의 사막과 바다
무이네
MUI NE

**#레드사막 #화이트사막 #서핑여행지
#어촌 #인생일몰**

많은 사람에게 사막은 신비로움이 가득한 판타지와 같다. 사막 위로 떠오르는 태양을 마주하거나 지는 해를 바라보면 누구나 마법사가 되는 듯하다. 그 미지의 세계와 자연의 신비가 끝없이 펼쳐지는 곳, 사막과 바다라는 멋진 조합이 이루어낸 작은 소도시 무이네로 가보자.

ACCESS

베트남 주요 도시에서 무이네로

버스

여러 여행사에서 버스를 운영하며 시간대도 다양하다. 또 리무진, 좌석 버스, 슬리핑 버스 등 가격에 따라 버스가 나뉘니 자신에게 맞게 선택하자. 풍짱 버스, 신투어리스트 버스, 안푸 버스, 탐한 버스 등이 주요 버스다.

여정	소요 시간	요금
호치민-무이네/무이네-달랏	4~5시간	200,000동 이상

* 보통 달랏에서 나트랑으로 갔다가 이후에 무이네로 거슬러 가는 경우가 많다.

TRANSPORT

시내 교통

무이네 시내에서는 걸어서 이동이 가능하지만 조금 먼 거리는 택시나 그랩을 이용하도록 하자. 해변을 따라 난 큰 도로를 중심으로 상권이 이루어져 있으며, 해안 옆엔 다양한 레스토랑과 숙박 시설이 즐비하다. 사막의 경우 한국인의 오토바이 운전은 불법이다 보니 투어를 이용하지 않으려면 택시나 그랩을 이용해야 한다.

1 그랩 & 택시

무이네에서 가장 편한 이동수단은 오토바이를 렌트하는 것이지만, 아쉽게도 한국인의 오토바이 운전은 면허증 없이는 불법이기 때문에 택시나 그랩을 이용해야 한다. 무이네 시내는 도보로 충분히 이동 가능하지만, 조금 먼 거리를 가거나 걷고 싶지 않다면 택시나 그랩으로 이동하자. 택시는 무조건 비나선, 마일린 택시를 이용해야 바가지 위험이 적다.

2 도보

시내는 걸어서 이동해도 무리는 없지만 시내에서 떨어진 어촌 마을, 요정의 샘물, 사막 등은 투어 혹은 택시나 그랩을 이용해야 한다.

REAL COURSE
무이네
추천 코스

투어 시작
- 호텔 픽업 (04:30)
- (05:10) 화이트 샌드 듄에서 일출 감상 P.197
- (06:00) 레드 샌드 듄 관광 P.198

- 무이네 어촌 마을 방문 P.199 (07:00)
- (07:40) 요정의 샘 관광 P.199

투어 끝
- (08:40) 호텔 귀가 후 샤워
- (09:30) 호텔 조식
- (10:30) 호텔 수영장 즐기기
- (12:00) 보케 거리 관광 및 산책 P.202

조스 카페에서 식사 겸 커피 즐기기 P.203

- (13:00)
- (15:00) 무이네 비치에서 수영 및 일광욕 P.199

보케 거리에서 해산물 먹기 P.202

- (17:00)
- (18:30) 자이브 비치 클럽에서 칵테일 한잔 P.203

- 호텔 귀가 후 휴식 (22:00)

TIP
무이네 여행 어떻게 할까?

무이네는 리조트에 콕 박혀서 온종일 해양 스포츠를 즐기거나 하루 정도 사막 투어를 떠나면 되는 곳이다. 사막 투어의 경우 현지 여행사는 물론 다양한 한국 여행사에서 동일 상품을 판매 중이다. 새벽 투어(일출)와 오후 투어(일몰)로 나뉘니 장단점을 잘 파악 후 예약하자. REAL COURSE에서 소개한 코스는 새벽 투어이고, 일몰 투어는 오후 2시에 시작하며 일정은 새벽 투어와 반대로 이루어진다.

· **일출 투어 04:30~10:00**
화이트 샌드 듄→레드 샌드 듄→어촌 마을→요정의 샘

· **일몰 투어 13:30~19:00**
요정의 샘→어촌 마을→화이트 샌드 듄→레드 샌드 듄

TIP
사막 투어, 버스 예약은 이곳에서
무이네 신투어리스트 사무소
Sinh Tourist müi né
📍 144 Nguyễn Đình Chiểu, khu phố 2, Thành phố Phan Thiết, Bình Thuận 📞 0252-3847-542
🏠 thesinhtourist.vn

무이네
상세 지도

화이트 샌드 둔 01

무이네 신투어리스트 사무소
자이브 비치 클럽 03
무이네 비치 04
조스 카페 04
무이네 레스토랑 02
보케 거리 01
요정의 샘 05
레드 샌드 둔 02
무이네 어촌 마을 03

0 1.45km

SEE EAT SHOP

01
화이트 샌드 듄 White Sand Dunes Đồi cát trắng 경이롭고 새하얀 모래사막

백사장을 걷는 듯한 느낌이 드는 사막이다. 드넓게 펼쳐진 모래 위를 걷거나 ATV를 이용해 오를 수 있다. 작은 호수가 있는 곳과 허허벌판 같은 사막 등 코스가 다양하다. 부드러운 모래를 맨발로 밟는 기분이 무척 좋다. 다만 모래바람이 무척 강하므로 짧은 옷차림은 자제하고, 카메라와 전자장비, 휴대 전화를 담을 방수 팩을 구비하자. 미세한 모래바람으로 인해 대부분 고장 난다. 현지에는 마땅히 수리할 곳이 없어 여행 초반이라면 더욱 난감하다. 또한 ATV를 탑승할 경우 소지품은 반드시 가방 안에 넣자! 분실 사건이 빈번한 곳 중 하나다. 일몰 투어 때는 붉은 모래사막보다 먼저 들러 시간이 좀 부족한 느낌도 든다. 걷는 데 시간을 쓰기 아깝다면 여럿이 ATV 등을 타면서 빠르게 보는 것도 좋다. 보통 요금을 높여서 부르니 꼭 흥정한 뒤에 계산하자.

Hoà Thắng, Bắc Bình, Bình Thuận 신투어리스트에서 택시 40분 11.090596, 108.449554

02 레드 샌드 듄 Red Sand Dunes Đồi cát bay

이보다 아름다울 수 없는 일몰 명소

붉은 모래사막 위에 떨어지는 태양을 보는 곳으로 일몰 시간에 여행자들이 몰린다. 무이네 사막은 투어에 따라 장소와 시간이 조금씩 다르다. 개별로 갈 수 있지만 투어 비용이 비싸지 않아 많은 사람이 투어를 이용한다. 레드 샌드 듄은 걸어서 모래사막을 오를 수 있으므로 미리 스카프, 얇은 겉옷, 선글라스 등을 준비하는 것이 좋다. 사막의 일몰을 보는 사람들이 멋진 풍경을 만들어주는 이색적인 곳이다.

📍 Vòng xoay, Võ Nguyên Giáp, Mũi Né, Thành phố Phan Thiết, Bình Thuận 🚶 신투어리스트에서 택시 12분 📍 10.948076, 108.296451

TIP 사막 투어, 일출이냐 일몰이냐 그것이 문제로다!

사막 투어는 일출 투어와 일몰 투어 중에서 고르면 된다. 아침잠이 많거나 다른 지역에서 무이네로 이동한 날이라면 일몰 투어를 추천한다. 하지만 시간 여유가 된다면 두 가지 모두 경험해보길 권한다. 일출의 경우 깜깜한 아침에 출발해 해 뜨는 것을 보기 때문에 조금 춥지만, 바람이 조금 덜 불며 시간 여유가 있다는 것이 장점이다. 반대로 일몰 투어는 빠듯한 시간 안에 많은 것을 보고 일몰 스폿까지 도달해야 한다. 일몰 여운이 남기도 전에 집으로 향해야 하는 아쉬움도 있다. 가장 좋은 건 오토바이 등을 렌트해서 가는 것인데 일행 없이 혼자라면 투어가 낫다.

지프 투어(일출Sunrise 투어, 일몰Sunset 투어)
🕐 투어 출발 시간 04:30~, 일몰 투어 출발 시간 13:30~ 💰 지프 1대당 약 650,000동~, ATV 1인 300,000동~500,000동(호수 포인트, 일출 포인트 두 곳을 들르거나 한 곳을 들르는 상품이 있다. 가격이 부담스럽거나 튼튼한 다리로 걸어서 사막을 느껴보고 싶다면 걸어가도 무방하다!)

03
무이네 어촌 마을 Muine Fishing Village Làng chài Mũi Né

전통이 살아있는 베트남 어촌

베트남 전통 대나무 배, 까이뭄을 이용해 그물로 물고기를 잡는 모습을 볼 수 있다. 까이뭄은 동그란 목욕 대야 같은 보트로 그 모습이 굉장히 귀엽고 독특하다. 아침에는 물고기를 판매하는 어민들로 분주한데, 개인적으로 이곳을 방문하면 저렴한 가격으로 해산물을 구입할 수 있다. 사막 투어 시 10분 정도 머물다 가는 곳으로 큰 구경거리는 없지만 포토타임을 가지기엔 딱!

📍 Tp. Phan Thiết, Bình Thuận 🚶 신투어리스트에서 택시 10분 🌐 10.937822, 108.297907

04
무이네 비치 Mui Ne Beach Bãi Biển Mũi Né

해양 레저의 천국

일명 서퍼 비치라고도 불리는 곳으로 잔잔한 파도와 예쁜 일몰을 만날 수 있다. 아난타라 리조트 옆 작은 골목으로 끝까지 들어가면 만날 수 있는 해변으로 많은 여행객이 찾는다. 약 15km에 달하는 기다란 해변에서는 서핑, 페러세일링 등 다양한 해양 스포츠를 즐기는 모습을 볼 수 있으며, 아이들과 놀러 나온 가족들과 연인들의 모습도 많이 보인다. 일몰과 별을 보기 위해 들르는 조용한 해변으로도 유명하다.

📍 Mui Ne Beach, 12A Nguyen Dinh Chieu Street, Ham Tien, Phan Thiet, Binh Thuan 🚶 신투어리스트에서 택시 10분
🌐 10.940163, 108.193242

05
요정의 샘 Fairy Stream Suối Tiên

이름처럼 신비하고 오묘한

부드러운 붉은 모래를 밟으며 계곡을 거슬러 올라가는 이색적인 장소다. 사막과 비슷한 느낌의 붉은 언덕이 있으며, 깊이 들어갈수록 독특한 분위기를 자아낸다. 무이네 지프 투어 시 필수로 들르는 곳이다. 투어 시 약 1시간이 주어지나 시간이 부족한 느낌이 든다. 자유 여행으로도 충분히 들를 수 있는 곳이니 따로 들러도 좋다. 천천히 계곡을 거슬러 올라가며 자연의 오묘함을 만끽하자.

📍 40B Huỳnh Thúc Kháng, Phường Hàm Tiến, Thành phố Phan Thiết, Bình Thuận 🚶 신투어리스트에서 택시 10분 💵 15,000동 🕐 06:30~17:30 🏠 phanthietvn.com/suoi-tien-mui-ne 🌐 10.952758, 108.257037

REAL GUIDE

무이네를 깊이 들여다보자
무이네 투어 프로그램

환상적인 모험이 가득한 신비의 여행지가 바로 이곳! 매력적인 사막과 아름다운 바다를 만날 수 있는 이색적인 장소다. 스쳐가기엔 아쉬운 곳인 만큼 길가에 늘어선 여행사의 투어 프로그램을 이용해 알뜰하게 즐기자. 저렴한 가격으로 무이네 여행을 실속 있게 즐길 수 있다.

◆ 가격 변동이 잦으니 다시 한번 확인!

지프 투어 + 사막 ATV

사막을 가로지르며

무이네 사막 투어는 업체마다 원데이 투어 프로그램 내에 ATV나 지프차 등의 옵션이 있다. 현장에서 무엇을 할지 결정 후 비용을 지급해야 한다. 걸어서도 모래언덕을 오를 수 있지만 체력 소모가 크므로 ATV나 지프를 이용하는 것이 좋다. 다만 비용이 저렴하진 않으니 가격을 흥정해보자. 프라이빗한 사막 ATV는 1인 300,000동 정도이며, 운전자 뒤에 타고 모래언덕을 올랐다가 다른 코스에 들른다. 단체 손님을 나르는 지프는 1인 최소 300,000동 이상으로 짧은 코스로 들러 단시간 내에 봐야 하는 단점이 있다. 또 일출, 일몰 반나절 사막 투어의 비용은 약 7~800,000동이며 여행사마다 가격이 조금씩 다르다.

신투어리스트 무이네 Sinh Tourist mũi né
- 144 Nguyễn Đình Chiểu, khu phố 2, Thành phố Phan Thiết, Bình Thuận
- 0252-3847-542
- thesinhtourist.vn
- 10.955030, 108.235022

TIP
한국에서 미리 예약하자
베트남이 다시 핫한 여행지로 급부상하면서 다양한 여행 카페, 한국 여행사, 현지 여행사 등에서 투어 프로그램을 판매하고 있다. 현지에서 발품 파는 것도 좋지만, 한국에서 나트랑 도깨비 등을 이용해 간편하게 투어를 예약하자.

모래 썰매 타기

모래 위를 씽!

모래사막답게 굴곡이 깊어 썰매를 타기에 제격이다. 특히 아이들이 아주 좋아하니 사막 투어에 갔다면 꼭 해보자. 모래 위를 신나게 미끄러져 내려간 후 힘들게 다시 올라가야 하는 단점이 있지만 스릴 만점! 사막에 가면 썰매를 대여해주는 사람이 많으니 따로 예약하거나 찾을 필요는 없다.

🚶 화이트 샌드 듄, 레드 샌드 듄 ₫ 1회 50,000동(흥정 가능)

윈드서핑과 카이트 서핑 Windsurfing & Kite Surfing

해양 스포츠 즐기기

무이네에는 서핑을 배우려는 여행객이 많다. 특히 그들은 한 달 정도 머물며 여유 있게 휴가를 즐기기 위해 무이네를 방문한다. 서핑 마니아들은 물론 초보자들도 쉽게 배울 수 있는 곳이 해변과 리조트 인근에 10개 이상 있다. 서핑에 대한 교육과 더불어 다양한 장비도 대여해준다.

자이브 워터 스포츠 센터 Jibe's Water Sports Center
📍 84 Nguyễn Đình Chiểu, khu phố 1, Tp. Phan Thiết, Bình Thuận 🚶 조즈 카페에서 도보 2분 ₫ 윈드서핑 레슨 3시간 145달러, 카이트 서핑 레슨 3시간 140달러, 윈드서프 반일 대여 40달러, 카이트 서프 반일 대여료(장비 전체) 60달러 🕐 월~금요일 08:00~22:00 토~일요일 08:00~23:00 📞 0252-3847-542 🏠 www.jibesbeachclub.com/water-sport-center 📍 10.952027, 108.212539

이지 라이더 투어 Easy Rider Tour

오토바이 시내 투어

이지라이더(Easyrider) 투어란 2인승 오토바이를 타고 관광지로 이동 후 여행객이 관광지를 둘러볼 수 있도록 기다렸다 다시 이동하는 투어를 말한다. 베트남의 다른 지역에도 있는 투어 프로그램으로 루트에 따라서 비용은 달라진다. 무이네에서는 일몰 투어를 이지라이더로 이용 가능하다. 비용은 데이 투어 기준 39달러로 어촌 마을, 요정의 샘, 레드 샌드 듄, 화이트 샌드 듄 등을 돌아보게 된다. 1인 여행자 또는 오토바이의 스릴을 즐기는 분들에게 추천.

이지 라이더 무이네 여행사 📍 130D Nguyễn Đình Chiểu, khu phố 2, Tp. Phan Thiết, Bình Thuận 🚶 신투어리스트에서 도보 5분 📞 098-444-4129 🏠 easyridermuine.com 📍 10.955193, 108.231097

01

보케 거리 Boke Street

무이네 먹자 거리

무이네에는 어촌 마을 답게 해산물을 이용한 요리가 많다. 보케 거리는 해산물 등을 판매하는 '먹자 거리'다. 이 마을은 관광이 주 수입원이다 보니 가격이 저렴한 편은 아니다. 하지만 해변을 따라 형성된 레스토랑에서 바다를 보며 식사가 가능해 분위기 있다. 무이네 메인 도로를 사이에 두고 양쪽으로 늘어선 레스토랑이 많아 손쉽게 배를 채울 수 있다.

📍 215 Nguyễn Đình Chiểu, Phường Hàm Tiến, Thành phố Phan Thiết, Bình Thuận 🚶 신투어리스트에서 거리 입구까지 도보 8분 🕐 08:00~21:00(가게마다 상이)
📌 10.955382, 108.229494

02

무이네 레스토랑 Muine Restaurant

야자 그늘 아래서 맥주 한잔

리조트와 함께 운영하는 레스토랑으로 소담한 느낌이 든다. 허름한 분위기가 더 매력적인 곳으로 간단하게 식사를 하며 바다 풍경을 즐길 수 있다. 베트남 음식은 물론 서양식까지 주문 가능하다. 조용하게 휴식하기에 좋은 곳으로 가격, 맛은 보통 수준이다.

📍 130d Nguyễn Đình Chiểu, Phường Hàm Tiến, Thành phố Phan Thiết, Bình Thuận 🚶 보케 거리 입구에서 도보 6분 🍴 아침 쌀국수 세트 55,000동~ 🕐 08:00~22:30
📞 098-237-7095 📌 10.955281, 108.231028

03 자이브 비치 클럽 Jibe's Beach Club

신나는 서핑 후 늘어지는 여유

이름은 클럽이지만 레스토랑 겸 펍이다. 식사는 물론 칵테일 등 주류를 판매 중이다. 출입구 쪽에는 서핑 관련 매장이 있고 레스토랑 안으로 들어가면 서핑 센터가 있어 서핑 레슨도 가능하다. 레스토랑 앞과 연결된 바다에서 서핑을 즐긴 후 편안하게 소파에 늘어져서 피자, 커피, 주스 등을 즐길 수 있는 곳이다.

📍 90 Nguyễn Đình Chiểu, Phường Hàm Tiến, Thành phố Phan Thiết, Bình Thuận 🚶 보케 거리 입구에서 도보 20분, 택시 3분 💲 자이브 오리지널 버거 155,000동~ 🕐 08:00~24:00 📞 0252-3847-405 🏠 jibesbeachclub.com 📍 10.951935, 108.212760

04 조스 카페 Joe's Cafe Muine

아늑하고 편안한 조의 오두막

오두막 느낌의 편안한 분위기를 풍기는 곳이다. 저녁 7시부터는 라이브 음악을 들을 수 있으며, 낮에는 선선한 바람 속에서 커피를 즐길 수 있다. 무이네에서 꼭 들르는 카페로 가격 대비 서비스가 괜찮은 편이다. 중앙에는 당구를 칠 수 있는 당구대가 있으니 즐겨보자. 해피아워도 있으니 가격이 저렴한 낮 시간대에 방문해도 좋을 듯. 숙박 시설도 갖추고 있다.

📍 86 Nguyễn Đình Chiểu, Phường Hàm Tiến, Thành phố Phan Thiết, Bình Thuận 🚶 보케 거리 입구에서 도보 20분, 택시 3분 💲 칵테일 800,000동~ 🕐 24시간 운영 🏠 facebook.com/people/Joes-Cafe-Muine/100063594440080 📍 10.951566, 108.212235

달랏
BEST 3

01 달랏역에서 기차 타보기

02 메린 커피 농장에서 달랏 커피 한잔

03 달랏 야시장에서 야식

CITY
03

아름답고 감각적인 고산 마을
달랏
DA LAT

#고산마을 #베트남의프랑스 #이색휴양지

한 번 찾아가면 두 번 머물고 싶어지는 아늑한 산골 마을. 365일 봄이 자리를 잡고 쉬이 떠나지 않아 더욱 아름다운 달랏. 연중 기후가 온난해 많은 사람이 찾는 달랏은 해발 1,500m의 고산 지대로, 옛 프랑스 모습이 곳곳에 스며든 이색적인 여행지다. 연평균 기온이 24℃(최저 14℃, 최고 29℃)로 한국의 봄 날씨와 유사해 각종 농산물이 잘 자라는 농업 도시이기도 하다.

ACCESS

호치민에서 달랏으로

1 비행기

호치민 → 달랏 호치민에서 달랏까지는 비행기로 약 50분이 소요되며, 저비용 항공사인 비엣젯항공을 이용할 수 있다. 공항에서 시내까지는 3~40분 정도 걸리며 달랏 택시는 이 구간을 250,000동의 요금의 정가제로 운행하니 그랩말고 택시를 이용하자.

달랏 리엔크엉 국제공항 Cảng Hàng Không Quốc Tế Liên Khương, DLI
- QL20, Liên Nghĩa, Đức Trọng, Lâm Đồng
- lienkhuongairport.vn
- 11.750634, 108.368518

2 버스

달랏 버스 이동 시 여행자들이 가장 많이 이용하는 것은 편히 누워서 갈 수 있는 슬리핑 버스다. 구간에 따라 여러 종류의 버스를 골고루 이용해보자.

• 슬리핑 버스 sleeping bus

여정	소요 시간	요금
호치민-달랏	6시간 30분	신투어리스트 기준, 밤 10시 출발 299,000동(풍짱 버스 등 시설 좋은 슬리핑 버스는 1인당 400,000동 이상)
나트랑-달랏	4시간	135,000동

• 좌석 버스 seating bus

여정	소요 시간	요금
호치민-달랏	7~8시간	250,000동~
나트랑-달랏	4시간	150,000동~

• 리무진

여정	소요 시간	요금
호치민-달랏	6~7시간	300,000동~
나트랑-달랏	4시간	200,000동~

TRANSPORT

달랏 시내 교통

시내의 관광지 외에 유명한 근교 관광지들은 시내에서 조금 떨어진 곳에 있다. 이런 곳들은 택시나 그랩을 이용해 편하고 저렴하게 이동하자.

1 택시

택시의 기본요금은 12,000동(회사마다 상이)부터 시작한다. 베트남 택시는 무조건 마일린, 비나선을 먼저 찾는 것임을 기억하자.

2 그랩

베트남 1순위 교통수단. 승용차, 오토바이 등을 편하게 이용할 수 있다. 다만 달랏 시내를 제외하곤 이동 거리가 있는 편이므로 기사와 먼저 가격을 상의해서 정하고 움직이는 것도 나쁘지 않다.

3 오토바이 렌트

달랏은 차량 운행이 많지 않은 도시라 오토바이를 렌트하는 여행객이 종종 보인다. 하지만 베트남 운전면허증 없이는 불법. 현지 공안에게 적발되면 벌금은 물론 오토바이까지 압수당한다. 그럼에도 오토바이를 렌트하겠다면 비용은 1일 150,000동 정도

4 도보

달랏 야시장을 중심으로 아기자기한 볼거리가 많다. 또한 쑤언 흐엉 호수 주변은 산책하기가 좋으므로 새벽에 일어나 고요한 마을 풍경을 감상해보길 권한다.

REAL COURSE
달랏
추천 코스

08:00 쑤언 흐엉 호수 산책 P.210

09:00 원데이 투어 또는 대중교통으로 이동

10:40 랑비앙산 P.211

11:30 바오다이 황제의 여름 별장 관람 P.213

13:40 르 샬레 달랏에서 점심 식사 P.229

14:00 크레이지 하우스 방문 P.212

15:00 달랏 기차역 P.215

15:40 달랏 니콜라스 바리 대성당 방문 P.212

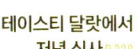

16:20 달랏 꽃 정원 방문 P.214

17:50 테이스티 달랏에서 저녁 식사 P.228

18:50 달랏 야시장 및 인근 시장 구경 P.230

TIP
달랏은 언제 여행하는 게 좋을까?
바다가 유명한 다낭, 나트랑과 반대로 달랏은 산세가 유려하다. 해발 1,500m 고지에서 만나는 달랏은 연평균 기온이 24℃로 '봄의 도시'라고 불리는 만큼 언제 여행해도 좋다.

TIP
달랏에서는 투어 프로그램을!
달랏은 정확한 명소 위치를 찾기 어려운 곳이다. 그러므로 원데이 투어를 이용해 시간도 절약하고 알짜배기 여행도 해보자! 달랏 원데이 투어는 여행사마다 가격 차이가 있지만 투어 내용은 비슷해 저렴한 것을 택해도 무방하다. 각기 다른 상품 1~2개를 골라 투어에 참여하면 달랏의 핵심 지역은 모두 여행할 수 있다. 투어 이후에 달랏 야시장 등 가까운 곳은 걸어서 방문해 하루를 마무리하거나 투어 후에 인상 깊었던 곳을 다시 여유 있게 방문하는 것도 달랏을 재미있게 즐길 수 있는 방법이다.

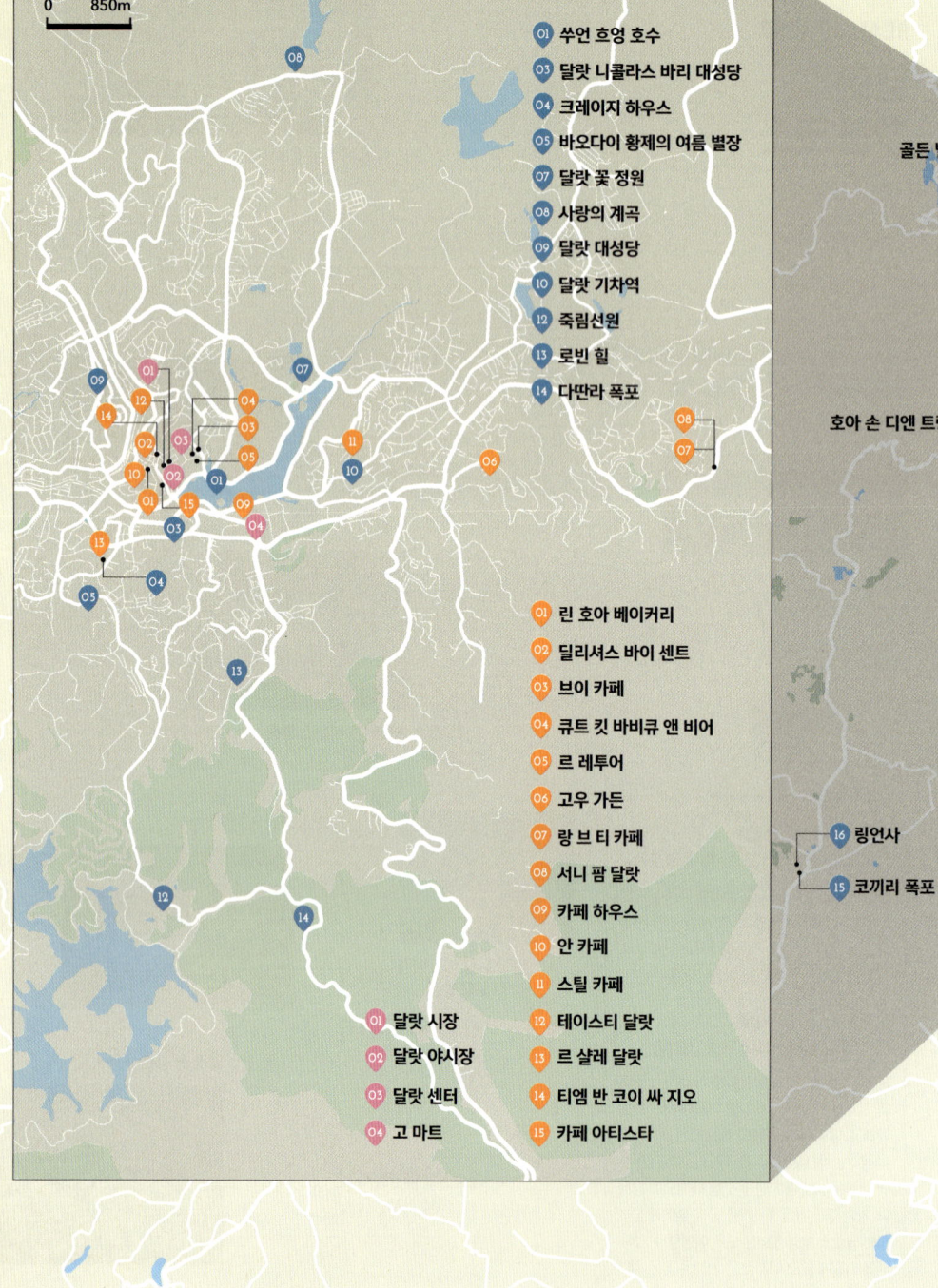

달랏
상세 지도

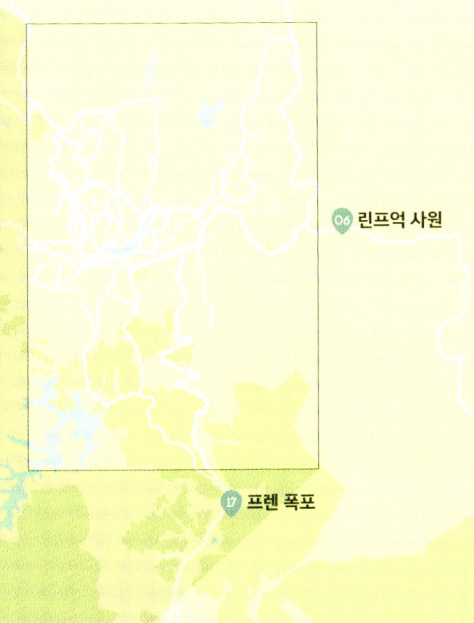

- 02 랑비앙산
- 06 린프억 사원
- 17 프렌 폭포

0 2.5km

SEE　EAT　SHOP

01
쑤언 흐엉 호수 Xuan Huong Lake Hồ Xuân Hương

달랏의 중심

달랏 여행의 시작점인 호수로 아름다운 산골 마을의 풍경을 더욱 풍요롭게 해준다. 달랏의 상징으로도 손꼽히는 곳으로 19세기에 베트남의 유명 시인인 쑤언 흐엉(Xuan Huong)이 이곳에 살면서 붙은 이름이다. 1919년부터 계곡에서 하천으로, 또 호수로 만들어진 인공 호수인데 둘레 5km, 길이 25km로 현지인뿐 아니라 관광객들의 산책로로도 사랑받고 있다.

📍 WCRV+6HX, Đường Hai Bà Trưng, Trung Tâm, Thành phố Đà Lạt, Lâm Đồng
🚶 달랏 야시장에서 도보 2분 📍 11.94073.108.44154

02
랑비앙산 Langbiang Mountain Đỉnh Lang Bi Ang

달랏에서 가장 아름다운 풍경

멋진 풍경을 감상하기 위해 원데이 투어는 물론 개인적으로도 많이 찾아가는 곳이다. 해발 1,950m 산 정상에서는 달랏 마을들의 풍경을 막힘없이 볼 수 있다. 정상까지 걸어서도 올라갈 수 있지만 도보로 2시간이나 걸리므로 비용을 지불하더라도 매표소에서부터 산 정상까지 데려다주는 지프차를 이용하길 추천한다. 매표소 초입 언덕에서는 말과 함께 사진 촬영이 가능하며, 정상에도 레스토랑 및 카페 등 쉴 공간이 마련돼 있다. 산 정상에 오르면 아름다운 들판이 드넓게 펼쳐져 있을 뿐 아니라 탁 트인 전경이 할 말을 잃을 정도로 멋스럽다. 달랏 최고봉의 매력적인 풍경을 고스란히 만끽할 수 있어 필수 여행 코스로 손꼽힌다.

📍 305 Lang Biang, Thị trấn Lạc Dương, Lạc Dương, Lâm Đồng
🚶 달랏 야시장에서 택시 40분 💰 입장료 50,000동, 지프 1인 100,000동~
🕐 07:30~17:00 📍 12.019330, 108.424382

> **TIP**
> **개인적으로 랑비앙산에 간다면?**
> • 빨간 중형 버스(Nam Phuong Open Bus)인 'DA LAT→LAC DUONG'이라고 적힌 버스를 타면 된다.
> • 버스 타는 곳: 야시장 인근 버스 터미널 (구글 맵스 검색어 Tram xe buyt Đa Lat)
> • 버스 시간: 05:30~19:00 15~30분 간격으로 운행한다. 버스 종점은 랑비앙산 입구다.
> • 랑비앙산 입장료: 1인 50,000동, 지프차 이용 시 1인 왕복 100,000동이다.

03
달랏 니콜라스 바리 대성당 St. Nicholas Cathedral Da Lat Nhà Thờ Chính Tòa Giáo Phận Đà Lạt

달랏 대표 성당

1931년부터 짓기 시작해 1942년 완공된 로마네스크 양식의 건축물이다. 달랏에서 규모가 가장 큰 성당으로 로마 가톨릭 교회를 표방해 설계했다. 47m 높이의 종탑에 있는 닭 십자가와 프랑스 그르노블(Grenoble)의 루이 발메트(Louis Balmet)가 만든 70개의 스테인드글라스 패널로 꾸며진 성당 내부가 인상적이다. 십자가 위에 서있는 닭은 과거에는 베어링 축을 중심으로 회전하며 바람의 방향을 나타냈다. 그래서 날씨와 관련된 다양한 전설이 내려오고 있으며, 지금도 달랏 사람들은 닭의 방향을 일기 예보 대신 이용하곤 한다.

📍 15 Trần Phú, Phường 3, Thành phố Đà Lạt, Lâm Đồng
🚕 달랏 야시장에서 택시 9분 또는 도보 약 25분 🕐 월~토요일 05:15~06:15, 17:15~18:15, 일요일 24시간 운영 📞 0263-3821-421 🌐 11.936368, 108.437632

04
크레이지 하우스 Crazy House Biệt thự Hằng Nga

이상하고 아름다운 상상의 집

원래는 게스트 하우스로 지어졌지만 지금은 흥미로운 볼거리가 되었다. 하늘 끝까지 닿을 듯한 좁고 아슬아슬한 길들에 안전장치가 없어 기괴함과 더불어 공포감까지 드는 곳이다. 실내뿐 아니라 야외로 뻗은 통로들을 따라 다양한 전시품, 벽면 그림 등을 감상할 수 있다.

약간은 엉뚱한 작가의 꿈속을 들여다보는 듯한 느낌이 드는 무척 특이한 장소다. 내부에 상점과 호텔, 카페 등이 마련돼 있다. 아이들이 굉장히 좋아하는 장소지만 안전에 유의해야 한다.

📍 Số 3 Huỳnh Thúc Kháng, Phường 4, Thành phố Đà Lạt, Lâm Đồng 🚕 달랏 야시장에서 택시 7분 💵 어른 60,000동, 어린이(1.2~1.4m) 20,000동, 1.2m 미만 무료 🕐 08:30~18:00
📞 0263-3822-070 🌐 crazyhouse.vn
🌐 11.934731, 108.430874

05 바오다이 황제의 여름 별장 Bao Dai Summer Palace Dinh III Bảo Đại

마지막 황제의 세 번째 궁전

바오다이 황제의 별장은 아름답고 수려한 도시인 나트랑과 달랏에 있는데, 달랏의 궁전이 더 유명하다. 원데이 투어로 관람이 가능하지만 개인적으로 방문해도 무방하다. 내부는 오래된 가구와 고풍스러운 분위기로 꾸며져 있다. 황제의 별장답게 화원뿐 아니라 별장과 주변 환경이 조화를 잘 이루고 있다. 베트남 응우옌 왕조 마지막 13대 황제인 바오다이는 프랑스와 일본의 식민 통치 기간에 형식적인 제위를 유지한 왕이었다. 1955년 왕정이 폐지되자 국가 주석 직위로 퇴임했고, 이후 프랑스로 망명해 결국 고국의 품으로 돌아오지 못하고 프랑스에서 생을 마감했다. 이곳에서는 전통 의상을 대여해 별장 곳곳에서 사진을 찍어보는 것도 좋다. 대여료는 50,000동 정도다.

📍 1 Triệu Việt Vương, Phường 4, Thành phố Đà Lạt, Lâm Đồng 🚶 달랏 야시장에서 택시 10분 💰 어른 40,000동, 어린이 (1.2m 이하) 20,000동 🕐 07:00~17:30 📞 0263-3826-858 🌐 11.930146, 108.429588

06 린프억 사원 Linh Phuoc Pagoda Chùa Linh Phước

모자이크로 자아낸 극락부터 지옥

화려한 외관이 인상적인 사원으로 1956년 5월에 건축됐다. 유리와 세라믹 조각으로 정교하게 만든 모자이크 형식으로 꾸며져 있다. 불교 사원에 대한 인식이 한국과 많이 다르다는 걸 느낄 수 있으며, 화려함을 넘어 예술 작품이란 생각이 들 정도로 독특하다. 지하에 마련된 지옥은 공포 체험관을 방불케 할 정도이며, 극락으로 올라가는 듯한 화려함과 함께 다양한 볼거리를 제공한다. 8,500kg의 청동 종과 기네스북에 올라 인기를 모으고 있는 부처상이 하이라이트로 손꼽힌다. 또 곳곳에 배치된 자수정과 원목 전시장 등이 있다. 본당의 너비는 약 12m정도로 내부 기둥은 모자이크로 장식됐다. 또, 석가모니의 역사와 경전에 대한 기록도 모자이크로 만들어져 있다. 특히 12,000여 개의 병 조각으로 만든 탑은 화려함의 극치를 보여준다.

📍 120 Tự Phước, Trại Mát, Thành phố Đà Lạt, Lâm Đồng 🚶 달랏역에서 기차 탑승 후 짜이맛역에서 하차(30분 소요), 달랏 야시장에서 택시 20분 💰 무료 🕐 24시간 운영 🌐 11.944261, 108.499470

07
달랏 꽃 정원 Da lat Flower Garden Vườn Hoa Đà Lạt

아름다운 꽃의 세계로

달랏의 쑤언 흐엉 호수 인근에 자리해 찾아가기 쉽다. 아름다운 조형물과 조화롭게 꾸민 다양한 꽃, 분재들이 볼 만하다. 걷기 싫은 사람들을 위한 유료 버기카도 운영 중이다. 유럽풍으로 꾸민 곳과 장미가 가득한 비닐하우스 그리고 중앙에 인공 호수도 있다. 달랏의 봄 향기가 물씬 느껴지는 매력적인 곳으로 산책하며 사진 찍기에 좋다.

📍 Đường Trần Quốc Toản, Phường 8, Thành phố Đà Lạt, Lâm Đồng 🚶 달랏 야시장에서 택시 9분 또는 도보 25분 💵 입장료 70,000동, 오토바이 주차 5,000동 🕒 07:30~17:00
📍 11.950472, 108.449748

08
사랑의 계곡 Valley of Love Thung Lũng Tình Yêu

사랑이 가득한 정원

바오다이 황제 시절에는 호아 빈 밸리(Hoa Binh Valley)라 불리다 1953년부터 사랑의 계곡으로 불리기 시작했다. 다양한 꽃과 식물들로 조화롭게 꾸민 테마 공원으로 산과 호수 그리고 산봉우리를 무료 셔틀로 오가며 관람할 수 있다. 세계 유명 건축물의 미니어처 파크도 만날 수 있으며, 집라인, 유격장, 오리 보트 등을 유·무료로 이용 가능하다. 봄의 정원이라 칭할 정도로 아름다운 꽃들이 만개해 사시사철 아름답다. 다양한 포토 스폿도 마련돼 있다.

📍 5-7 Đường Mai Anh Đào, Phường 8, Thành phố Đà Lạt, Lâm Đồng 🚶 달랏 야시장에서 택시 15분 💵 입장료 250,000동
🕒 07:30~17:00 🌐 ttcworld.vn/thunglungtinhyeu
📍 11.978010, 108.449833

09
달랏 대성당 Domaine de Marie Church Nhà Thờ Domaine De Marie

따뜻하고 온화한 핑크빛

요즘 달랏에서 인기를 끌고 있는 성당 중 한 곳이다. 1930년에 짓기 시작해 1975년에 완공했다. 달랏 시내에서 남서쪽으로 2km 정도 떨어진 곳에 있으며, 작지만 독특한 분홍색 외관이 인상적이다. 현지인들에게는 웨딩 촬영 장소로도 유명하며, 예쁜 외관으로 한국인에게도 알음알음 알려져 방문자가 늘고 있다. 내부 관람이 가능하며, 일몰 시간에는 아름다운 붉은 노을과 핑크색의 오묘한 느낌이 반영돼 더욱 멋스러운 곳이다.

📍 1, Ngô Quyền, Phường 6, Thành phố Đà Lạt, Lâm Đồng
🚶 달랏 야시장에서 택시 7분 💵 무료 🕒 24시간 운영
📍 11.949532, 108.430283

10

달랏 기차역 Dalat Railway Station Ga Đà Lạt

역사를 머금은 기차역

베트남에서 가장 아름다운 기차역으로 프랑스 식민기인 1938년에 완공됐다. 현재는 관광 목적으로만 운행하고 있지만, 과거에는 프랑스 군인들의 물자 수송에 쓰였다. 지금은 기차 앞에서 사진을 찍기 위해 모여드는 관광객과 현지인으로 북새통을 이루는 곳이다. 1920년 프랑스를 중심으로 유행하던 아르데코 양식으로 지어 독특하면서도 귀여운 느낌이 든다. 달랏을 닮은 노란색 외벽에 랑비앙산의 모습을 본따 만든 삼각형 모양의 지붕이 인상적이다.

📍 Ya Nguyên Trãi, Phường 10, Thành phố Đà Lạt, Lâm Đồng 🚶 달랏 야시장에서 택시 7분　₫ 입장료 5,000동　⏰ 24시간 운영　📍 11.941694, 108.454472

TIP 달랏 기차역을 오롯이 즐기는 법

❶ 카페 이용하기
달랏역 안으로 들어가면 현재 운행 중인 열차와 전시 중인 열차, 현재 카페로 운영되고 있는 열차가 있다. 실제로 사용하던 기차를 개조해서 만든 카페로 차를 마시며 쉬어가기에 제격이다.

❷ 기차 타보기
오랜 역사를 가진 기차역에서 과거의 흔적이 역력한 기차를 타보는 것도 좋은 경험이다. 달랏역과 짜이맛 역 사이를 오가는 기차가 하루에 6회 운행한다. 최소 20명은 돼야 기차가 운행하며, 달랏역에서 짜이맛까지 이동 시간은 30분 정도다. 출발 시간은 05:40, 07:45, 09:50, 11:55, 14:00, 16:05로, 총 6회 운행하며 편도, 왕복 탑승 모두 가능하다. 왕복의 경우 짜이맛 역에서 출발 시간을 미리 알아두고 구경을 시작하자. 좌석은 VIP1, VIP2 좌석으로 나뉘며, 좌석에 따라 가격이 달라진다.

₫ [편도] VIP 1(기차식 좌석) 98,000동, VIP 2(지하철식 좌석) 88,000동 [왕복] VIP 1(기차식 좌석) 148,000동, VIP 2(지하철식 좌석) 132,000동

11 호아 손 디엔 트랑 Ecotourism Destinations Hoa Son Dien Trang Hoa Sơn Điền Trang

인생 사진을 건지자

시내에서 서쪽으로 10km쯤 떨어진 외진 곳에 있지만, 다양한 조형물 덕에 인기를 끌고 있는 테마파크다. 커다란 손바닥, 높은 나무 중간에 마련된 하트 발판 등 현지 연인들의 교외 데이트 명소다. 특히 자연과 조화롭게 만들기 위해 노력한 흔적이 역력하다. 테마파크의 아래쪽에는 카페, 레스토랑이 있어 쉬어갈 수 있고 또 곳곳을 편하게 둘러보는 카트도 유료로 이용 가능하다. 멋진 조형물 앞엔 예쁜 사진을 남기려는 사람들로 대기 줄이 꽤 긴 편. 평일엔 학생들, 주말엔 가족 단위로 관광객이 몰리는 곳으로 현재 지속적으로 재정비를 하고 있다.

📍 Tiểu khu 159 Phường 5 hướng đi đèo Tà Nung, Lâm Đồng 🚶 달랏 야시장에서 택시 25분(오토바이 렌트나 택시, 그랩 등을 왕복으로 대절하지 않을 경우 돌아오는 차편을 구하기 힘들다.) 💰 어른 50,000동, 어린이 20,000동 🕐 24시간 운영 📞 086-858-8886 🌐 11.934631, 108.376312

12 죽림선원 Truc Lam Buddhist Monastery Thiền viện Trúc Lâm Phụng Hoàng

단아하고 평온한 사원

호치민 통일궁을 디자인한 응오 비엣 투(Ngo Viet Thu)을 비롯한 여러 건축가가 참여했으며 일본 사원을 표방해 지었다. 달랏 시내에서 약 5km 떨어진 곳에 위치하며 140여 개의 돌계단을 오르면 아담하고 정갈한 사원들을 만날 수 있다. 중간에 오른손으로 연꽃을 잡고 있는 약 2m 높이의 부처 동상을 비롯해 다양한 의미를 지닌 보살 조각들이 정교하게 새겨져 있다. 잘 가꾼 정원과 분재들 사이 평온한 사원까지, 마음에 평안을 가져다주는 곳이다.

📍 Trúc Lâm Yên Tử, Phường 3, Thành phố Đà Lạt, Lâm Đồng 🚶 달랏 야시장에서 택시로 10분 이동 후 로빈 힐에서 케이블카 탑승 후 14분. 💰 무료 🕐 07:00~17:00 📞 0263-3823-782 🌐 11.903677, 108.435687

13 로빈 힐 Robin Hill

한 폭의 그림 같은 풍경

달랏의 풍경을 한눈에 내려다볼 수 있는 언덕이다. 케이블카를 타기 위해 들르는 곳이지만 뷰가 좋아 산책하기에도 그만이다. 전망대에는 망원경이 설치돼 있고 작은 카페와 상점도 있다. 죽림선원까지 편도, 왕복으로 케이블카를 이용할 수 있으며, 약 2.4km 거리로 10분 정도 소요된다. 케이블카 안에서 내려다보는 고산 지대의 풍경이 한 폭의 그림 같다. 초록이 짙게 물든 달랏의 풍경을 360도 통창으로 감상할 수 있다.

📍 8 Đống Đa, Phường 3, Thành phố Đà Lạt, Lâm Đồng 🚶 달랏 야시장에서 택시 10분 💰 왕복 케이블카 80,000동~ 🕐 06:00~18:00 🌐 11.923582, 108.443756

14
다딴라 폭포 Khu Du Lịch Thác Datanla

웅장한 너비의 폭포

폭포보다는 재미있는 로스터 루지를 타기 위해 많은 사람이 들른다. 모노레일을 따라 로스터 루지를 직접 운전해서 내려가면 폭포 인근에 도달하는데, 전혀 위험하지 않으면서 손쉽게 즐길 수 있어 아주 스릴 만점이다. 사진은 폭포 바로 앞보다는 그 앞의 작은 다리 위에서 찍는 것이 좋다. 다만 서유기의 저팔계, 손오공 등의 캐릭터 탈을 쓰고 아이들과 사진을 찍는 사람들이 있는데 찍고나서 돈을 요구하니 주의하자.

📍 QL20 Đèo Prenn, Phường 3, Thành phố Đà Lạt, Lâm Đồng 🚶 달랏 야시장에서 택시 15분 💰 입장료 30,000동, 로스터 루지 왕복 150,000동 🕐 07:00~17:00 📞 0263-3533-899 🏠 dalattourist.com.vn 🌐 11.901984, 108.449864

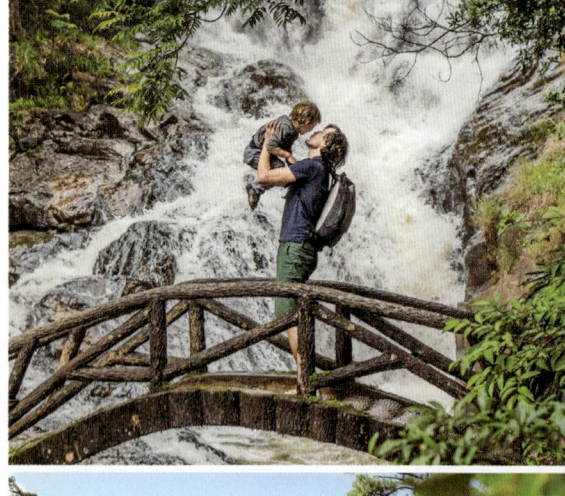

TIP
다딴라 폭포 제대로 즐기는 법

❶ 로스터 루지
다딴라 폭포의 제1, 2 폭포를 보기 위한 필수 코스로 걸어서 가는 것보다 로스터 루지를 이용하는 것을 추천한다. 운전이 어렵지 않을 뿐더러 스릴도 있어 타본 사람들이 추천하는 이동 방식이다. 편도와 왕복 중 선택할 수 있다.

❷ 케이블카
제3, 4, 5 폭포에 가기 위해 케이블카를 타는 것인데, 걸어서도 충분히 갈 수 있다. 하지만 노약자 및 어린아이가 있다면 쉽고 빠른 이동 수단을 이용하는 것이 시간 절약의 지름길이다.

❸ 캐니어닝
다딴라 폭포의 캐니어닝은 달랏에서 유명한 액티비티 중 하나다. 가격은 1인당 1,650,000동 정도다. 캐니어닝 시작 전 의사 문진은 물론 땅 위에서 레펠 연습은 필수다. 지역에 따라 코스가 달라지지만 다딴라 폭포의 첫 번째 코스인 암벽에서 레펠로 내려가는 것부터가 시작이다. 또 폭포 도착 후 수영을 하며 자유 시간을 가진다. 이어 폭포 위에서 레펠로 하강한 후 집라인을 즐긴다. 4단계는 20m 높이 폭포에서 하강하는 것으로 난이도가 조금 있는 편이다. 코스에 따라 정신과 신체 시험에 도전하는 액티비티로 평소에 운동을 좋아하거나 짜릿한 스릴을 만끽하고 싶은 분이라면 추천한다.

추천 업체
- **FLAT TIRE ADVENTURE** dalattourist.com.vn
- **Highland Holiday Tours** highlandholidaytours.com.vn
- **VIET ACTION TOURS** vietaction.com
- **HIGHLAND SPORT** highlandsporttravel.com

15 코끼리 폭포 Khu Du Lịch Thác Voi

물을 뿜는 코끼리 바위

코끼리 모양의 바위가 있어 붙여진 이름이다. 내려가는 길이 위험하므로 단화 같은 편한 신발을 신는 것이 좋다. 달랏 폭포 중에서도 규모가 큰 편에 속해 많은 관광객이 찾는다. 깊은 계곡 속에 있을 듯한 풍경으로 폭포 위, 중간, 아래에 만들어진 전망대에서 감상할 수 있다. 그 중 아래에서 바라보는 폭포의 모습이 가장 웅장하고 아름답다.

• 22년 9월 현재 코로나로 임시 휴업 중

📍 Gia Lâm, Lâm Hà, Lâm Đồng 🚶 달랏 야시장에서 택시 50분 (투어 프로그램 이용이 편리) 💰 입장료 20,000동, 오토바이 주차 5,000동 🕐 08:00~17:00 📞 0263-3659-444
📍 11.824008, 108.334686

16 링언사 Linh An Pagoda Chùa Linh Ấn

고즈넉한 사찰과 장엄한 불상

시내에서 약 30km 떨어진 곳에 있는 사원이다. 코끼리 폭포에 들를 때 같이 볼 수 있는 곳으로, 절 앞쪽에 거대한 관세음보살상이 있는데 베트남에서 손꼽힐 만큼 큰 규모라고 한다. 안쪽으로 들어서면 줄지어 늘어선 불상을 만날 수 있다. 언덕 위에 자리 잡고 있어 고요할 뿐 아니라 본당으로 향하는 길은 분재와 묘목들로 잘 가꾸어놓았다.

📍 TT. Nam Ban, Lâm Hà, Lâm Đồng 🚶 달랏 야시장에서 택시 1시간 💰 무료 🕐 24시간 운영 📞 0263-3852-713 📍 11.824453, 108.333599

17
프렌 폭포 Prenn Waterfall Khu Du Lịch Thác Prenn

코끼리 체험이 가능한

계곡 길을 따라 내려가면 에덴동산처럼 만들어놓았다. 폭포를 시작으로 물줄기를 타고 왕복할 수 있는 보트, 코끼리나 물소 등을 타고 탐험을 즐길 수 있는 체험 등 다양한 프로그램이 마련돼 있다. 폭포 아래를 지나는 길이 있어 시원스레 걸어 내려갈 수도 있고 케이블카도 있으니 선택하면 된다.

📍 20 Đường cao tốc Liên Khương - Prenn, Phường 3, Thành phố Đà Lạt, Lâm Đồng 🚶 쑤언 흐엉 호수에서 택시 40분 (투어 프로그램 이용이 편리) 💵 220,000동 🕘 09:00~17:00
📞 094-975-3587 🌐 11.876762, 108.470233

18
퐁구어 폭포 Pongour Falls Khu Du Lịch Thác Pongour

7개의 층으로 이루어진 폭포

달랏의 3대 폭포 중 가장 멋진 풍광을 자랑하는 폭포로 평평한 바위가 많아 일광욕 명소로 유명하다. 넓은 커튼을 드리운 것처럼 길게 늘어진 폭포수는 그야말로 장관이다. 훼손되지 않은 자연 그대로이다 보니 사이클이나 바이크 여행을 하는 배낭 여행자들의 사랑을 듬뿍 받고 있다. 다만 개인적으로는 찾아가기 힘든 곳이므로 투어 프로그램을 이용하자.

📍 Thôn Tân Nghĩa, Đức Trọng, Lâm Đồng 🚶 달랏 야시장에서 택시 1시간 30분 💵 20,000동, 오토바이 주차료는 때에 따라 상이 🕘 07:00~17:00 📞 096-209-6839 🌐 11.690053, 108.265549

19
골든 밸리 Golden Valley Thung Lũng Vàng

고요하고 수려한 계곡

쑤이 방 호수(Suoi Vang Lake) 인근에 있는 곳으로 현지인들의 소풍 명소로 유명하다. 주차장 입구에서 부터 소나무 숲이 있어 깊은 산중의 멋을 느낄 수 있고, 내부는 다양한 꽃과 나무들로 채워져 아름다운 자연의 정취가 느껴진다. 수국이 가득한 꽃길과 호수를 가로질러 건널 수 있는 대나무 다리가 있고, 호수에 서식 중인 잉어에게 밥을 주는 체험도 가능하다. 다만 이곳만 일부러 찾아 가기엔 아쉬울 수 있어 투어를 이용하면 좋다.

📍 Lạt Đồng, Lát, Lạc Dương, Lâm Đồng 🚶 달랏 야시장에서 택시 40분(투어 이용이 편리) 💵 어른 70,000동, 어린이 30,000동 🕘 07:00~18:00 📞 0263-2210-720 🏠 thunglungvang.vn
🌐 12.006099, 108.381024

REAL GUIDE
달랏 대표 액티비티 & 투어

서부 고원 지방의 아름다운 달랏. 푸른 산속의 오밀조밀한 정취가 만들어내는 이국적인 풍경을 가진 곳답게 다양한 볼거리와 재미있는 액티비티 프로그램들을 만날 수 있다. 특히 숨은 배낭여행지로 알려지면서 여행자를 위한 활동적이면서 실속 있는 투어 상품이 다양하다.

캐니어닝 Canyoning
아찔한 매력

세부, 스위스 인터라켄 등과 더불어 세계에서도 손꼽히는 달랏의 캐니어닝! 캐니어닝은 계곡의 강한 물줄기를 따라 암벽 타기, 수영, 동굴 탐사 등 다양한 액티비티를 일컫는 말이다. 다만 몸으로 모든 것을 견디고 체험하는 위험한 레저이다 보니 사건 사고가 많다. 따라서 캐니어닝 라이선스와 보험이 있는 곳에서 투어를 진행해야 한다. 달랏에 여러 업체가 있으니 신중하게 고르자. 평소 운동을 하던 사람들이라도 여행지에서의 사고는 언제 닥칠지 모르는 일이다. 가이드의 안내와 시범을 잘 따르고, 침착하게 대응하며 캐니어닝을 즐기자.

₫ 65불~(업체, 코스에 따라 가격 상이) ⏱ 5~7시간

추천 업체 비엣 액션 투어 🏠 www.vietaction.com
하이랜드 홀리데이 투어 🏠 www.highlandholidaytours.com.vn

달랏 시티 투어

이도저도 다 귀찮다면 딱 이것만!

기본 시티 투어로 다양한 하프 데이 투어, 원데이 투어 등이 있다. 한국인이 즐겨 찾는 여행사, 신투어리스트 외에 묵고 있는 게스트하우스, 호텔 등에서도 상품을 연계해서 판매 중이니 문의해보자. 달랏 시티 투어에는 달랏 기차역, 죽림선원 등 주요 명소를 돌아보는 프로그램이 있으며, 외곽 원데이 투어는 찾아가기 어려운 커피 농장, 린프억 사원 등이 포함된 다양한 구성의 상품을 판매 중이다.

₫ 45불~(업체, 코스에 따라 가격 상이) ⏱ 4~8시간

추천 업체 신투어리스트 🏠 thesinhtourist.vn
비엣 액션 투어 🏠 www.vietaction.com
하이랜드 홀리데이 투어 🏠 www.highlandholidaytours.com.vn

메린 커피 농장 Mê Linh Coffee Garden

자연 속에서 즐기는 커피

커피를 좋아하거나 관심이 많다면 가보면 좋은 곳이다. 넓게 펼쳐진 커피 농장을 바라보며 시원한 테라스에 앉아 신선한 커피를 마실 수 있으며, 맛을 본 후 구매도 가능하다. 원데이 투어 상품을 이용하면 편리하게 다녀올 수 있고, 베트남 커피의 재배 및 생산에 관한 설명이 커피의 재미를 한층 더해준다. 특히 베트남 특산물 위즐 커피의 생산 과정을 살펴보고 최고급 위즐 커피를 맛볼 수 있는 좋은 기회다. 더불어 카페 테라스 등 포토 스팟이 많아 데이트 명소로도 유명하다.

📍 Tổ 20, Thôn 4, Đà Lạt, Lâm Đồng 🚗 원데이 투어 프로그램 또는 택시 투어 이용
🕐 06:00~17:00 📞 091-961-9588 🏠 melinhcoffeegarden.com
📍 11.899792, 108.347844

01 린 호아 베이커리 Lien Hoa Bakery

달랏 빵집 1번지

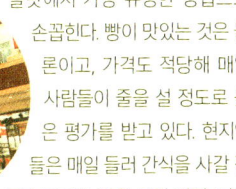

달랏에서 가장 유명한 빵집으로 손꼽힌다. 빵이 맛있는 것은 물론이고, 가격도 적당해 매일 사람들이 줄을 설 정도로 높은 평가를 받고 있다. 현지인들은 매일 들러 간식을 사갈 정도로 단골이 많은 로컬 맛집. 다양한 베이커리 종류를 취급하고 있으며, 반미처럼 여행 중 가지고 다니며 먹을 수 있는 제품도 있다. 조각 케이크, 패스트리 등 다양한 빵을 하나씩 사서 맛보길 권한다.

📍 15-17, 19 Ba Thang Hai, Phuong 1, Thanh pho Da Lat, Lam Dong 🚶 달랏 야시장에서 도보 10분 💲 반미 5,000~30,000동, 요거트 10,000동~ 🕐 05:00~21:00 📞 0263-3837-303 🌐 11.942820, 108.435109

02 딜리셔스 바이 센트 Delycious by Cent

가장 달랏스러운 분위기

달랏 먹자골목에 위치한 카페로 1층은 달랏 거리의 분위기를 느낄 수 있고, 2층은 작은 야외 테라스가 있어 우아한 분위기가 느껴진다. 맛과 분위기가 좋기로 유명해 많은 여행객이 몰려드는 곳이다. 케이크나 디저트와 차를 즐기기 좋다. 두리안으로 만든 케이크 등 다양한 케이크를 맛보자.

• 23년 1월 현재 코로나 19로 임시 휴업 중

📍 50 Duong Bui Thi Xuan, Phuong 2, Thanh pho Da Lat, Lam Dong 🚶 달랏 야시장에서 도보 6분 💲 샌드위치 45,000동, 티라미수 케이크 45,000동, 크랜베리 빵 45,000동 🕐 08:00~22:00 📞 098-449-1821 🌐 facebook.com/delyciousbycent/ 🌐 11.943762, 108.434695

03 브이 카페 V Cafe

은은한 분위기의 라이브 카페

유럽 스타일의 라이브 카페로 식사는 물론 커피 한잔 즐기기 위해 많이 찾는 곳이다. 10년 동안 자리를 굳건히 지키며 사람들의 사랑을 받아 단골이 많다. 벽면 가득 채워진 사진들과 천장에 매달린 등이 동양적인 느낌을 강하게 준다. 밤이 면 라이브 공연이 이루어져 은은한 분위기 속에서 술을 마시기도 좋아 한국인들의 사랑을 듬뿍 받고 있다.

📍 1/1 Đường Bùi Thị Xuân, Phường 2, Thành phố Đà Lạt, Lâm Đồng 🚶 달랏 야시장에서 도보 13분
🍴 클럽 샌드위치 105,000동, 피자 160,000동 🕒 09:00~21:30
📞 090-334-2442 🏠 vcafedalatvietnam.com 🌐 11.944370, 108.439749

04 큐트 킷 바비큐 앤 비어 Cut Kit BBQ & Beer

뭘 먹어야할지 모를 때!

현지 젊은이들의 데이트 장소로 유명한 바비큐 식당으로 달랏 야시장 인근에 있다. 아직 여행자들에게는 잘 알려지지 않은 곳으로 한 장소에 펍, 카페, 꽃집 등 다양한 상점이 모여 있어 현지인들이 많이 이용한다. 바비큐 파티도 가능해 생일, 모임, 축하 파티 등을 벌이는 모습을 종종 볼 수 있다.

📍 145 Phan Bội Châu, Phường 2, Thành phố Đà Lạt, Lâm Đồng 🚶 달랏 야시장에서 도보 11분 🍴 바비큐 뷔페 1인 197,000동 🕒 16:00~22:00 📞 093-244-9788 🏠 facebook.com/cutkitbbqbeer 🌐 11.944140, 108.439551

05
르 레투어 Le Retour

분위기 있게 와인 한잔

달랏에서 와인을 마시고 싶다면 바로 여기! 이미 입소문을 타 많은 사람이 와인을 즐기기 위해 들르는 곳이다. 로제 와인, 레드 와인, 화이트 와인 등 다양한 종류의 와인이 준비돼 있을 뿐 아니라 치즈 등 와인과 어울리는 안주도 맛볼 수 있다. 시끄러운 펍이 싫다면 아늑하고 조용한 이곳을 추천한다.

📍 38 Phan Bội Châu, Phường 2, Thành phố Đà Lạt, Lâm Đồng 🚶 달랏 야시장에서 택시 5분 💲 레드 와인 1잔 160,000동~ 🕐 16:00~24:00 📞 0263-3671-179 🌐 facebook.com/LeRetour.WineBar 📍 11.943948, 108.439763

06
고우 가든 Gâu Garden

깊은 산속에서 즐기는 자연

강아지를 사랑하는 달랏 현지인이 만든 카페로 수려한 자연경관을 보며 차, 커피 등을 즐길 수 있을 뿐 아니라 여러 마리의 강아지가 카페 안에서 뒹굴며 노는 모습을 볼 수 있다. 달랏 시내와는 좀 떨어진 편이지만 편안한 소파, 예쁜 인테리어 등으로 젊은 층의 사랑을 듬뿍 받고 있다. 다만 오가는 차가 없는 산 중턱에 마련된 곳이라 택시나 그랩을 이용해 방문해야 한다.

📍 Đối diện King Palace, Trần Quang Diệu, Phường 10, Thành phố Đà Lạt, Lâm Đồng 🚶 달랏 야시장에서 택시 16분 💲 라임 허니티 50,000동~ 🕐 08:00~21:00 📞 098-865-1357 🌐 facebook.com/Gau.Gardendalat 📍 11.942348, 108.467056

07

랑브티 카페 Lang Vu Thi Café

인생 사진 나오는 풍경 맛집

달랏 고산지대 풍경을 한눈에 내려다볼 수 있는 곳으로 붉은 테라스 난간이 마련돼 있다. 그 외에도 다양한 조형물이 설치돼 있어 인생 사진을 남기고 싶은 이들이 풍경을 뒤로한 채 여러 가지 콘셉트의 사진들을 담는다. 풍경 맛집으로 유명한 곳 중 하나로 밤에는 아름다운 야경을 만날 수 있다.

📍 49B Tố Sào Nam, Phường 11, Thành phố Đà Lạt, Lâm Đồng 🚶 달랏 야시장에서 택시 25분 💵 음료 35,000동~ 🕐 07:00~22:00 📞 093-839-5804 🌐 11.942173, 108.486853

08

서니 팜 달랏 Sunny Farm Cafe Da lat

하늘로 향하는 계단

달랏 젊은이들에게 인기인 카페 중 하나로 하늘로 솟아오르는 듯한 계단 조형물이 세워져 있다. 카페 테라스에서 내려다보면 고산 지대의 멋스런 풍경까지도 고스란히 감상할 수 있다. 달랏에서 전망이 가장 아름다운 곳이니 들러보자. 이곳이 하늘로 향하는 계단을 설치해 유명해지면서 인근 카페들도 다양한 조형물을 설치해 관광객들의 발길을 모으고 있다.

📍 WFRP+RMX, Unnamed Road, Phường 11, Thành phố Đà Lạt, Lâm Đồng 🚶 달랏 야시장에서 택시 25분 💵 음료 35,000동~ 🕐 08:00~22:00 📞 070-730-2602 🌐 11.942176, 108.486739

09
카페 하우스 K'fe House

통유리로 구현한 달랏의 상징

달랏을 상징하는 아티초크를 표현해 만든 통유리 카페로 달랏 호수 공원에 자리하고 있다. 노란색과 녹색 유리가 조화를 이루어 만들어진 봉우리 형태는 밤이 돼 건물에 불이 켜지면 무척 아름답다. 약속 장소로 많이 언급되는 곳이라 밤이면 이곳을 중심으로 청소년들의 무대가 펼쳐지기도 한다. 내부는 3층으로 구성돼 있으며, 호수를 산책하다 잠시 쉬기엔 안성맞춤이다. 인근에 달랏에서 유일한 대형 마트인 고 마트와 영화관 씨네스타 등이 있다.

📍 Khởi Nụ Hoa, Quảng Trường Lâm Viên, 2 Đ. Trần Quốc Toản, Phường 1, Thành phố Đà Lạt, Lâm Đồng
🚶 쑤언 호형 호수 공원 가운데 위치 💲 음료 40,000동~
🕐 07:00~23:00 📞 0287-7309-737 🏠 kfehouse.vn
📍 11.938442, 108.444187

10
안 카페 An Cafe

달랏 카페 하면 여기!

자연 친화적인 인테리어 등으로 외국인에게 사랑받고 있는 카페다. 앞뒤로 출입이 가능하며 내부, 외부 공간이 따로 마련돼 있어 항시 사람들로 붐빈다. 달랏 하면 '안 카페'라고 할 정도로 달랏에 방문하면 꼭 한 번은 찾아가본다는 곳이다. 분위기도 좋고 메뉴 가격도 저렴해 들러볼 만하다.

📍 63Bis Ba Tháng Hai, Phường 1, Thành phố Đà Lạt, Lâm Đồng 🚶 달랏 야시장에서 도보 8분 💲 아메리카노 44,000동, 카페 쓰어다 34,000동, 딸기 스무디 55,000동 🕐 07:00~22:00
📞 097-572-5521 🏠 facebook.com/ancafedalat
📍 11.941753, 108.433850

227

11
스틸 카페 Still Cafe

지브리 감성 그대로

지브리 애니메이션에 나오는 주택의 모습을 본따서 인테리어한 카페. 토토로, 가오나시 등 지브리 캐릭터의 대형 모형부터 시작해 카페 곳곳을 아기자기하게 잘 꾸며 놓아 카페 어디서든 좋은 사진을 찍을 수 있다. 작은 정원 공간에 이색적인 형태로 조성된 곳으로 홈스테이, 기념품 상점, 여러 카페가 모여 있어 시내와 조금 떨어져 있음에도 많은 사람이 방문한다. 밤이 되면 시원한 달랏의 날씨와 일본풍 가옥이 어우러져 운치 있는 시간을 보낼 수 있다. 달랏 기차역 인근에 있으니 시간이 되면 방문하길 추천한다.

📍 59 Nguyễn Trãi, Phường 10, Thành phố Đà Lạt, Lâm Đồng 🚶 달랏 야시장에서 택시 8분 🍴 스틸 카페(시그니처) 65,000동, 카페 쓰어다 50,000동, 아보카도 스무디 75,000동
🕐 08:00~22:00 📞 036-8151-215 🏠 stillcafe.business.site
📍 11.944224, 108.454494

12
테이스티 달랏 TASTY Đà Lạt

달랏 시장 한눈에 담기

달랏 도매 시장 꼭대기에 자리해 아름다운 전경을 시원스레 내려다볼 수 있는 곳이다. 그뿐 아니라 하얀색 바탕에 모던한 가구들로 깔끔하게 꾸며 달랏 인스타의 새로운 핫 플레이스로 자리잡았다. 낮에는 따사로운 햇빛을 받으며 시원한 음료를, 저녁에는 멋진 달랏 시장의 풍경을 보며 분위기 있는 식사를 즐겨보자.

📍 Khu Hoà Bình, Phường 1, Thành phố Đà Lạt, Lâm Đồng
🚶 달랏 야시장에서 도보 3분 🍴 음료 45,000동~ 🕐 06:30~22:30 📞 093-455-0029 📍 11.942990, 108.436840

13

르 샬레 달랏 Le Chalet Dalat

맛, 분위기, 서비스가 완벽한 식당

친절한 서비스로 외국인 여행객에게 인기가 많은 곳으로 한국인에게도 사랑받는 레스토랑 겸 카페다. 음식 맛이 좋기로 유명한 데다 오리엔탈 분위기와 감성적인 인테리어가 돋보여 크레이지 하우스에 들른 사람들의 발길을 사로잡는다. 추천하는 메뉴는 스프링 롤, 옐로우 누들, 과일 스무디다.

📍 6 Huynh Thuc Khang, Phường 4, Thành phố Đà Lạt, Lâm Đồng 🚶 달랏 야시장에서 택시 6분 또는 도보 18분 💲 옐로우 누들 99,000동, 스프링 롤 75,000동 🕐 07:00~17:00, 화요일 휴무 📞 263-382-8886 🏠 facebook.com/lechaletDalat4 📍 11.935047, 108.430885

14

티엠 반 코이 싸 지오 Tiệm Bánh Cối Xay Gió

노란 벽이 인상적인 카페

다양한 패스트푸드와 빵을 판매한다. 달랏에만 있는 빵집 브랜드로 직접 기른 농작물을 사용해 아주 신선하다. 달랏에 2~3개의 체인이 있으며 많은 현지인과 관광객이 샛노란 벽에 서서 사진을 담는 포토 스폿이기도 하다. 1층에서 주문해 포장해갈 수도 있고, 2층에 마련된 작은 테라스와 내부 공간에서 먹을 수도 있다. 다양한 종류의 반미를 저렴한 가격에 먹을 수 있어 주머니가 가벼운 여행자들에게 추천한다.

📍 Khu Hoa Binh, Phường 1, Thành phố Đà Lạt, Lâm Đồng 🚶 달랏 야시장에서 도보 7분 💲 반미 21,000동 🕐 06:30~21:30 📞 082-871-3192 🏠 facebook.com/cxg.vn 📍 11.944223, 108.435975

15

카페 아티스타 Cafe Artista Cafe Nghệ Sỹ

골동품으로 만들어낸 고풍스러움

달랏 야시장을 측면에서 바라보는 대로변 카페로 분위기가 좋다. 야외 테라스에서 내려다보는 전망이 아주 멋지고, 카페 내부를 다수의 골동품으로 장식해 놓아 마치 전시장 같은 클래식함이 느껴진다. 인근에 호텔이 많아 관광객이 즐겨 찾는 곳으로 선선한 바람을 쐬며 한가로이 담소를 나누기 좋다.

📍 9 Đ. Nguyễn Chí Thanh, Phường 1, Thành phố Đà Lạt, Lâm Đồng 🚶 달랏 야시장에서 도보 3분 💲 커피 40,000동~, 카페라떼 55,000동~ 🕐 08:00~22:00 📞 0263-3821-749 📍 11.941380, 108.436587

01 달랏 시장 Da Lat Market Chợ Đà Lạt

달랏 현지 재래 시장

달랏 센터와 야시장이 열리는 지역을 중심으로 펼쳐지는 낮 시장이다. 센터 앞에 있는 대형 도매 시장 건물과 외부에 마련되는 상설 시장까지 제법 규모가 크다. 인근 상인 및 현지인들도 들러 각종 채소 및 생필품을 구비할 정도로 볼거리도 다양하다. 직접 재배한 채소나 과일 등을 가지고 와서 판매하는 경우가 많아 싱싱하고 저렴하게 구입할 수 있다. 또 관광객들을 위한 다양한 먹거리 및 생활 용품을 저녁뿐 아니라 낮에도 판매한다.

📍 Nguyễn Thị Minh Khai, Phường 1, Thành phố Đà Lạt, Lâm Đồng 🚶 달랏 야시장에서 도보 2분 🕐 24시간 운영 📍 11.943407, 108.437205

02 달랏 야시장 Da Lat Night Market Chợ Đêm Đà Lạt

달랏 쇼핑 1번지

낮에도 다양한 특산품을 판매하지만 밤이 되면 한쪽에서는 계절에 맞는 패션 의류, 반대편에서는 먹거리를 판매한다. 달랏에서 의류, 가방, 과일 등을 쇼핑하기 가장 편한 곳으로 매일 저녁마다 장이 열린다. 시장이다 보니 가격 흥정은 기본. 또 베트남의 길거리 음식들을 한자리에서 만나볼 수 있는데 달랏 야시장의 명물인 달랏 피자, 달랏 딸기, 꼬치구이는 무조건 먹어봐야 한다. 주말에는 야시장에 차량 통제가 이루어지지만 평일엔 그렇지 않아 다소 위험할 수도 있으니 주의하자.

📍 6b Nguyễn Thị Minh Khai, Phường 1, Thành phố Đà Lạt, Lâm Đồng 🚶 달랏 분수대 건너편에서 달랏 센터까지 🕐 17:00~24:00 📍 11.943241, 108.436872

03 달랏 센터 Dalat Center

깔끔한 달랏 상설 시장

노상에 있는 달랏 시장, 야시장과 달리 이곳은 상가 건물 내부에 점포들로 구성되어 있는 상설 시장이다. 말린 과일부터 기념품들까지 층마다 다른 제품군을 판매한다. 또 달랏 야시장은 음식, 패션 용품을 주로 판매하는 반면 달랏 센터는 생활용품, 채소, 기념품, 음식 등 다양한 상품들을 구비하고 있다.

📍 Phan Bội Châu, Phường 2, Thành phố Đà Lạt, Lâm Đồng 🚶 달랏 야시장에서 도보 4분
🕐 07:00~22:00 📍 11.943999, 108.437918

04 고 마트 GO! Mart

달랏에서 가장 큰 대형 마트

달랏의 유일한 대형마트. 쑤언 흐엉 호수 인근으로 1층에 광장으로 통하는 출입구가 있으며, 2층 출입구는 카페 하우스(K'fe House)로 통한다. 달랏에 거주하는 사람은 대부분 이곳에서 장을 볼 정도로 규모가 크다. 또한 오락실, 키즈 카페 등 다양한 문화 시설과 편의 시설이 있어 현지인의 나들이 장소이기도 하다. 여행 중 필요한 물건이나 기념품을 빠르게 구매하고 싶다면 이곳에 들러보자.

📍 Quảng Trường Lâm Viên, Đường Trần Quốc Toản, Phường 1, Thành phố Đà Lạt, Lâm Đồng 🚶 달랏 야시장에서 도보 8분 🕐 07:30~22:00 📞 0263-3545-088
🏠 go-vietnam.vn 📍 11.938675, 108.445419

TIP 고 마트 쇼핑 리스트

달랏은 와인과 유제품을 생산하는 곳이다. 달랏에서 생산되는 신선한 우유와 와인은 꼭 시음해보길 추천한다.

- 베트남 맥주 9,300동~
- 베트남 쌀국수 소스 7,900동~
- 베트남 쌀국수 라면(BO KHO) 10,800~
- 커피 핀 59,900동~
- 달랏 우유 8,200동~
- 코코넛 커피 71,800동~
- 오레오 과자 11,500동~
- 달랏 와인(달랏 샤또) 78,000동

CITY
04

베트남의 숨은 보석
푸꾸옥
PHU QUOC

#일몰 #휴양지 #롱비치 #허니문

베트남 남서부에 있는 589㎢ 크기의 섬이다. 아름다운 해안 풍경이 알려지면서 관광객들의 발길이 이어지고 있다. 이에 다양한 리조트와 시설들이 늘어나고 있는 추세. 푸꾸옥은 프랑스 식민기에는 정치 수용소, 베트남 전쟁 시에는 포로 수용소가 있었던 곳이기도 하고, 동시에 세계적인 휴양지이자 손꼽히는 진주, 후추 생산지이기도 하다. 그렇게 여러 얼굴을 가진 휴양지, 푸꾸옥을 미리 만나 보자.

ACCESS

우리나라에서 가는 법

예전에는 아시아나항공, 비엣젯항공, 에어아시아 등 다양한 항공사가 취항을 했지만, 코로나19로 인해 지금은 비엣젯항공만 직항 노선을 운항하고 있다. 소요시간은 약 5시간 30분이며, 기간에 따라 요금은 다르지만 평균 60~70만 원선이다.

베트남 주요 도시에서 푸꾸옥으로 가는 법

푸꾸옥은 섬이기 때문에 호치민, 하노이, 다낭 등의 주요 도시에서 비행기로만 이동할 수 있다.

1 비행기

- **호치민에서 가는 법** 호치민 공항에서 국내선으로 푸꾸옥까지 약 55분 소요된다. 비엣젯항공, 젯스타 퍼시픽, 베트남항공 등이 운항하며 성수기인 1~2월 기준 왕복 요금은 120,000원 정도다.

푸꾸옥 국제공항 Cảng hàng không Quốc tế Phú Quốc
2012년 12월에 개항해 현재 하노이, 호치민, 껀터, 락자, 인천 등으로 국내선과 국제선 노선을 운항 중이다. 22년 9월 현재, 비엣젯에서 인천-푸꾸옥 직항도 운항 중이다.
📍 Tổ 2 Ấp, Dương Tơ, Phú Quốc, tỉnh Kiên Giang 📞 297-359-5959
🌐 vietnamairport.vn 📍 10.163331, 103.997944

- **하노이에서 가는 법** 노이바이 국제공항에서 국내선으로 푸꾸옥까지 약 2시간 10분 소요. 현재 뱀부항공, 비엣젯항공, 베트남항공 등이 운항 중이며 왕복 요금은 성수기인 1~2월 기준 200,000원 정도다.

푸꾸옥 공항에서 시내로 이동하기

1 택시

공항에서 이용할 수 있는 택시는 5~6종류다. 소형 택시와 중형 택시 등 여행객 단위에 따라 이용 가능하며, 차량 크기에 따라 기본요금이 달라진다. 관광객이 많이 이용하는 빈펄 리조트는 50분, 노보텔은 15분, 메리어트 호텔은 30분, 메인 타운인 쯔엉동까지는 15분 정도 시간이 소요된다.

2 리조트 셔틀버스

빈펄 리조트, JW 메리어트 호텔 등은 항공 시간마다 셔틀버스를 운영하고, 노보텔 호텔과 솔비치 리조트는 90분 단위로 셔틀버스를 운행 중이다.

3 여행사 픽업 버스

한국 여행사 및 현지 여행사를 이용해 사전에 예약을 하면 당일 픽업 서비스를 받을 수 있다. 입국 시 공항 외부에서 기사들이 픽업 보드를 들고 대기 중이기 때문에 본인이 예약한 업체와 자신의 이름을 확인 후 따라 이동하면 된다. 여행사 픽업 차량은 공항 외부의 주차장에 대기한다. 7인승, 16인승, 29인승이 있으며 요금은 7인승 기준 30,000원 정도다. 구체적인 요금은 차종과 업체에 따라 다르므로 미리 확인하도록 하자.

· **피크타임** www.pieceofcreative.com/
· **푸꾸옥 고스트** cafe.naver.com/minecraftpe/2715174
· **마이리얼트립** www.myrealtrip.com

TRANSPORT

푸꾸옥 시내 교통

1 택시

교통이 낙후된 섬 지역이고 해변과 시내 중심의 이동 거리가 꽤 멀기 때문에 묵고 있는 호텔에서 택시를 불러 달라고 청하거나 호텔 앞에 정차된 택시 등을 이용해 시내를 오가야 한다. 관광지마다 거리가 있기 때문에 여행 계획 시 숙소 위치에 중점을 두는 것이 좋다. 4인승 기준 소형차는 기본요금이 7,000동부터 시작되며 추가 1km당 14,000동 정도다. 또 중형차의 경우 기본요금 8,000동이며 추가 1km당 16,000동 정도다. 대형은 대단위 가족들이 많이 이용하는 것으로 우리나라 카니발과 유사하다. 기본요금은 12,000동이며 추가 1km당 18,000동 정도다. 이동이 많을 경우 하루를 대절하는 것도 좋은 방법이다.

2 그랩

코로나 이전만 해도 푸꾸옥에서 그랩이 잘 잡히지 않았지만, 지금은 많은 관광객들이 그랩을 이용한다. 택시보다 훨씬 저렴한 가격으로 이용할 수 있는 장점이 있지만, 이동거리가 긴 푸꾸옥의 특성상 잘 잡히지 않을 수 있다는 단점이 있다. 기본적으로 그랩을 사용하되, 택시 이용을 늘 염두에 두는 것이 좋다.

3 푸꾸옥 트램(미니 전기 버스) Phu Quoc Tram

요즘 푸꾸옥 시내에서는 빨간색 미니버스를 자주 볼 수 있다. 귀여운 올드카 디자인의 7인승 전기차로, 푸꾸옥 시내를 구경하며 돌아다닐 수 있는 택시라고 생각하면 된다. 실제로 택시와 동일하게 미터기를 통해 요금을 정산하며, 평균 가격은 그랩보다는 조금 비싸다. 가격표는 트램마다 구비하고 있으니 미리 확인하고 탑승하자. 시티 투어 서비스를 제공해 일일 대여 역시 가능하다. 푸꾸옥의 풍경을 생생하게 기억하고 싶거나, 4명 이상의 단체 여행자라면 충분히 이용할 만한 교통수단이다.

📍 푸꾸옥 시내에서 탑승, 전화로 호출 예약 ₫ 1km당 10~20km구간 30,000동, 20,000동, 시티투어 첫 1시간 30,000동, 이후 시간당 20,000동, 주요 관광지 투어 현지 가격표 확인 📞 093-855-0099 🌐 citytourcar.vn

4 오토바이 렌트

계속 말했 듯이 베트남 운전면허증이 없으면 오토바이 운전은 불법! 베트남과 같은 교통 조약에 가입된 국가의 관광객은 국제 운전면허증으로 운전이 가능하지만 한국인은 그렇지 않다. 공안의 불시 단속에 걸린다면 벌금은 물론 오토바이 역시 압수 당한다. 만약 이러한 조건에도 꼭 오토바이를 렌트해야겠다면 렌트 비용은 1일 150,000동으로 저렴한 편이다.

REAL COURSE
푸꾸옥 추천 코스

08:30 호텔 출발

택시 20분

09:00 코코넛 수용소 방문 P.245

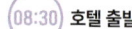

택시 25분

10:30 호국사 방문 P.241

택시 20분

11:30 수오이타잉 관광지에서 폭포 관람 P.242

택시 10분

13:00 반 쎄오 다이 덕에서 점심 식사 P.251

택시 30분

14:30 혼똔섬에서 물놀이 P.246

택시 30분

18:00 선셋 사나토 비치 클럽에서 식사&칵테일 한잔 P.252

택시 10분

20:00 세일링 클럽 푸꾸옥 또는 잉크 360에서 야경 즐기기 P.253, P.254

TIP 푸꾸옥 여행 팁

호텔 인근 해변에서 하루를 즐겼다면, 하루쯤은 빈원더스, 빈펄 사파리 등 테마파크에서 시간을 보내는 것도 좋다.

푸꾸옥 상세 지도

01 즈엉동 Dương Đông

푸꾸옥 메인 타운

푸꾸옥 행정, 경제, 문화의 중심이 되는 지역. 푸꾸옥에서 가장 번화한 곳으로 관광객들이 자주 방문한다. 푸꾸옥 야시장을 중심으로 펍이나 식당도 많이 자리잡고 있으니 해변에서 휴식을 즐기다 맥주 한잔 즐기러 방문해보자.

📍 21 Đường Trần Phú, TT. Dương Đông, Phú Quốc, tỉnh Kiên Giang 🚶 푸꾸옥 공항에 택시 17분 🌐 10.220505, 103.959649

02 롱 비치 Long Beach

푸꾸옥에서 가장 긴 해변

푸꾸옥섬의 서쪽에 위치한 긴 해변으로 노보텔, 인터콘티넨탈 등의 5성급 호텔이 있다. 푸꾸옥 국제공항과 가깝고 유명한 호텔들이 있어 조용히 휴가를 즐기러 온 한국인들이 가장 많이 머무는 곳이기도 하다. 푸른 바다와 긴 모래사장 덕분에 여유롭게 해수욕을 즐길 수 있으며, 특히 일몰이 아름다운 곳으로 유명하다.

📍 72 Đường Trần Hưng Đạo, Khu 1, Phú Quốc, tỉnh Kiên Giang 🚶 푸꾸옥 야시장에서 도보 10분 🌐 10.207882, 103.960565

03
사오 비치 Sao Beach Bai Sao

죽기 전에 가봐야 할

'죽기 전에 가봐야 할 해변' 또는 '세계 10대 해변'으로 손꼽히며, 많은 관광객이 하루를 머무는 곳이다. 잔잔한 파도와 새하얀 모래로 뒤덮인 해변으로 다양한 수상 레포츠를 즐길 수 있다. 청명한 에메랄드 빛 바다와 고운 모래가 아주 아름다우나 인기가 많아지면서 인파가 한꺼번에 몰리기도 하니 이른 아침이나 늦은 오후에 방문하는 게 좋다. 사오 비치는 호텔들과 떨어져 있어 택시를 대절하고 가야 한다. 대기하는 택시 기사들과 흥정은 필수! 그렇지 않으면 바가지요금이 다반사다. 초입에 레스토랑 겸 숙박 시설이 있어 식사, 음료, 샤워 등이 가능하다.

Sao Beach, Phú Quốc, tỉnh Kiên Giang 푸꾸옥 아시장에서 택시 40분 10.057264, 104.036501

04 망고 비치 Mango Beach

일몰이 예술인

TIP 망고 비치에 갔다면 망고 베이 레스토랑!
망고 베이 레스토랑(Mango Bay Restaurant)은 시야가 탁 트여 있어 이곳에서 보는 일몰이 예술이다. 입소문을 타고 유명해지면서 오후에는 예약을 해야 할 정도. 요리의 퀄리티와 뷰가 멋진 곳이라 현지인들도 추천한다. 예약 시 약 2시간 30분 동안 이용 가능하니 일몰 시간을 알아본 후 예약하자. 1인당 500,000동 이상으로 예상하면 된다. 음식 맛, 분위기 모두 좋은 평을 받고 있다.

📍 Ông Lang, Phú Quốc, tỉnh Kiên Giang
🏠 mangobayphuquoc.com

푸꾸옥의 배낭여행자 거리 같은 곳으로 옹랑(Ông Lang) 길 끄트머리에 있는 해변이다. 즈엉동 거리를 제외하면 가장 많은 레스토랑과 아기자기한 장소들이 모여 있다. 많은 외국인 관광객이 몰려들어 밤늦게까지도 식사와 술을 즐길 수 있다. 해변이 넓지는 않지만 해변을 아우르는 리조트가 늘어서 있다.

📍 To 3, Ông Lang, Phú Quốc, tỉnh Kiên Giang 🚶 푸꾸옥 야시장에서 택시 20분 🌐 10.259248, 103.935059

05 진 꺼우 사원 Dinh Cau Shrine Dinh Cậu

바다 위의 이색 사원

해안에 위치한 작고 아담한 사원. 1937년에 지어진 뒤 1977년에 재건축한 푸꾸옥 오랜 역사의 대표적 유적이다. 바다의 여신 티엔 허우를 모시는 사원으로 매달 음력 1일과 15일, 한달에 두 번 제사가 열린다. 푸꾸옥은 인구의 70% 이상이 어민이라 평소에도 이곳에 방문해 가족과 친지의 무사 안녕을 기원한다. 야시장 인근에 있으니 안전하고 즐거운 여행을 기원하러 방문해 보자.

📍 Khu phố 2, Phú Quốc, tỉnh Kiên Giang 🚶 푸꾸옥 야시장에서 도보 8분 💰 무료 🕐 24시간 운영
🌐 10.217351, 103.956428

06 호국사 Ho Quoc Pagoda Chùa Hộ Quốc

베트남 최남단을 수호하는

아름다운 해안에 자리한 멋스러운 사찰이다. 2011년 10월부터 짓기 시작해 약 8년에 걸쳐 완공했다. 1,000명이 넘는 인력과 1,000억 동 이상의 공사비가 소요되었다. 푸꾸옥에서 가장 큰 규모의 대승 불교 사원으로 나라를 지키는 사원이라는 의미를 지녔다. 베트남 최남단을 지키고 있는 호국사는 동쪽으로 향해 있어 일출 명소로도 유명하다. 초입에는 옥으로 만든 불상이 반기고 있으며, 다양한 조각상과 언덕 위에는 어마어마한 크기의 해수관음상이 바다를 바라보고 있다. 시내와 떨어진 곳에 있어 찾아가기 쉽지 않으므로 택시를 대절해서 왕복으로 다녀오는 걸 추천한다.

426H+57R, Dương Tơ, Phú Quốc, tỉnh Kiên Giang
푸꾸옥 야시장에서 택시 40분 무료 06:00~18:00
10.110355, 104.028574

07 수오이타잉 관광지 Suoi Tranh Waterfall Khu Du Lịch Suối Tranh

인공 정원 옆 자연 유원지

인위적으로 만든 공원을 따라 산으로 오르면 작은 계곡이 나오고, 다시 계곡을 따라 산길을 오르면 어여쁜 수오이타잉 폭포(Suối Tranh Waterfall)가 나온다. 폭포의 높이는 약 4m로 현지인들이 주말을 보내러 오는 곳이다. 다만 건기에 방문하면 물이 얕아 물놀이를 즐길 수 없고, 우기인 5~9월에는 폭포의 물줄기가 아주 거세고, 수위가 높아 물에서 놀기 어렵다. 물줄기를 따라 조금 더 산을 오르면 200m 높이의 종유석이 있는 항 도이(Hang Dơi) 동굴이 있다.

📍 Dương Tơ, Phú Quốc, tỉnh Kiên Giang 🚶 푸꾸옥 야시장에서 택시 30분 💰 어른 30,000동, 어린이 20,000동 🕐 07:00~21:00 📞 0297-3849-863 🌐 viettravel.info 📍 10.147266, 103.995616

08 빈원더스 푸꾸옥 Vin Wonders Phú Quốc

아시아 최대 테마파크

베트남 최대 호텔 브랜드 빈펄에서 만든 푸꾸옥을 대표하는 테마파크. 베트남뿐 아니라 아시아에서 가장 큰 규모의 테마파크로, 바다 거북 모양의 거대한 아쿠아리움, 없는 게 없는 놀이기구, 동남아시아 최대의 워터파크 등 6개의 구역과 12개의 테마로 이루어진 이곳을 모두 즐기려면 하루는 턱없이 부족하다. 돌고래 쇼나 분수 쇼, 퍼레이드 등 각종 공연이 펼쳐져 정말 쉴 틈 없이 즐거운 시간을 보낼 수 있는 곳이다. 빈펄 사파리와 콤보 이용권을 구매하면 두 곳을 조금 더 저렴하게 이용할 수 있지만, 반나절만 놀기에는 빈원더스만으로도 빠듯하기 때문에 가능하다면 개별로 구매해 하루씩 방문하길 추천한다. 시내에서 조금 떨어진 북쪽에 있어 이동시간이 꽤 소요되는데 택시를 이용해도 좋지만 무료 셔틀 버스를 운행하니 홈페이지에서 시간표를 확인하고 이용하는 것을 추천한다.

📍 Gành Dầu, Phú Quốc, tỉnh Kiên Giang 🚶 푸꾸옥 야시장에서 택시 1시간, 무료 셔틀 버스 1시간(홈페이지에서 시간표 확인) 💰 어른 880,000동, 어린이(1.0~1.4m), 고령자(60세 이상) 660,000동, 1m 미만 무료 (그 외 패키지 상품 홈페이지 참고)
🕐 09:00~20:00 📞 1900-6677 🌐 vinwonders.com
📍 10.334551, 103.856980

09
빈펄 사파리 Vinpearl Safari

베트남 자연 대탐험

자연 속에서 자유롭게 노니는 동물들을 만날 수 있는 곳이다. 아시아에서 손꼽히는 규모를 자랑하는 사파리로 코끼리, 사자, 호랑이 등 다양한 동물을 생생하게 만날 수 있어 아이들이 무척 좋아하는 곳이다. 버스 투어에 참여하면 30여 분 동안 동물을 직접 관찰하며 설명을 들을 수 있다. 또 버기카를 이용한 7인 VIP 투어가 가능한데 비용은 1,500,000동이다. 어린아이가 있는 가족이라면 걷지 않고 설명까지 들을 수 있으니 투어에 참여하는 것을 추천한다. 인원이 부족하다면 투어나 인터넷 카페(푸꾸옥 사랑 등)를 이용해 동승자를 구하는 것도 좋다. 투어 이후에 기린 레스토랑이나 플라밍고 레스토랑에서 식사하면, 동물과 함께 식사를 즐기는 이색적인 경험을 기억에 남길 수 있다. 워낙 인기가 많고 거대한 동물원이라 가능하면 이른 아침에 방문하는 것을 추천하고 4시 반 정도면 셔틀이 종료되므로 유의해서 관람해야 한다.

📍 Unnamed Road, Gành Dầu, Phú Quốc, tỉnh Kiên Giang
🚶 푸꾸옥 야시장에서 택시 50분, 무료 셔틀 버스 1시간(홈페이지에서 시간표 확인) 🎫 빈펄 사파리 650,000동 🕐 08:30~16:00
📞 0297-3636-699 🌐 vinwonders.com/vinpearl-safari
📍 10.337591, 103.890782

10

함닌 어촌 마을 Ham Ninh fishing town Làng Chài Hàm Ninh   수상 가옥으로 이루어진 부둣가 마을

아름다운 일출과 일몰 모두 볼 수 있는 작은 어촌 마을로 바다로 이어지는 긴 부두 길이 인상적이다. 바다 위에 지은 수상 단지로 다양한 수산물을 거래한다. 현지인이 주로 이용하는 곳으로 신선한 해산물을 저렴한 가격에 구입할 수 있으며, 다양한 해산물의 시식도 가능하므로 해산물을 좋아한다면 들러보자. 인근 레스토랑에서 아름다운 노을을 바라보며 식사를 즐기는 것도 좋다. 부두 끝엔 벤 타우 함닌(Bến tàu Hàm Ninh) 여객 터미널이 있다.

◎ Hàm Ninh, Phú Quốc, tỉnh Kiên Giang 푸꾸옥 야시장에서 택시로 27분. ⓒ 04:00~22:00 10.180994, 104.049341

11

코코넛 수용소 Phu Quoc Prison(Coconut Prison) Di Tích Nhà Tù Phú Quốc   전쟁의 잔혹함을 고스란히 재현하다

포로수용소로 당시의 참혹했던 상황을 재현해놓았다. 미군이 만든 곳으로 총 14개 구역으로 나뉘어 있는데, 한 구역에 3천여 명씩, 정치범을 포함해 약 4만 명을 수감했던 곳이다. 당시 잔인했던 고문 장면을 그대로 묘사해놓아 섬뜩한 기분마저 든다. 인근에 유명한 후추 농장, 진주 농장이 있으며, 원데이 투어 프로그램 이용 시 같이 들르기도 한다. 당시 하루 한 끼 제공되던 것이 코코넛이고 그 껍질로 땅굴을 파 탈출 시도를 했다 해 코코넛 수용소로 불린다.

◎ 350 Nguyễn Văn Cừ, An Thới, Phú Quốc, tỉnh Kiên Giang 푸꾸옥 야시장에서 택시 40분 무료 ⓒ 07:00~17:00
 phuquocprison.org 10.043615, 104.018492

TIP
이곳도 함께 들르자

❶ **전쟁 박물관** Di Tích Lịch Sử trại Giam Phú Quốc
코코넛 수용소 초입에 위치한 박물관으로 당시의 자료, 유물 등이 보관돼 있다.

❷ **전쟁 기념 공원** Martyrs Monument Phu Quoc Prison
코코넛 수용소 건너편에 위치한 작은 공원으로 애국자들을 기리기 위해 만들었다.

12

혼똠섬 Thom island Hòn Thơm

세계 최장 길이 케이블카를 타고

아름다운 푸꾸옥의 매력을 제대로 느낄 수 있는 곳 중 하나로 북적이는 해변을 벗어나 조금은 독특한 모험을 떠날 수 있는 섬이다. 세계 최장 길이인 7,899.99m 해상 케이블카를 타고 20분 정도 이동하면 도착한다. 케이블카에서 내려다보는 바다와 어촌이 만들어내는 조화로운 풍경이 무척 인상적이다. 섬 내부의 셔틀 카트는 무료로 이용 가능하다. 케이블카에서 내린 후 셔틀 카트를 타고 해변으로 이동해 하루를 보내면 된다. 다만 점심시간에는 케이블카를 운영하지 않으니 반드시 확인하고 가자. 입장권에 선 월드 테마파크와 워터파크의 이용권이 포함돼 있으니 이곳을 이용해도 좋고, 해변에서 휴식을 취해도 좋다. 또 섬 내부에 레스토랑 등이 있어 뷔페, 음료 등을 즐길 수 있다. 아이들과 함께 여행 중이라면 수영복을 미리 준비해 하루 종일 노는 것을 추천한다.

- Hòn Thơm, Phú Quốc, tỉnh Kiên Giang
- 푸꾸옥 야시장에서 택시 35분, 케이블카 타는 곳에서 20분 소요
- 케이블카 운행 09:00~09:30, 10:30~11:30, 13:30~14:00, 15:30~17:00, 금~일요일 추가 운행 20:00~20:45 088-604-5888
- honthom.sunworld.vn
- 10.028141, 104.008197

REAL GUIDE
혼똔섬 알차게 즐기기

섬에서 섬으로의 여행. 다양한 액티비티는 물론
맑고 깨끗한 해변에서 가족들만의 휴식 시간을 즐길 수 있다.
아찔하면서도 멋진 풍경을 선사하는 케이블카를 타고
작지만 알찬 섬으로의 모험을 떠나보자.

세계 최장 길이 케이블카 Cáp treo Hòn Thơm - Ga An Thới

투명하고 푸르른 바다 위로 약 20분간 이동하는 해상 케이블카. 케이블카를 타기 위해선 언덕 위에 우뚝 솟은 건물 내에 마련된 케이블카 매표소로 향하면 된다. 건물 내부에는 레스토랑, 상점 등 다양한 시설을 갖추고 있다. 내부에서 보는 통창의 바다 풍경도 멋스러우니 참고하자. 길이 7,899m, 편도 20분, 캐빈 수 70여 개, 1대당 최대 수용 인원 30명의 세계에서 가장 긴 케이블카로 기네스북에 등록돼 있다.

- Bãi Đất Đỏ, Phú Quốc, tỉnh Kiên Giang ⋆ 푸꾸옥 야시장에서 택시 35분
- 왕복 티켓 550,000동(워터파크 입장권 포함) ⓘ 케이블카 운행 09:00~09:30, 10:30~11:30, 13:30~14:00, 15:30~17:00, 금~일요일 추가 운행 20:00~20:45
- 088-604-5888 ⌂ honthom.sunworld.vn ⊕ 10.028241, 104.008197

선 월드 워터파크 & 테마파크 Sun World Waterpark & Theme Park

혼똔섬 안에 선 월드에서 만든 워터파크와 테마파크가 있어 다양한 방식으로 혼똔섬을 즐길 수 있다. 케이블카에서 내리면 셔틀을 타고 해변으로 이동하는데 5~7분 정도 소요되며, 걷기에는 조금 멀다. 해변에 식당 및 해양 스포츠 시설 등이 있다.

- Hòn Thơm, Phú Quốc, tỉnh Kiên Giang ⋆ 혼똔섬으로 이동하는 케이블카 이용
- 입장료에 포함 ⓘ 워터파크 월~목요일 10:00~17:30, 금~일요일 10:00~17:00, 테마파크 09:30~17:00 ⌂ honthom.sunworld.vn ⊕ 9.958567, 104.016615

TIP
혼똔섬 이용 가이드

❶ 이용 요금
비치 이용 시설은 30,000동, 카약 200,000동, 수중 모터사이클 550,000동 등 놀이 시설 등에 대한 비용을 미리 참고하자.

❷ 시내에서 혼똔섬 케이블카 타러 가려면?

선 월드 셔틀버스
남부에 위치한 혼똔섬을 가기 위해 푸꾸옥 중심가에서 이용이 가능한 선 월드 셔틀버스가 왕복 운행 중이며, 중부 지역인 동동 타운에서 안토이 스테이션(혼똔섬 케이블카 매표소)까지 운행한다. 대략 1시간 정도 소요되며 첫 운행시간은 08:00, 마지막 운행은 14:10이다. 갤럭시 호텔, 럭키 호텔, 롱 비치 센터, 선 씨 리조트, 에덴 리조트, 노보텔 리조트, 가안 토이 등에서 출발하니 시간표를 잘 숙지해서 이용해보자. 혼똔섬 매표소에서 돌아오는 버스는 12:00~19:05 사이에 운행된다. 배차 간격은 5~25분.

11번 버스
시내(즈엉동 일대)에서 안토이(혼똔섬 케이블카 매표소)까지 운행하는 시내버스다. 요금은 인당 40,000동으로 경치를 구경하며 이동하기 좋다. 버스 내에서도 혼똔섬 입장권을 판매한다. 시내에서 케이블카 매표소까지 대략 40~50분 소요되며, 타는 곳은 야시장 인근 버스 정류장이다.

11번 버스 정보
· 이용 시간: 첫차 06:00, 막차 17:00
· 출발 장소: 버스 회사(CÔNG TY CỔ PHẦN XE BUÝT PHÚ QUỐC)
· 출발지 종점 주소: 126 Đường Nguyễn Trung Trực, TT. Dương Đông, Phú Quốc, tỉnh Kiên Giang
· 도착 장소: 혼똔섬 케이블카 매표소(Hon Thom Cable Car Station)
· 운영 시간: 20분마다 운행, 06:00~18:00 (케이블카역 막차 17:00)
· 가격: 40,000동~ (구간별로 상이)
· 전화: 082-344-4416

택시 & 그랩
번거로움이 싫다면 편안하게 택시나 그랩을 이용하는 것도 방법이다. 즈엉동 시내에서 출발 시 약 300,000~400,000동 비용이 소요된다. 시내로 돌아올 경우에는 혼똔섬 매표소 앞에 대기하는 택시를 이용해 돌아올 수 있다.

REAL GUIDE
푸꾸옥을 대표하는 질 좋은 상품을 만나다
푸꾸옥 특산물 탐방

푸꾸옥에 아름다운 바다만 있는 것은 아니다.
푸꾸옥만의 특산물, 소소한 체험과 재미를 느껴볼 수 있는 곳들이 있으니 빼놓지 말자.

후추 농장 Pepper farm Phu Quoc

커피보다 더 유명한

전 세계에서 유명한 푸꾸옥 후추! 베트남은 커피 생산국으로도 유명하지만, 세계 후추 생산량의 약 50%에 달하는 어마어마한 양이 바로 이곳에서 재배된다. 그래서 푸꾸옥의 후추는 선물용으로도 많이 사는 필수품이 됐다. 후추 농장에서 따스한 햇살을 받으며 싱싱하게 자라는 후추 채취 체험도 해볼 수 있다.

📍 Tổ 4. Ấp, Suối Mây, Phú Quốc, tỉnh Kiên Giang
🚶 푸꾸옥 국제공항에서 차량으로 15분
🕘 09:00~17:00   📞 093-996-9593
🏠 pepperfarmphuquoc.com
📍 10.211235, 103.983689

TIP
푸꾸옥 투어 예약은?
푸꾸옥은 해변 휴양지라 투어가 많지도 않고, 현지에서 직접 예약하기에는 숙소와의 거리 등 번거로움이 많다. 그래서 투어에 참여하려면 푸꾸옥 도깨비 등의 한국 여행사나 마이리얼트립 등의 투어 플랫폼을 이용해 온라인으로 예약하기를 추천한다.

🏠 푸꾸옥 도깨비 cafe.naver.com/ysm5828, 푸꾸옥 사랑 cafe.naver.com/nctownnet11, 마이리얼트립 www.myrealtrip.com, 클룩 www.klook.com

진주 상점 Phu Quoc Pearl Shop

천연 진주의 모든 것

푸꾸옥은 사면이 바다로 둘러싸인 데다 연중 기후가 온난해 동남아에서 가장 저렴하고 질 좋은 양식 진주를 생산한다. 그중 가장 유명한 진주 상점은 롱 비치 센터의 진주 전문 상가다. 서로 다른 크기와 색을 가진 여러 종류의 진주와 진주를 활용한 다양한 액세서리를 만날 수 있다. 또 즈엉동 시내에서 롱 비치 인근으로 이동하다 보면 관광객들을 위한 작은 진주 상점도 몇 군데 만날 수 있다. 원데이 투어 중 들르는 곳으로, 개별적으로 가려면 위치가 애매해 택시를 타고 이동해야 한다.

롱 비치 센터(진주 상점) Long Beach Center
- 124 Đường Trần Hưng Đạo, Dương Tơ, Phú Quốc, tỉnh Kiên Giang ⚐ 푸꾸옥 야시장에서 택시 7분
- 07:30~18:00 ☏ 098-585-8553
- 10.191019, 103.966734

펄 팜 Pearl Farm Ngọc Hiền
- Đường Trần Hưng Đạo, Dương Tơ, Phú Quốc, tỉnh Kiên Giang ⚐ 푸꾸옥 야시장에서 택시 15분
- 08:00~19:00 ☏ 098-809-7097
- 10.170188, 103.970705

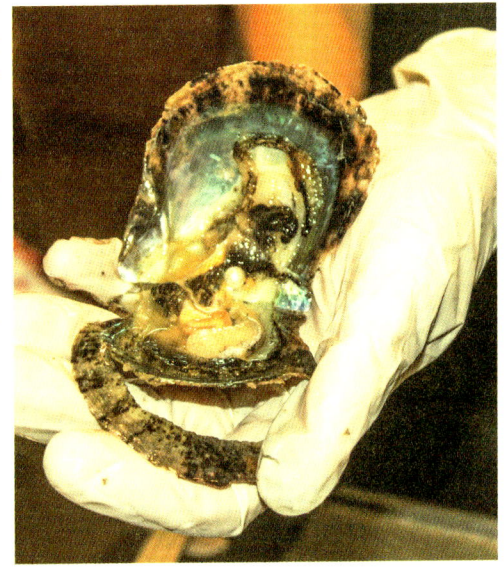

느억맘 공장 Khai Hoan Traditional Fish Sauce

천국의 요리 소스

푸꾸옥은 관광 수입보다 어업을 통한 수입이 더 높은 곳으로 청정 해안에서 잡은 생선과 해산물이 유명하다. 베트남 사람들에게 '신선이 마시는 꿀'이라는 애칭으로 통하는 느억맘은 어떤 음식에 넣어도 천상의 요리 맛을 낸다 할 정도로 베트남에선 만능 소스로 통한다. 나무통에 소금과 생선을 넣고 1년 정도 숙성시켜 만드는 순도 100%의 투명한 액상 소스가 최상품으로 알려져 있다. 베트남 전통 음식을 먹을 때 빼놓지 않고 등장하는 멸치액젓 같은 소스다.

- 11 Cầu Hùng Vương, TT. Dương Đông, Phú Quốc, tỉnh Kiên Giang ⚐ 푸꾸옥 야시장에서 택시 10분 ₫ 1L 165,000동, 0.5L 87,000동
- 07:30~19:30 ☏ 091-971-1919
- khaihoanphuquoc.com.vn
- 10.219692, 103.971784

> **01**
>
> ### 식객 Sik Gaek
>
> **정갈하고 맛있는 정통 한식**

가족 여행객이 많은 푸꾸옥. 부모님을 모시고 온 가족들이 꼭 들르는 곳이 바로 식객이다. 한국인 사장이 운영하는 곳으로 정통 한국의 맛을 느낄 수 있다. 지글지글 구워 먹는 삼겹살은 물론 다양한 한식을 정갈하게 선보인다. 푸꾸옥에서 한식 맛집으로 알려져 한국 관광객에게는 이미 입소문난 곳이기도 하다. 베트남 요리에 질려 한식을 한 끼라도 먹어야겠다면 이곳에 들러보자.

📍 khi to hop du rich sonasea villas, To 5, Ap, Đường Bào, Phú Quốc, tỉnh Kiên Giang 🚶 푸꾸옥 야시장에서 택시 20분 💰 삼겹살 1인분 200,000동, 김치찌개 180,000동 🕐 11:00~14:00, 17:00~22:00 📞 034-401-1578 🌐 facebook.com/SikGaek.PQ 📍 10.130592, 103.982665

> **02**
>
> ### 리꼬르도 레스토랑 Ricordo Restaurant
>
> **화덕 피자가 맛있는 레스토랑**

식객 아래층에 있는 곳으로 베트남 유명 연예인들도 즐겨 찾는다. 명성답게 맛도 퀄리티도 알아주는 곳이다. 특히 화덕에 구운 피자는 고소하고 토핑이 싱싱해 많은 한국인의 사랑을 받는다. 한국인 사장이 운영해 서비스와 인테리어까지 손색이 없다. 서양식이 먹고 싶을 땐 리꼬르도에 방문하자!

📍 Mojo Boutique Hotel, to 5, Đường Bào, Phú Quốc, tỉnh Kiên Giang 🚶 푸꾸옥 야시장에서 택시 20분 💰 피자 250,000동~, 치킨 300,000동~, 떡볶이 100,000동 🕐 07:00~22:30 📞 070-697-5050 📍 10.130538, 103.982021

03 코코팜 비치 리조트 레스토랑 Coco Palm Beach Resort Restaurant

조용하게 즐기는 푸꾸옥 해변

길게 늘어선 해변을 두고 코코팜 비치, 옹랑 비치, 망고 비치 등 다양한 이름을 가진 해변이 늘어서 있다. 그중 코코팜 비치에 위치한 리조트로 투숙객이 아닌 외부인이 방문해 식사할 수 있게 식당이 개방되어 있다. 해변에 마련된 테이블에서도 식사할 수 있어 조용하게 바다를 감상하며 즐기기에 좋다. 식당 내부에서는 라이브 공연이 열려 낭만적인 분위기에서 식사할 수도 있다. 투숙객이 아닌 외부인이 해변에서 선 베드만 이용할 경우에는 요금을 지불해야 한다. 또 오후 4~7시까지는 해피 아워로 칵테일과 맥주 등을 할인 가격으로 즐길 수 있다.

📍 đường Lê Thúc Nhã, Cửa Dương, Phú Quốc, tỉnh Kiên Giang 🚶 푸꾸옥 야시장에서 택시 10분 💲 와인 400,000동, 맥주 100,000동 🕐 08:00~22:00 📞 0297-3987-979
📍 10.256926, 103.938782

04 반 쎄오 다이 덕 Bánh Xèo Đại Đức

정원이 멋진 반 쎄오 맛집

현지인이 추천하는 반 쎄오 맛집으로 우아한 정원에서 즐길 수 있도록 잘 꾸며져 있다. 갓 구운 반 쎄오와 싱싱하고 풍성한 채소 등 가격 대비 퀄리티가 우수하다. 작은 정원 속 오두막들은 옹기종기 모임하기에도 적합하다. 인근의 회사원, 가족 등 현지인들이 많이 이용하는 곳으로 시내와는 조금 떨어진 곳이라 관광객이 찾기는 쉽지 않아 그랩이나 택시를 이용해야 한다.

📍 ĐT47 tt, Hàm Ninh, Phú Quốc, tỉnh Kiên Giang 🚶 푸꾸옥 야시장에서 택시 20분
💲 반 쎄오 80,000동~, 분짜 70,000동~ 🕐 06:30~20:00 📞 091-873-3123
📍 10.175288, 104.018187

05 선셋 사나토 비치 클럽 Sunset Sanato Beach Club

멋진 사진을 담을 수 있는

롱 비치에 위치한 바 겸 클럽이다. 천국의 문이라 불리는 긴 다리를 가진 코끼리 조각상이 바다 위에 세워져 있으며, 이 섬의 해변에서 가장 유명한 일몰 명소이기도 하다. 아름다운 해변에서 보는 일몰과 하늘 위를 날아가는 비행기의 묘한 조합이 멋진 곳! 비수기에는 무료로 들어갈 수 있으나 성수기에는 70,000동 정도의 입장료를 받는다. 인근에 개발 공사가 꾸준히 이루어지고 있는 지역이다.

📍 Dương Tơ, Phú Quốc, Phú Quốc, tỉnh Kiên Giang　🚶 푸꾸옥 야시장에서 택시 24분
💰 음료 70,000동~, 해변 입장료 100,000동(수영 가능)　🕐 09:00~21:00　📞 0297-6266-662
🏠 sunsetsanato.com　📍 10.153102, 103.973590

06 세일링 클럽 푸꾸옥 Sailing Club Phu Quoc

해안의 고급 바

롱 비치에서 핫한 바. 해안가에 위치해 풍광도 일품이다. 저녁에는 불 쇼 등을 하며, 옆쪽의 인터콘티넨탈 호텔과 이어져 있어 산책 겸 들르기도 좋다. 영어 의사소통이 원활하며 한국어 응대가 가능한 직원도 있다. 중앙에 작은 풀장과 해변의 야자나무 등 운치도 있다. 입구에 작은 패션 상점도 있다.

📍 Next to Intercontinental, Lô B7, Khu phức hợp Bãi Trường, Phú Quốc, tỉnh Kiên Giang 🚶 푸꾸옥 국제공항에서 택시 19분 💲 후추 칵테일 230,000동, 이외 칵테일 160,000동~ 🕐 12:00-22:00 📞 093-103-1035 📍 10.114867, 103.981828

07 선셋 비치 바 Sunset Beach Bar

푸꾸옥 밤바다를 더욱 신나게

해안가에 위치해 분위기가 좋고 선 베드와 푹신한 소파로 구성돼 오래도록 편하게 술을 마시며 보낼 수 있다. 오후 8시부터는 점점 사람들이 모여들기 시작하고 전문 DJ의 디제잉이 시작돼 한껏 흥이 달아오른다. 팬데믹으로 위기를 겪은 지금도 가장 핫한 비치 바로, 푸꾸옥의 밤을 신나게 마무리하고 싶다면 방문해보자.

📍 100C/2 Tran Hung Dao str, Duong Dong, Phú Quốc, tỉnh Kiên Giang 🚶 푸꾸옥 야시장에서 택시 10분 💲 블루라군 칵테일 179,000동, 씽거푸드 콤보 319,000 🕐 10:00-24:00 📞 0297-357-6789 🌐 sunset.vn 📍 10.200343, 103.962873

08
잉크 360 Ink 360

거대한 문어와 함께하는 야경

푸꾸옥 인터콘티넨탈 호텔의 루프톱 바로 어마어마한 크기의 문어 조형물로 꾸민 독특한 인테리어를 자랑한다. 다양한 바들이 생기기 전에는 가장 유명했던 곳으로 가격은 저렴하지 않지만 푸꾸옥에서 가장 높은 19층 전망과 탁 트인 풍경을 자랑한다. 낮에는 살랑이는 바람과 햇살을 맞으며 여유 있게 차를 마시고, 밤에는 파도 소리를 들으며 칵테일 한잔 마시기 좋다. 비치에서만 일몰을 즐겼다면 최고층에서 내려다보는 일몰도 만나보자.

📍 InterContinental Phu Quoc Bai Truong, Phu Quoc, tỉnh Kiên Giang
🚶 푸꾸옥 야시장에서 택시 25분
🍴 와인 250,000동~, 칵테일 320,000동
🕐 화~일요일 17:00~23:00
🏠 phuquoc.intercontinental.com/ink-360 📍 10.112892, 103.983435

09
쭈온쭈온 비스트로 & 스카이 바 Chuồn Chuồn Bistro & Sky Bar

내려다보는 야경이 일품

현지인이 추천하는 레스토랑으로 아름다운 일몰과 야경을 내려다볼 수 있는 뷰 포인트다. 이곳으로 향하는 길에 다양한 레스토랑이 있지만 가장 높은 위치에서 넓은 도심 풍경을 바라볼 수 있는 곳은 바로 이곳뿐이다. 푸꾸옥의 야경 포인트로 손꼽히며, 연인들의 데이트 장소로 유명하다. 가격이 저렴한 편은 아니지만 한 끼 정도 분위기를 내보자! 실내외 넓은 공간과 단체석도 있어 대규모 인원도 수용 가능하다.

📍 Duong Dong town Phu Quoc island, Khu 1, Phú Quốc, tỉnh Kiên Giang
🚶 푸꾸옥 야시장에서 택시 15분.
🍴 맥주 90,000동~, 칵테일 150,000동~
🕐 07:30~22:30 📞 0297-3608-883
🏠 facebook.com/chuonchuonbistro
📍 10.209832, 103.966572

01

푸꾸옥 야시장 Phu Quoc Night Market Chợ đêm Phú Quốc

푸꾸옥 기념품은 여기서!

푸꾸옥에 가면 무조건 들르게 되는 곳으로 즈엉동 시내 중심가에 위치한 푸꾸옥에서 규모가 가장 큰 시장이다. 다양한 특산품은 물론 기념품, 진주 보석 등 길가에 늘어선 상점들의 종류도 다양하다. 또 해산물 전문 식당들을 아우르고 있어 신선한 식사를 즐길 수 있다. 그 외에 기념품 상점 등 볼거리도 아주 풍부한 곳이다. 그중에서 꼭 사야할 것은 푸꾸옥 특산품으로 알려진 다양한 맛의 땅콩이다. 관광객이 많이 몰리는 곳이므로 소매치기, 분실 등에 유의해야 한다. 사람마다 다르지만 먹거리와 볼거리를 제대로 즐긴다면 2~3시간 정도 걸릴 수 있으니 참고하자.

📍 54 Đường Nguyễn Trãi, Khu 1, Phu Quoc, tỉnh Kiên Giang 🚶 푸꾸옥 국제공항에서 택시 25분 🕐 06:00~23:00(야시장 17:00~23:00) 🌐 10.216044, 103.960371

PART 05

즐겁고 설레는 여행 준비하기

HO CHI MINH

여행 준비 & 출국

여행의 시작은 준비부터다. 하나하나 찬찬히 준비하고 챙기다 보면,
기대감과 설렘이 더욱 커져 일상의 스트레스를 날려버릴 수 있다.

D-70
여행 정보 수집하기

1 자유여행 vs 패키지여행
베트남 자유 여행은 참고할 만한 후기나 자료도 많고, 한국 여행사가 많이 진출해 있어 여행을 준비하기 어렵지 않다. 그래서 친구, 연인 등 소수 인원과 함께하는 경우에는 자유여행을 추천한다. 그러나 아이나 연세가 많은 어르신과 함께한다면 숙소, 교통, 관광지 루트 등이 정해진 패키지여행도 괜찮다. 호치민이나 베트남 남부의 경우 자유여행이 쉬운 편이지만 실속 있는 패키지여행 상품도 많다.

2 날씨에 따른 여행 스케줄
여행을 좌우하는 것은 바로 '날씨'다. 베트남은 지형이 길게 늘어진 형태라 남부의 기후는 연중 온화하지만, 북부의 경우 겨울에는 한국의 초겨울처럼 쌀쌀한 날도 더러 있다. 호치민은 연중 25~28℃로 무더운 날이 계속된다. 여행 최적기는 12~2월로 습도가 낮고 쾌청한 날이 많다. 우기는 5~10월, 건기는 11~4월이다. 극우기와 극건기 때는 아무래도 여행이 용이하지 않다. 스콜성 강우가 빈번한 호치민의 경우 7~8월엔 거센 비가 자주 내리기도 한다. 또 3~4월엔 낮 기온이 30℃ 중반을 웃돌아 우리나라의 더위는 더위도 아니라고 느껴질 정도다. 이 시기는 피하는 게 좋다. 비용이 가장 저렴한 시기를 꼽자면 9월, 성수기는 대략 1~3월이다.

4 여행 기간 정하기
주말을 이용해 여행을 간다면 3박 4일이 적당하고, 일정이 넉넉하다면 6박 7일 정도를 추천한다. 호치민을 시작으로 근교 도시들을 둘러보려면 여유 있게 이동해야 지치지 않는다. 만약 주말 단기 여행이라면 호치민과 근교인 붕따우를 추천한다. 현지의 다양한 여행사에서 원데이 투어 프로그램 등을 편리하게 이용할 수 있다. 베트남 남부의 도시 역시 직항이 있는 호치민, 나트랑을 중심으로 달랏, 무이네를 엮은 3박 4일, 4박 5일 정도의 여행이 일반적이다. 여기서 일정이 늘어난다면 체류일수나 방문 도시를 추가하면 된다. 휴양지인 푸꾸옥의 경우에는 가능한 기간만큼 휴식을 취하도록 하자.

D-60
여권 만들기

1 여권 발급
전국 광역시 및 도 여권과에서 신청, 발급받을 수 있다. 자세한 정보는 외교부 여권과 전화 및 홈페이지를 참고하자.
- 📞 02-733-2114
- 🏠 www.passport.go.kr

2 구비 서류
- 여권발급신청서 1부(구청 민원여권과 비치)
- 여권 명의인의 여권용 규격 사진(최근 6개월 내 촬영)
- 신분증(주민등록증, 운전면허증)과 수수료(현금, 카드 가능)

★ 병역 의무자 등 여행자 본인의 신분이나 상황에 따라 추가 구비 서류가 필요할 수 있다. 자세한 내용은 여권과 홈페이지를 참고하자.

3 여권 발급 수수료
- **신규 발급**: 1년 단수(20,000원), 10년 복수(53,000원)
- 전 여권 잔여 유효기간 재발급: 25,000원(분실, 훼손, 개명, 사진 교체 등)

4 여권 발급 절차
신청서 작성 → 접수 → 서류심사 → 제작 → 교부

> **TIP**
> **여행 전 여권 체크사항**
> 해외여행을 계획 시 유효기간이 6개월 미만이라면 꼭 신규 발급해야 한다. 베트남뿐 아니라 세계 어느 나라를 가든 마찬가지이므로 미리 체크하자.

D-50
항공권 구입

1 한국에서 호치민행 항공 편
인천, 부산(김해)에서 호치민 탄손누트국제공항까지 직항으로 운행 중이며 운행 항공사로는 아시아나항공, 베트남항공, 티웨이항공, 비엣젯항공 등이 있다.

2 항공권 구입
개별 항공사 홈페이지 VS 항공권 예약 사이트
각 항공사 홈페이지에서는 자체 프로모션 및 서비스를 빠르게 이용할 수 있으며, 예약 시 중개 수수료가 붙지 않는다. 특히 저가 항공사는 할인 프로모션을 많이 해 종종 특가 소식도 들을 수 있다.
항공권 예약 사이트는 구간 좌석을 미리 사놓고 판매하기 때문에 가끔 '땡처리' 항공권 등을 저렴하게 구입할 수 있다. 여행하고 싶은 지역의 프로모션 등을 지정해 알림을 설정하자.

항공권 가격 비교 사이트
- 카약닷컴 www.kayak.co.kr
- 트립닷컴 kr.tnp.com
- 스카이스캐너 www.skyscanner.co.kr
- 익스피디아 www.expedia.co.kr/air

D-40
비자 발급

대한민국 국적인 경우 무비자로 15일 동안 체류할 수 있다. 그 이상 머물 계획이라면 베트남 비자를 발급받아야 한다. 또 비자 없이 2회 연속 입국 시 직전 베트남 출입국일로부터 30일이 경과해야 가능하며, 30일 이내 입국 시에는 반드시 베트남 비자가 필요하다. 베트남 비자 종류는 전자비자, 도착 비자, 그리고 대사관에서 직접 받는 일반 비자 3가지다.

1 일반 비자
직접 발품을 팔아 받는 비자로 대사관에 방문해 여권에 붙인 비자를 받는다. 가격이 비쌀 뿐 아니라 발급 기간이 길어 대부분 대행사에 의뢰하거나 도착 비자를 선호하는 편이다. 준비물은 여권 원본, 여권 사진 1매, 전자항공권, 호텔 바우처, 간략 여행 일정, 비자 신청서 등이다.

2 도착 비자
가장 많이 이용하는 비자로 도착 공항에서 발급받는다. 비자 처리 센터가 따로 있을 정도로 많은 외국인이 이용 중이며, 성수기일 경우 대기 시간이 꽤 걸린다. 공항 도착 즉시 비자 센터(Landing Visa)를 찾아 대기하자. 비용은 저렴한 편이며 베트남 현지로부터 받은 초청장이 필요한데, 이는 대행사에 소정의 금액을 지불하면 메일로 받을 수 있다. 미리 프린트해서 비자 신청서, 여권 사본 등과 함께 제출하면 끝! 여권용 사진 1~2매도 준비해야 한다.

- 도착 비자 발급 공항: 탄손누트 국제공항(호치민), 노이바이 국제공항(하노이), 다낭 국제공항, 하이퐁 공항, 나트랑 공항, 푸꾸옥 공항, 달랏 공항에서 가능하다.

- 비자 종류

비자종류	기간 체류 기간	비용 달러 또는 베트남 동으로 현금 결제, 신용카드 결제 불가
관광 비자	1개월(30일) 단수와 복수	· 1·3개월 단수/복수: $25/$50 · 6개월: $95 · 12개월: $135
	1개월(90일) 단수와 복수	
상용 비자 (비즈니스)	1개월(30일) 단수와 복수	
	3개월(90일) 단수와 복수	
	6개월(90일) 복수	
	12개월(90일) 복수	

- 단수: 비자 기간 동안 1회만 입국과 출국 가능
- 복수: 비자 기간 동안 횟수 제한 없이 입국과 출국 가능

- 도착 비자 받는 절차: 베트남 현지 공항의 비자 창구 방문→준비한 서류 제출→모니터에서 이름 호명→여권, 비자 유형 확인 후 스탬프 비용 지불→비자 발급 완료→입국 심사대 이동

3 전자 비자
E-비자라고도 부르며, 유효한 대한민국 국적의 여권, 신용/직불 카드 또는 페이팔 계정, 여권 이미지, 디지털 여권 스캔(개인정보 페이지) 등이 필요하다. 비용은 25달러로 인터넷으로 신청하기 때문에 평균 3~5일이 소요되며, 체류 가능 기간은 도착 후 최대 30일까지다. 이것도 미리 프린트를 해두는 게 좋다. 다만 아직 확실한 안전장치가 없고 분실 위험이 높아 도착 비자를 더 선호하는 편이다.

- 신청 방법: 공식 홈페이지(evisa.xuatnhapcanh.gov.vn/)→E-VISA insurance 클릭→personally apply 또는 E-visa 클릭→여권 스캔 후 업로드, 개인 정보 작성→비용 지불→완료 후 신청 대기

D-30
여행 일정, 예산

어디를 어떻게 여행할지, 예산은 얼마인지 미리 계획을 세우는 일은 중요하다. 주말을 이용한다면 여행자금을 조금 더 넉넉히 준비해야 한다. 항공, 숙소 모두 주말에는 가격이 오르기 때문이다. 또 하루에 사용할 금액을 미리 산정해보는 것도 좋다. 큰 지출 항목은 비행, 숙소, 투어 비용이다. 여기에 현지 교통수단 이용료, 식비, 입장료, 쇼핑 비용 등을 더한다.

참고할 만한 카페
- 네이버 베나자 cafe.naver.com/mindy7857
- 네이버 베트남 그리기 cafe.naver.com/vietnamsketch
- 네이버 푸꾸옥 사랑 cafe.naver.com/nctownnet11

여행자 보험
여행자 보험은 은행에서 일정 금액 이상 환전 시 제공하는 보험을 가입하면 편리하다. 여러 보험사, 통신사에서도 판매한다. 일정에 따라 금액이 달라지므로 자신에게 맞는 여행자보험을 잘 판단해서 미리 준비하자. 특히 소매치기, 분실 관련 특약을 들어놓는 게 좋다. 현지 도착 후에는 여행자보험 가입이 어렵다.

D-20
숙소 알아보기

항공, 여행 일정, 예산까지 모두 잡았다면 이제 하루의 피로를 풀어줄 숙소를 알아보는 일이 남았다. 호치민을 기준으로 근교 여행을 어떻게 할 것인지, 또 누구와 동행하는지에 따라 리조트, 호텔, 에어비앤비, 게스트하우스 중에서 선택하면 된다. 아이와 함께 여행한다면 다양한 놀이 시설이 있는 리조트를 추천한다. P.262, P.264

D-7
환전하기

주거래 은행에서 환전
주거래 은행에서 달러와 동으로 환전할 수 있다. 달러의 경우 우대 환율 적용을 알아보고 환전하는 게 좋다. 특히 달러는 큰 액수로 환전해가는 게 현지에서 동으로 환전 시 유리하다.

공항에서 환전
공항 내 은행에서 달러, 동으로 환전할 수 있다. 다만 급하게 환전해야 할 경우에만 이용하는 게 좋다. 환율 우대 및 수수료가 가장 비싸기 때문이다.

인터넷으로 환전
주거래 은행 및 다양한 은행 앱에서 신청 가능하다. 이때 근처 은행 수령이나 공항 은행에서 수령을 정해 그곳에서 받는다.

* 달러로 환전할지 동으로 환전할지는 각자의 선택이지만, 귀찮은 게 싫다면 국내에서 동으로 바로 환전하자. 다만 달러로 환전 시 현지에 도착해 다시 동으로 환전해야 하는 번거로움이 있지만 훨씬 유리한 건 사실이다. 또 해외 인출 시 혜택이 많은 은행 직불 카드가 있으니 주거래 은행 등에서 알아보고 이용하자.

D-10
유심, 여행자 보험

유심

구매처	비용	통신사
usimstore.com 또는 airportusim.com에서 구매 후 자택이나 공항에서 수령(국내)	30일간, 4G 10GB, 3G 무제한 7,800원~	비엣텔, 모비폰, 비나폰
공항 또는 현지 상가(현지)	통신사, 구매처, 용량에 따라 요금 차이 약 150,000동(8,900원~)	비나폰 등 다수

* 이 외 통신사 데이터 로밍 서비스를 1일 9,900원 정도에 이용 가능하다.

D-3
여행 짐 챙기기

중요 필수품
여권, 여권 사본, 여권 사진, 투어 바우처, 항공권, 호텔 바우처 등(각종 바우처는 휴대 전화에 다운로드받아 두면 편리하다).

날씨에 따른 패션 용품

우기에 베트남을 방문한다면 우비, 젖어도 상관없는 슬리퍼(샌들), 카디건 등을 구비하자. 이 외 계절에는 여름옷과 신발, 모자 등만 준비하면 된다. 또 수영장이 있는 호텔에 묵을 경우 수영복을 챙겨가자. 화장품의 경우 남녀 선크림은 기본! 간단한 스킨, 로션 제품은 챙겨가자. 현지에서 우리나라 화장품을 사려면 가격이 비쌀 뿐 아니라 외국 브랜드 제품을 찾기도 쉽지 않다.

그 외 구비할 목록

선글라스, 가벼운 가방, 카메라 용품, 모기 퇴치제, 상비약

D-DAY
인천 국제공항에서 출국

1 출국 공항 터미널 확인

인천공항은 제1 여객터미널과 제2 여객터미널로 나뉜다. 두 터미널은 각각 운행하는 항공사가 다르니 꼭 미리 확인해야 한다. 혹시나 다른 터미널에서 출국을 준비했다면, 셔틀 트레인을 통해 터미널 사이를 이동할 수 있으니 당황하지 말고 탑승장을 찾아가도록 하자.

2 3시간 전에 공항에 도착

환전, 유심 수령, 면세점 쇼핑 등의 계획이 있다면 3시간 전에는 공항에 도착하는 것이 좋다. 인천 국제공항까지는 각 도시에서는 공항 리무진, 서울 내에선 공항 리무진 또는 공항철도 등을 이용하면 된다. 여럿이 함께 여행하는 경우 약속 시간을 더 이르게 잡고 공항에서 장소를 지정한 후 만나는 게 좋다.

3 탑승 수속, 수하물 보내기

각 항공사 카운터에 항공권과 여권 등을 제시하고 수속을 밟는다. 수하물을 올린 후 무게 초과 및 수하물 내 위험 물질이 없는지 확인한다. 기기의 배터리는 수하물에 넣을 수 없으므로 기내용 가방에 미리 빼놓는 게 좋다. 온라인 얼리 체크인이 가능한 항공사도 있으니 참고하자.

4 보안 검색 및 출국 심사

발권 후 짐을 보내면 탑승권과 여권을 챙겨 출국장으로 들어간다. 소지한 액체류는 100ml가 넘으면 버려야하므로 유의하자. 또 노트북의 경우 검색대에 따로 꺼내서 검사를 받아야 하고, 칼이나 라이터 등은 반입이 안 되는 경우가 있으니 미리 알아보자.

5 면세점 이용

온라인 면세점을 이용해 공항 수령을 신청했다면, 사전에 면세품목 인도장 위치를 확인 후 수령하러 가면 편하다.

6 탑승구 이동

공항 라운지, 면세점 등 모든 일을 마쳤다면 이제 비행기 탑승동으로 이동한다. 최소한 출발 시간 20분 전에는 도착해야 한다.

D-DAY
호치민 국제공항 입국

코로나19로 인해서 여행이 아주 많이 달라졌다. 나라마다 필요한 서류도, 준비도 제각각. 베트남 입국 시에도 방역 및 격리 지침 등 꼼꼼히 알아보고 미리 준비해야 당황스러운 일이 생기지 않는다.

◆ 리얼 시리즈와 함께 떠나는 안전 여행 가이드 참고(앞면지)

1 입국 심사

입국 신고서 필요 없이 여권 제시 후 입국 심사를 받을 수 있다.

2 수하물 찾기

입국 심사를 마치면 자신의 수하물이 나오는 곳을 확인해 이동한다. 만약 공항에서 유심 및 환전이 필요하다면 수하물 수령 후 근처에 있는 곳을 이용하자.

3 숙소 이동

사전에 각 호텔, 여행사에 픽업 서비스를 신청할 수 있다. 만약 신청해두지 않았다면 공항에서 시내로 이동하는 공항버스 또는 현지 택시를 이용하자. P.079

호치민 구역별
숙소 특징 & 추천 숙소

호치민에서 가장 많은 여행자가 들르는 곳은 동커이 거리와 부이비엔 거리다. 이 두 거리를 중심으로 다양한 볼거리, 먹거리, 즐길 거리가 있다. 저렴하고 북적이는 숙소를 원한다면 부이비엔 거리, 고급스럽고 조용하게 즐기고 싶다면 동커이 거리에 숙소를 잡자.

숙소 예약 사이트
- 부킹닷컴 www.booking.com
- 아고다 www.agoda.com
- 호텔스닷컴 kr.hotels.com
- 호텔스컴바인 www.hotelscombined.co.kr
- 트리바고 www.trivago.co.kr

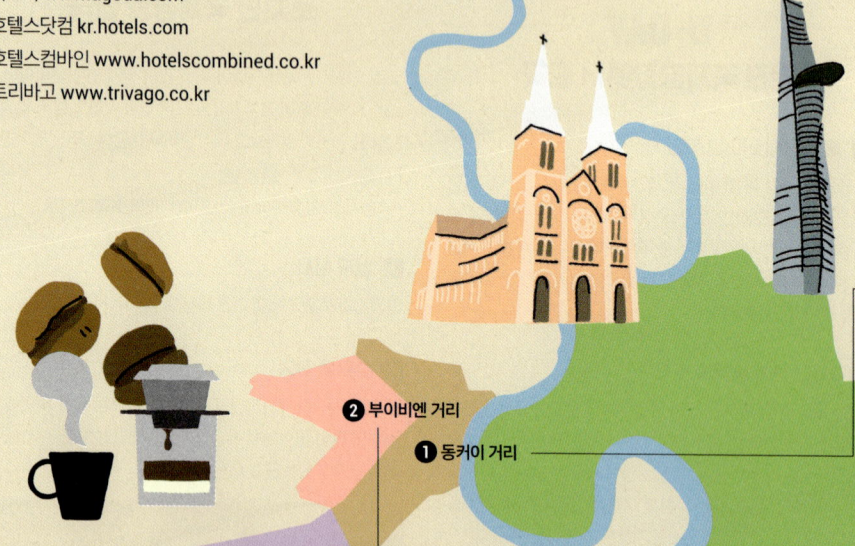

❷ 부이비엔 거리
❶ 동커이 거리

동커이 거리

고급 호텔이 즐비한, 호치민의 메인 거리라 할 수 있다. 중심지답게 이동이 편리하고 식사할 곳이 많다. 주말이면 동커이 거리를 중심으로 다양한 행사가 펼쳐져 관광객뿐 아니라 현지인도 많이 볼 수 있다. 서울의 명동, 강남과 유사하다고 생각하면 된다. 서비스 좋고 유서 깊은 호텔에서 묵을 수 있다는 건 장점이지만 숙박 요금은 상대적으로 비싸다.

🛏 추천 숙소 리스트

- 롯데호텔 사이공 LOTTE HOTEL Saigon
- 르 메르디앙 사이공 Le Meridien Saigon
- 소피텔 사이공 플라자 Sofitel Saigon Plaza
- 노보텔 사이공 센터 Novotel Saigon Centre
- 파크 하얏트 사이공 Park Hyatt Saigon
- 리버티 센트럴 사이공 시티포인트 Liberty Central Saigon City Point
- 호텔 마제스틱 사이공 Hotel Majestic Saigon
- 쉐라톤 사이공 호텔 앤 타워 Sheraton Saigon Hotel & Towers
- 르네상스 리버사이드 호텔 사이공 Renaissance Riverside Hotel Saigon
- 렉스 호텔 Rex Hotel Ho Chi Minh City
- 더 레버리 사이공 The Reverie Saigon
- 더 미스트 동코이 The Myst Dong Khoi
- 그랜드 호텔 사이공 Hotel Grand Saigon
- 호텔 콘티넨탈 사이공 Hotel Continental Saigon
- 호텔 아트 사이공-엠 갤러리 Hotel des Arts Saigon-MGallery

부이비엔 거리

배낭여행자의 거리로 저렴한 호텔, 게스트하우스 등이 밀집돼 있다. 4~5성급 호텔은 찾아보기 힘들며, 중저가 호텔이 밀집돼 있으므로 주머니 사정이 가볍다면 이곳을 적극 이용해보자. 또 여행자들을 위한 여행사, 마사지 숍 등도 많아 편리하게 숙소 인근에서 모든 것을 즐길 수 있다. 단, 술집들이 많다 보니 늦은 밤까지도 소음이 잦은 편이다.

🛏 추천 숙소 리스트

- 풀만 사이공 센터 Pullman Saigon Centre
- 리버티 호텔 사이공 파크뷰 Liberty Hotel Saigon Parkview
- 호텔 니코 사이공 Hotel Nikko Saigon
- 에덴스타 사이공 호텔 Eden Star Saigon Hotel
- 뉴 월드 사이공 호텔 New World Saigon Hotel
- 알라곤 단티크 호텔 앤 스파 Alagon D'Antique Hotel &Spa
- 비엔동 호텔 Vien Dong Hotel
- 엘리오스 호텔 Elios Hotel
- 코지 호텔 Saigon Cozy Hotel

베트남 남부
숙소 특징 & 추천 숙소

지역마다 여행객이 많이 머무는 장소가 있다. 이동이 편리한 지역이거나 관광지가 집중된 곳이다.
호치민 근교 도시, 남부 소도시를 여행할 때 어디서 묵으면 좋을지 알아보자.

• 호치민

• 붕따우

• 푸꾸옥

푸꾸옥

POINT 롱 비치, 푸꾸옥 야시장

아름다운 휴양지 푸꾸옥은 바다를 끼고 호텔과 리조트가 늘어서 있다. 특히 여유를 즐기며 휴식하기에 좋은 5성급 호텔이 많은 곳이다. 해안가보다는 북적이는 시내를 선호한다면 푸꾸옥 야시장 인근의 호텔을 알아보자.

🛏 추천 숙소 리스트

- 모조 부티크 호텔 MOJO Boutique HOTEL
- 인터컨티넨탈 푸꾸옥 롱 비치 리조트
  InterContinental Phu Quoc Long Beach Resort
- JW 메리어트 푸꾸옥 에메랄드 베이 리조트 & 스파
  JW Marriott Phu Quoc Emerald Bay Resort &Spa
- 노보텔 푸꾸옥 리조트 Novotel Phu Quoc
- 선셋 사나토 리조트 앤 빌라스 Sunset Sanato Resort & Villas
- 더 쉘 리조트 & 스파 푸꾸옥
  The Shells Resort and Spa Phu Quoc
- 엠갤러리 베란다 리조트 푸꾸옥
  La Veranda Resort Phu Quoc - MGallery

붕따우

POINT 백 비치 인근

붕따우는 호치민에서 원데이 투어로 많이 가는 곳이다. 현지인들의 휴양지로 각광받다 보니 해안을 끼고 자리 잡은 호텔들이 인기며, 배낭여행자들을 위한 저렴한 숙소도 많다. 백 비치를 아우르는 쪽에는 고급 호텔들, 그리고 프런트 비치 쪽은 현지인들과 배낭여행자들을 위한 저렴한 숙소들이 자리하고 있다.

🛏 추천 숙소 리스트

- 마리나 베이 리조트 앤 스파
  Marina Bay Vung Tau Resort &Spa
- 머큐어 붕따우 호텔 Mercure Vung Tau
- 더 윈드 부티크 리조트
  The Wind Boutique Resort - Spa Inclusive
- 레몬 캡 리조트(SV 부티크 리조트)
  Léman Cap Resort(SV Boutique Resort)
- 풀만 붕따우 Pullm an Vung Tau
- 이비스 스타일 붕따우 ibis Styles Vung Tau

• 나트랑

달랏
•

• 무이네

나트랑

POINT 나트랑 비치 인근

다낭과 더불어 가족 여행의 성지로 손꼽히는 나트랑은 크게 해안을 끼고 자리 잡은 호텔과 리조트로 나뉜다. 해변과 바로 연결된 호텔은 없지만 도로 맞은편에 전망이 좋은 호텔이 많으니 적극 이용해보자.

🛏 추천 숙소 리스트

- 인터컨티넨탈 나트랑 InterContinental Nha Trang
- 선라이즈 나트랑 비치 호텔 앤 스파
  Sunrise Nha Trang Beach Hotel &Spa
- 빈펄 리조트 나트랑 Vinpearl Resort
- 무응 탄 럭셔리 나트랑 호텔 Mường Thanh Luxury Nha Trang
- 하바나 나트랑 호텔 Premier Havana
- 코모도 나트랑 호텔 Comodo Nha Trang Hotel
- 임페리얼 비치 호텔 IMERPERLE BEACH HOTEL
- 호텔 노보텔 나트랑 Novotel Hotel
- 에바슨 아나 만다라 나트랑 Evason Ana Mandara
- 빈펄 콘도텔 비치 프런트 나트랑
  Vinpearl Condotel Empire Nha Trang
- 리버티 센트럴 나트랑 호텔 Liberty Central
- 아리야나 스마트 콘도텔 나트랑
  Ariyana Smart Condotel Nha Trang
- 스타시티 냐짱 호텔
  Starcity Hotel and Condotel Beachfront Nha Trang

무이네

POINT 보케 거리 인근

해안을 끼고 다양한 호텔 및 음식점들이 자리하고 있다. 자이브 비치 클럽 P.203을 중심으로 생각하면 된다. 무이네는 유명 관광지는 대부분 투어나 택시로 이동해야 하고, 이외 쇼핑센터나 식당 등은 도보로 충분히 이동 가능한 곳이다. 따라서 숙소는 해안을 따라 마음에 드는 곳으로 정하자.

🛏 추천 숙소 리스트

- 센타라 미라지 리조트 무이네
  Centara Mirage Resort Mui Ne
- 무이네 베이 리조트 Mui ne Bay Resort
- 밤부 빌리지 비치 리조트 앤드 스파
  Bamboo Village Beach Resort & Spa
- 아난타라 무이네 리조트
  Anantara Mui Ne Resort
- 포 오션스 리조트 Four Oceans Resort

달랏

POINT 달랏 시장

달랏은 달랏 센터, 야시장을 중심으로 숙소가 들어서 있다. 고산지대다 보니 평평한 길보다는 굽은 골목에 호스텔, 민박, 호텔들이 위치하며, 그렇다 보니 숙소의 전망이 아주 아름다운 편이다.

🛏 추천 숙소 리스트

- 달랏 팰리스 헤리티지 호텔 Da lat Palace Heritage Hotel
- 콜린 호텔 Hôtel Colline
- TTC 호텔 TTC Hotel
- 항 응아 빌라(크레이지 하우스) Hang Nga Villa(Crazy House)
- 아나 만다라 빌라 달랏 리조트 앤 스파
  Ana Mandara Villas Da lat Resort &Spa

우리 돈으로 얼마?
베트남 화폐 한눈에 보기

베트남 화폐는 단위도 높지만 색과 크기가 비슷해 헷갈리기 쉽다.
밤에나 택시에서 내릴 때 꼼꼼히 보고 지폐를 내야 한다.

500,000동 = 약 29,000원

200,000동 = 약 12,000원

100,000동 = 약 5,900원

50,000동 = 약 2,900원

20,000동 = 약 1,200원

10,000동 = 약 590원

> **TIP**
> **이것만은 유의하자!**
>
> 베트남에선 찢어지거나 심하게 구겨진 화폐는 사용이 불가하다. 만약 그런 화폐를 가지게 됐다면 그냥 기념품으로 간직해야 한다. 은행에서도 교환해줄 확률이 아주 낮다. 어두운 상점, 택시 안, 펍 등에서 잔돈을 거슬러 받을 때 중간에 찢어진 돈을 끼워서 주는 나쁜 사람들이 가끔 있다. 한 장 한 장 꼼꼼히 들여다보고 찢어진 것이 있다면 그 자리에서 교환을 요청해야 한다.

베트남 여행 필수앱
그랩 사용 방법

베트남 여행에서 그랩은 가장 편리한 교통 수단이다. 우리나라의 카카오택시와 비슷한 서비스인데 일반 자가용과 오토바이 중 선택해서 이용할 수 있다. 베트남어를 몰라도 목적지를 영어로 입력할 수 있고 요금도 명확하기 때문에 마음을 졸일 필요도 없어 편리하다.

1 애플리케이션 설치 및 회원가입

안드로이드 구글 플레이 혹은 아이폰의 앱스토어 'Grab'을 다운로드한다. 회원가입 시 문자로 인증번호를 입력해야 하는데, 현지 유심 이용 시에는 유심 교체 후 가입하면 되고, 포켓 와이파이 및 로밍 이용 시에는 한국에서 미리 가입해두는 것이 좋다. 두 경우 모두 애플리케이션은 한국에서 미리 설치해두자.

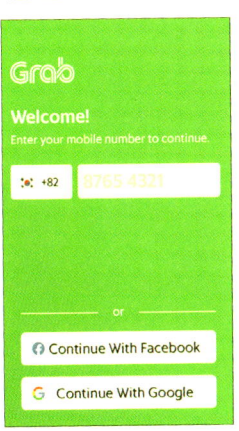

2 출발지와 도착지 입력

애플리케이션을 설치하면 주변에 대기 중인 택시를 확인할 수 있다. 보통은 GPS를 통해 출발지가 자동 검색되는데, 찾기 쉬운 위치로 정확하게 입력하는 것이 좋다.

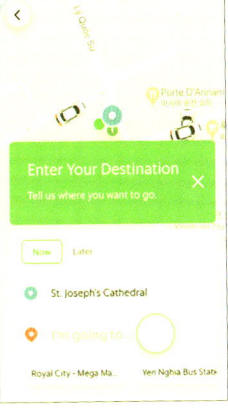

3 드라이버 호출

원하는 목적지를 지도 검색 후 차량을 요청하면 드라이버가 출발지로 픽업 온다. 출발 전에 택시 요금을 미리 알려주기 때문에 바가지 쓸 일이 없다.

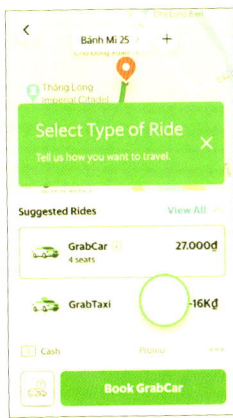

4 목적지 이동 후 결제

목적지로 이동하는 동안 실시간 지도를 통해 이동 경로를 확인할 수 있다. 도착 후 미리 저장한 카드나 현금으로 요금을 지불하면 된다.

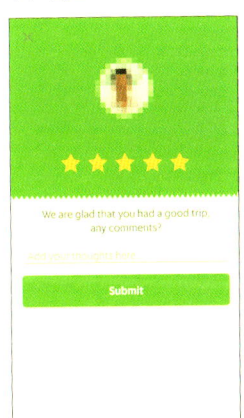

INDEX

방문할 계획이거나 들렀던 여행 스폿에 ✔표시해보세요.

명소

☐ 골든 밸리	220
☐ 나트랑 대성당	178
☐ 나트랑 비치	174
☐ 나트랑 중앙 공원	175
☐ 나트랑 항 타워	175
☐ 노트르담 대성당	091
☐ 다딴라 폭포	218
☐ 달랏 기차역	215
☐ 달랏 꽃 정원	214
☐ 달랏 니콜라스 바리 대성당	212
☐ 달랏 대성당	214
☐ 랑비앙산	211
☐ 레꽁끼에우 골동품 거리	097
☐ 레드 샌드 듄	198
☐ 로빈 힐	217
☐ 롱 비치	238
☐ 롱선사	178
☐ 린프억 사원	213
☐ 링언사	219
☐ 마리암만 힌두 사원	098
☐ 망고 비치	240
☐ 무이네 비치	199
☐ 무이네 어촌 마을	199
☐ 바오다이 황제의 여름 별장	213
☐ 베트남 역사박물관	094
☐ 벤탄 시장	093
☐ 부이비엔 거리	124
☐ 붕따우 등대	156
☐ 붕따우 백 비치	157
☐ 붕따우 예수상	156
☐ 붕따우 천주교 성당	158
☐ 붕따우 프런트 비치 파크	157
☐ 빈원더스 나트랑	179
☐ 빈원더스 푸꾸옥	243
☐ 빈펄 사파리	244
☐ 사랑의 계곡	214
☐ 사오 비치	239
☐ 사이공 강	096
☐ 사이공 동식물원	094
☐ 사이공 스카이덱	096
☐ 사이공 오페라 하우스	095
☐ 사이공 중앙 우체국	092
☐ 수오이타잉 관광지	242
☐ 스리 텐데이 유타 파니	098
☐ 쑤언 흐엉 호수	210
☐ 아마이 하우스	135
☐ 올드타운 주택 단지	145
☐ 요정의 샘	199
☐ 응우옌 후에 거리	088
☐ 인민위원회 청사(시청)	089
☐ 죽림선원	217
☐ 즈엉동	238
☐ 진 꺼우 사원	240
☐ 차이나타운 등불 시장	146
☐ 차이나타운(쩌런)	144
☐ 카페 아파트먼트	090
☐ 코끼리 폭포	219
☐ 코코넛 수용소	245
☐ 크레이지 하우스	212
☐ 통일궁	093
☐ 티엔 허우 사원	147
☐ 패브릭 마켓	147
☐ 포나가르 사원	177
☐ 퐁구어 폭포	220
☐ 프란시스 하비에르 성당	145
☐ 프렌 폭포	220
☐ 핑크 성당	099
☐ 함닌 어촌 마을	245
☐ 호 마이 어뮤즈먼트 파크	159
☐ 호국사	241
☐ 호아 손 디엔 트랑	216
☐ 호이 꽌 응히아 사원	146

INDEX

방문할 계획이거나 들렀던 여행 스폿에 ✔ 표시해보세요.

☐ 호치민 박물관	125
☐ 호치민 전쟁 박물관	099
☐ 호치민 책 거리	097
☐ 호치민시 미술관	092
☐ 호치민시 박물관	090
☐ 혼똔섬	246
☐ 혼쫑곶	176
☐ 화이트 샌드 듄	197
☐ 화이트 팰리스	158
☐ 흥왕 사원	094

맛집

☐ 간 하오 2 씨푸드 레스토랑	160
☐ 고우 가든	225
☐ 껌 땀 목	104
☐ 꽌 부이 가든	138
☐ 꽌 응온 138	102
☐ 꾹 각 꽌	106
☐ 냐항 응온	100
☐ 더 덱 사이공	135
☐ 더 뷰 루프톱 바	127
☐ 더 스냅 카페	137
☐ 더 워크숍 커피	109
☐ 딜리셔스 바이 센트	223
☐ 랑 브 티 카페	226
☐ 래빗 홀	113
☐ 레몬 캡 리조트 레스토랑	161
☐ 레인포레스트	185
☐ 루이지애나 브루하우스	187
☐ 르 레투어	225
☐ 르 살레 달랏	229
☐ 리꼬르도 레스토랑	250
☐ 리빈 바비큐	182
☐ 리틀 하노이 에그 커피	126
☐ 린 호아 베이커리	223

☐ 목람 가든	161
☐ 무이네 레스토랑	202
☐ 믹스 그릭 레스토랑	183
☐ 반 봉 란 쯩 무이 꼭 깟 디엔	160
☐ 반 쎄오 다이 덕	251
☐ 베트남 하우스 레스토랑	105
☐ 보케 거리	202
☐ 봉주르 카페 더 아트	139
☐ 브이 카페	224
☐ 빅브로 디저트 앤 밀크티	110
☐ 빌라 로열 앤티크 앤 티룸	136
☐ 사이공 사이공 루프톱 바	113
☐ 서니 팜 달랏	226
☐ 선셋 비치 바	253
☐ 선셋 사나토 비치 클럽	252
☐ 세일링 클럽 푸꾸옥	253
☐ 세일링 클럽	185
☐ 소셜 클럽 루프톱 바	112
☐ 손 당 카페	162
☐ 수 카페	107
☐ 스카이라이트 나트랑	186
☐ 스틸 카페	228
☐ 시크릿 가든 레스토랑	101
☐ 식객	250
☐ 안 카페	227
☐ 알레즈 부	127
☐ 에어 360 스카이 바	113
☐ 엠 바	112
☐ 옌 레스토랑	184
☐ 응옥 뚜옥 북 카페	162
☐ 잉크 360	254
☐ 자이브 비치 클럽	203
☐ 조스 카페	203
☐ 쭈온쭈온 비스트로 & 스카이 바	254
☐ 쯩 응우옌 레전드 카페	110
☐ 칠 스카이 바	111
☐ 카페 아티스타	229

269

INDEX

방문할 계획이거나 들렀던 여행 스폿에 ✓ 표시해보세요.

☐ 카페 코바 루프톱	109
☐ 카페 하우스	227
☐ 코코팜 비치 리조트 레스토랑	251
☐ 콩 카페	184
☐ 큐트 킷 바비큐 앤 비어	224
☐ 테이스티 달랏	228
☐ 툭툭 타이 비스트로	105
☐ 티엠 반 코이 싸 지오	229
☐ 퍼 2000	102
☐ 퍼 24	106
☐ 퍼 퀸	126
☐ 퍼 홍	183
☐ 헤리티지 차이나타운	108
☐ 호아 툭 사이공	103

쇼핑

☐ 고 마트	231
☐ 나트랑 야시장	187
☐ 다이아몬드 플라자	117
☐ 달랏 센터	231
☐ 달랏 시장	230
☐ 달랏 야시장	230
☐ 담 시장	190
☐ 더 뉴 플레이그라운드	116
☐ 떤딘 시장	119
☐ 똔 탓담 재래시장	119
☐ 롯데마트 나트랑	189
☐ 롯데마트 붕따우	163
☐ 벤탄 야시장	114
☐ 붕따우 야시장	163
☐ 빈컴 센터 동커이	114
☐ 빈컴 플라자	188
☐ 사이공 센터	115
☐ 사이공 스퀘어	117
☐ 센스 마켓	128

☐ 쏨 모이 시장	188
☐ 유니온 스퀘어	118
☐ 타카 플라자	119
☐ 타카 플라자	128
☐ 타카시마야 백화점	115
☐ 팍슨 플라자	116
☐ 푸꾸옥 야시장	255
☐ 헬로 위크엔드 마켓	129

투어 & 액티비티

☐ 구찌 터널 투어	149
☐ 느억맘 공장	249
☐ 달랏 시티 투어	222
☐ 메린 커피 농장	222
☐ 메콩 델타 투어	148
☐ 모래 썰매 타기	201
☐ 몽키 아일랜드(껀저 원데이 투어)	149
☐ 보트 투어(호핑 투어, 스노클링)	180
☐ 양 베이 국립공원 투어	181
☐ 윈드서핑과 카이트 서핑	201
☐ 이지 라이더 투어	201
☐ 지프 투어+사막 ATV	200
☐ 진주 상점	249
☐ 캐니어닝	221
☐ 화란섬 & 원숭이섬 투어	181
☐ 황제 크루즈 투어	180
☐ 후추 농장	248

스파 & 마사지

☐ 100 에그 머드 스파	191
☐ 망고 스파 & 네일	190
☐ 아이리조트 스파	191

Special Thanks to

Hoa tuc Saigon

103쪽은 호아 툭 사이공이 직접 제공한 사진을 바탕으로 만들 수 있었습니다.
흔쾌히 도움을 준 "호아 툭 사이공"에 거듭 감사드립니다.